Bau-Marketing

Grundlagen, Anwendung, Beispiele

von
Professor
Dr. Sammy Ziouziou

Oldenbourg Verlag München

Bibliografische Information der Deutschen Nationalbibliothek

Die Deutsche Nationalbibliothek verzeichnet diese Publikation in der Deutschen Nationalbibliografie; detaillierte bibliografische Daten sind im Internet über <http://dnb.d-nb.de> abrufbar.

© 2010 Oldenbourg Wissenschaftsverlag GmbH
Rosenheimer Straße 145, D-81671 München
Telefon: (089) 45051-0
oldenbourg.de

Das Werk einschließlich aller Abbildungen ist urheberrechtlich geschützt. Jede Verwertung außerhalb der Grenzen des Urheberrechtsgesetzes ist ohne Zustimmung des Verlages unzulässig und strafbar. Das gilt insbesondere für Vervielfältigungen, Übersetzungen, Mikroverfilmungen und die Einspeicherung und Bearbeitung in elektronischen Systemen.

Lektorat: Wirtschafts- und Sozialwissenschaften, wiso@oldenbourg.de
Herstellung: Anna Grosser
Coverentwurf: Kochan & Partner, München
Umschlagbild: www.sxc.hu
Gedruckt auf säure- und chlorfreiem Papier
Gesamtherstellung: Grafik + Druck GmbH, München

ISBN 978-3-486-59008-1

Vorwort

Marketing in seinen vielschichtigen Facetten ist ein wesentlicher Bestandteil des Curriculums der meisten betriebswirtschaftlich orientierten Bachelor- und Masterstudiengänge an Hochschulen und Universitäten. Demzufolge existiert eine schier unüberschaubare Menge an marketingspezifischer Literatur mit unterschiedlichen Ausrichtungen, die man grob in Marketing-Grundlagenwissen und Marketing-Spezialwissen differenzieren kann. Schon zu meiner Studentenzeit konnte sich kaum ein Student darüber beschweren, dass für das Fach Marketing „zu wenig" Literatur vorhanden sei.

Warum also ein weiteres Werk hinzufügen-an wen richtet sich dieses Buch? Dieses Buch richtet sich an zwei Hauptzielgruppen: An Studierende und an Praktiker.

Innerhalb der Zielgruppe der Studierenden ist dieses Buch besonders für diejenigen geeignet, die durch Ihre Studienausrichtung einen besonderen Bezug zum Thema „Bau" haben, also vor allem die angehenden Bau- und Wirtschaftsingenieure (Bau) und die zukünftigen Betriebswirte, die eine Beschäftigung im weiten Umfeld der Bauwirtschaft anstreben. Aber auch Studierende, die sich schnell einen Überblick über Marketinggrundlagen verschaffen wollen, können durch die bewusste Trennung innerhalb des Buchs von allgemeinen Marketingfragestellungen und der Anwendung der Marketingansätze auf die Bauwirtschaft profitieren. Darüber hinaus bietet dieses Werk auch all jenen, die gerne „über den Tellerrand" schauen, Einblicke in eine der faszinierendsten und spannendsten Branchen unserer Wirtschaft.

Die zweite Hauptzielgruppe, die der Praktiker, kann und soll durch dieses Buch ebenfalls einen Nutzen haben. Die zunehmende Marketingorientierung in Bauunternehmen erfordert ein solides Grundwissen der Hauptbestandteile des Marketings, insofern bietet das vorliegende Lehrbuch einen guten Orientierungsrahmen. Zugleich kann die Strukturierung des Buches als Vorlage für eine Strukturierung eigener marketingorientierter Projekte dienen, und dadurch den im Alltagsgeschäft stark eingebundenen Mitarbeiter zumindest ein Stück weit entlasten.

Zum Aufbau: Das Buch ist so konzipiert, dass zunächst die allgemein gültigen Marketingkonzepte vorgestellt werden, bevor diese auf den Bausektor übertragen werden. Da mir die Verständlichkeit der Konzepte und Sachzusammenhänge ein vordringliches Anliegen ist, habe ich versucht, möglichst viele Erläuterungsbeispiele einzufügen. Diese sollen das zuvor Beschriebene plastischer darstellen und dadurch die Einprägsamkeit des Gelesenen erhöhen.

Meine Motivation für dieses Buch erwuchs aus dem Umstand, dass ich, selber jahrelang in der Bauindustrie tätig, auch während meiner Dissertation über Marktoperationen deutscher Bauunternehmen in der Volksrepublik China, kaum geeignete Literatur zum Thema „Bau-Marketing" fand und innerhalb des Verfügbaren häufig nur Teilaspekte angesprochen wurden. Das vorliegende Buch soll somit einen Beitrag dazu leisten, diese Lücke zu verringern.

Ein solches Werk ist in der Regel keine Einzelleistung, auch mir haben verschiedene Personen und Institutionen bei der Erstellung geholfen: Ganz besonders möchte ich mich bei den Unternehmen bedanken, die mir in unterschiedlicher Form äußerst hilfreich zur Seite standen und deren Namensnennung ich als Ausdruck meines Dankes verstanden wissen möchte. In alphabetischer Reihenfolge: Bilfinger Berger AG, Goldbeck GmbH, Hochtief AG, Leonhard Weiss GmbH & Co. KG und die Wolff & Müller Holding GmbH & Co.KG. Wertvolle Unterstützung erfuhr ich ebenfalls durch den Hauptverband der Deutschen Bauindustrie e.V. sowie durch das Betriebswirtschaftliche Institut der Bauindustrie GmbH. Ganz besonders möchte ich mich auch bei Frau Stefanie Schmidt bedanken, die mir half, die vielen elektronischen Dokumente in das entsprechende Format zu bringen.

Sollten trotz mehrfachen Durchsehens dennoch Fehler in diesem Buch enthalten sein, so liegt dies ausschließlich in meinem Verantwortungsbereich. Für Hinweise auf diese Fehler oder konstruktive Kritik bin ich dankbar.

Prof. Dr. Sammy Ziouziou M.B.A.

Inhalt

Vorwort		**VII**
1	**Einführung**	**1**
1.1	Die Bedeutungsentwicklung des Marketings	1
1.2	Warum Bau-Marketing	2
1.3	Definitionen des Marketingbegriffs	4
1.4	Betrachtungs- und Untersuchungsfelder des Marketings	5
1.5	Die Besonderheiten der Baubranche	7
1.6	Inhalt und Aufbau dieses Buches	9
2	**Erscheinungsformen und Strukturen von Absatzmärkten**	**11**
2.1	Märkte als Orte von Austauschprozessen	11
2.2	Konsumgüter- und Investitionsgütermärkte	12
2.3	Sachgüter- und Dienstleistungsmärkte	14
2.4	Bauwirtschaftliche Märkte	17
2.5	Entscheidungsrelevante Markteigenschaften	18
3	**Käuferverhalten**	**21**
3.1	Kapitelüberblick	21
3.2	Einflussfaktoren auf die Kaufentscheider	21
3.3	Der Kaufprozess	24
3.4	Organisationales Kaufverhalten	27
3.4.1	Überblick	27
3.4.2	Kaufklassen	27
3.4.3	Kaufphasen	29
3.4.4	Das Konzept des Buying Centers	31
3.4.5	Das Selling Center	34
3.5	Käuferverhalten auf Baumärkten	36
3.5.1	Überblick	36
3.5.2	Kundentypologien	36

3.5.3	Kaufentscheidungsprozesse in der Bauwirtschaft	37
3.5.4	Anbietertypologien	41

4	**Strategisches Marketing**	**45**
4.1	Kapitelüberblick	45
4.2	Grundlagen des Strategischen Marketings	45
4.2.1	Der Produktlebenszyklus und das Erfahrungskurvenkonzept	45
4.2.2	Die Umwelt- und die Branchenanalyse	50
4.2.3	Die Wettbewerbsanalyse	55
4.3	Strategisches Marketing in der Bauwirtschaft	57
4.3.1	Produktlebenszyklus, Erfahrungskurve und Wettbewerbsanalyse	57
4.3.2	Die Umwelt- und die Branchenanalyse	59
4.4	Strategische Geschäftsfeldplanung	63
4.4.1	Überblick	63
4.4.2	Die Definition der relevanten Märkte	64
4.5	Das Marketing Mix	69

5	**Produktpolitik**	**71**
5.1	Elemente der Produktpolitik	71
5.2	Produktpolitische Entscheidungsfehler	72
5.3	Prozessstufen des Produktmanagements	76
5.4	Die Bedeutung der Produktpolitik	78
5.5	Produktentwicklungspolitik	79
5.6	Produktpolitik in der Bauwirtschaft	87

6	**Preispolitik**	**95**
6.1	Teilbereiche der Preispolitik	95
6.2	Einflussfaktoren auf die Preispolitik	96
6.3	Instrumente der Preispolitik	99
6.4	Die Verfahren zur Preisfestsetzung	100
6.4.1	Überblick	100
6.4.2	Statisch orientierte Verfahren	101
6.4.3	Dynamisch orientierte Verfahren	104
6.4.4	Strategien der Preispolitik	105
6.5	Preispolitik in der Bauwirtschaft	109
6.5.1	Traditionelle Preisangebotspolitik	109
6.5.2	Neue Ansätze der Angebots – und Preispolitik	115

7	**Kommunikationspolitik**	**121**
7.1	Grundlagen und Aufgabenfelder der Kommunikationspolitik	121
7.2	Instrumente der Kommunikationspolitik	125
7.3	Kommunikationspolitik in der Bauwirtschaft	134
8	**Distributionspolitik**	**149**
8.1	Aufgaben und Teilbereiche der Distributionspolitik	149
8.2	Organe der Distribution	151
8.3	Die Organisation der Distributionskanäle	158
8.4	Distributionspolitik in der Bauwirtschaft	160

Glossar	**167**
Nützliche Links für baubetriebliche Informationen	**173**
Abbildungsverzeichnis	**177**
Literaturverzeichnis	**181**
Stichwortverzeichnis	**185**

1 Einführung

1.1 Die Bedeutungsentwicklung des Marketings

Die Bedeutung des Marketings für die Praxis sowie für die Forschung und Lehre hat in den letzten Jahren deutlich zugenommen. Dies ist nicht nur anhand der schier unübersichtlich gewordenen Literatur mit Marketingbezug messbar, auch die deutlich gewachsene Zahl von Marketinglehrstühlen in der Bundesrepublik zeugt von dieser Entwicklung.

Dabei unterzog sich das Marketing während der letzten Jahrzehnte durchaus einem inhaltlichen Ausrichtungswandel; während in den 50er Jahren des letzten Jahrhunderts die Distributions- und Verkaufsfunktion im Vordergrund stand, rückte das Thema der operativen Beeinflussung vor dem Hintergrund sich verändernder Marktsituationen in den 60er Jahren in den Fokus. Die 70er Jahre sind u. a. dadurch gekennzeichnet, dass die Nachfragemacht des Handels deutlich anwuchs, was die Aufmerksamkeit der Forschung auf die handelsgerichteten Instrumente des Marketings nach sich zog. In der folgenden Dekade wuchs der Wettbewerb zwischen den Anbietern, z. B. drängen verstärkt japanische Unternehmen auf die Weltmärkte, daher wurde eine Berücksichtigung wettbewerbspolitischer Aspekte für die Marketingwissenschaft erforderlich. In den 90er Jahren traten weitere Dimensionen auf, die für die Marketingdisziplin von Relevanz waren; die Veränderungen der rechtlichen, politischen ökologischen Umweltsituationen erforderte eine Anpassung des Marketings an diese veränderten Rahmenbedingungen. Seit 2000 kristallisierten sich u. a. durch die hohe Innovationsdynamik der Informations- und Kommunikationstechnologie neue Herausforderungen für die Unternehmen und das Marketing, wie z. B. globaler Hyperwettbewerb und die rasant wachsende Anzahl an Netzwerken, heraus, die Einzug in die gegenwärtige Marketingforschung halten.

Verkürzt ausgedrückt hat sich Marketing von der absatzpolitischen Funktionsbetrachtung zu einem dominierenden Konzept der Unternehmensführung etabliert, was zumindest einen Teil des Bedeutungszuwachses erklären kann. Diese Entwicklung gilt grundsätzlich nicht nur national, sondern auch international und zudem auch branchenübergreifend. Obwohl die

Ergebnisse, d. h. die Konzepte und Modelle dieser betriebswirtschaftlichen Teildisziplin zunächst auf der Basis der Erforschung klassischer Konsumgüterunternehmen gewonnen wurden, ist es dem Marketing mittlerweile gelungen, in unterschiedliche Sektoren und Branchen moderner Volkswirtschaften zu diffundieren. So existiert heute eine Vielzahl unterschiedlicher Anwendungsbereiche des Marketings, die in einer Fülle von Kombinationsbegriffen, wie z. B. Tourismus-Marketing; Gesundheits-Marketing, Dienstleistung-Marketing, Personal-Marketing, Guerilla-Marketing oder Innovations-Marketing münden. Es scheint fast so, als besäße jede Marketing-Bindestrich-Wortkombination durch eben jene Begrifflichkeitsverknüpfung eine derartige absatzsteigernde Strahlkraft, dass sich ein Hinterfragen des Sinnzusammenhangs geradezu verbietet.

Erstaunlicherweise ist einer der Schlüsselbranchen der deutschen Wirtschaft, die Bauwirtschaft, von dieser Entwicklung weitgehend unberührt geblieben.

1.2 Warum Bau-Marketing

In Anlehnung an das bereits gesagte kann man die Frage aufwerfen, ob die Bauwirtschaft, möglicherweise aus Aufwertungs- bzw. Modeaspekten, nun ebenfalls eine Marketing-Bindestrich-Wortschöpfung benötigt oder ob es tatsächlich fundierte Gründe gibt, die die Schaffung eines solchen Begriffs notwendig erscheinen lassen. Die Beantwortung dieser Frage lässt sich jedoch ohne eine kurze Betrachtung der besonderen Situation der Bauwirtschaft nicht ausreichend beantworten.

Ohne sich zunächst vertieft mit definitorischen Fragestellungen auseinanderzusetzten, kann man die Bauwirtschaft als einen Industriezweig bezeichnen, der sich mit der Planung, Erstellung, Sanierung und Erhaltung von Gebäuden und infrastrukturellen Einrichtungen jedweder Art beschäftigt. Traditionell finden Angebot und Nachfrage in der Form zusammen, das die Nachfrager einen definierten Leistungsumfang ausschreiben, auf das sich die Bauunternehmen in einem Bieterverfahren bewerben. Bei dieser Verfahrensweise wird unterstellt, dass die konkurrierenden Anbieter technisch eine vergleichbare Leistung abgeben, sodass eine Kaufentscheidung des Kunden sich überwiegend auf der Basis der Anschaffungskosten, d. h. des Baupreises, stützt. Diese aus Anbieterperspektive stark reaktiv ausgeprägte Vorgehensweise funktionierte über viele Jahre relativ gut und erforderte keine besonderen Marketingaktivitäten; vielmehr konzentrierten sich die Bauunternehmen darauf, ihre Projektakquisitionsaktivitäten so zu steuern, dass ein angestrebtes Niveau an Auftragseingang sichergestellt war. Die Bauanbieter bewarben sich um die auf dem Markt befindlichen Projekte; je nach Marktsituation und Projekttyp, konnten sie entweder befriedigende oder weniger zufriedenstellende Preise bzw. Ergebnisse erzielen. Obwohl jedes Projekt grundsätzlich Unikatcharakter besitzt, boten die Unternehmen in der Regel unterschiedliche Konfigurationen ihres ansonsten wenig veränderten Leistungsportfolios an.

Seit der deutschen Wiedervereinigung Anfang der 90er Jahre durchlebt die deutsche Bauindustrie einen epochalen Strukturwandel, mit massiven Nachfrageeinbrüchen und in Folge dessen mit einer veränderten Anbieterstruktur. Die heutigen Bauunternehmen erwirtschaften

1.2 Warum Bau-Marketing

einen deutlich höheren Anteil ihrer Bauleistungen durch so genannte baunahe Dienstleistungen, wie z. B. durch das Facility-Mangement oder durch den Betrieb der zuvor errichteten Anlagen; zudem generieren viele von ihnen einen deutlich höheren Anteil ihrer Gesamtbauleistungen außerhalb Deutschlands.

Die Neuausrichtungen vieler Baudienstleister erforderte zunächst eine strukturierte und dezidierte Auseinandersetzung mit den veränderten Marktbedingungen, um auf dieser Basis neue Märkte und Marktsegmente zu identifizieren, die sie bedienen konnten. In diesem Zusammenhang überprüften die Unternehmen ihr Leistungsangebot auch verstärkt unter Rentabilitätsgesichtspunkten, was in vielen Bereichen zu Umstrukturierungen führte. So kam es dazu, dass manche Unternehmensbereiche ausgebaut, während andere konsequent heruntergefahren bzw. veräußert wurden. Die sukzessive Veränderung des Leistungsprogramms und das damit verbundene Vordringen in nicht-klassische Baubereiche unterstützten den Einzug des Marketings in die meisten Bauunternehmen. Die stringente Anwendung einer marktorientierten Betrachtung des Unternehmensumfelds verhalf vielen Unternehmen, ihre strategischen Positionierungen nachhaltig erfolgreich auszubauen. Mittlerweile bauen und betreiben die Bauunternehmen Flughäfen, Krankenhäuser, planen und finanzieren Großprojekte im Ausland, renovieren und betreiben Schulen etc.

In diesen Segmenten ist eine dem klassisch reaktiven Baumuster folgende Marktbearbeitung undenkbar; überdies sind die Anforderungen der Investoren an die Bauunternehmen deutlich gestiegen, Kapitalgeber erwarten heute eine umfangreiche Berichterstattung über geplante zukünftige Unternehmensaktivitäten, um ihr Risiko besser bewerten und managen zu können.

Aber auch das klassische Bauprojektgeschäft muss heute gestiegenen Ansprüchen genügen; so reicht es nicht mehr aus, ausschließlich eine technisch zufriedenstellende Leistung abzuliefern, die Kunden erwarten eine deutlich stärkere Berücksichtigung wirtschaftlicher Fragestellungen aus ihrer spezifischen Sicht. Bereits bei der Planung von Bauvorhaben wie z. B. einem Bürogebäude, sind spätere Nutzungsmöglichkeiten und deren wirtschaftliche Konsequenzen zu antizipieren.

In einer sich stetig wandelnden Welt mit einer zunehmenden Innovationsdynamik benötigen die Unternehmen, auch die der Baubranche, einen verlässlichen Kompass, der sie durch das teilweise unübersichtliche Marktgeschehen navigiert. Marketing bietet in seiner grundsätzlichen Ausrichtung als Unternehmensführungskonzept auf strategischer Ebene einen Orientierungsrahmen an, zugleich liefert es Modelle und Konzepte für die operative Umsetzung.

Die skizzierte Entwicklung innerhalb der deutschen Bauwirtschaft lässt die Notwendigkeit eines bauspezifischen Marketings deutlich erkennen; gleichwohl trifft dies nicht in gleichem Umfang auf sämtlich existierende Unternehmen zu. Die Notwendigkeit einer strukturierten und systematischen Marktbearbeitung ist vermutlich für Kleinunternehmen mit weniger als fünf Mitarbeitern von deutlich geringerer Relevanz als für sogenannte Global Player wie z. B. für die Bilfinger Berger AG. Generell gilt, dass die Relevanz des Marketings für das Management mit steigender Unternehmensgröße, steigendem geographischen Aktionsradius und mit steigender Anzahl zu bedienender Marktsegmente wächst.

1.3 Definitionen des Marketingbegriffs

Die im Folgenden aufgeführten Definitionen des Marketingbegriffs sollen dem Leser den zentralen Bedeutungsinhalt nahe bringen und eine gemeinsame Verständnisplattform schaffen. Gleichzeitig reflektieren die Definitionen die zeitspezifischen Akzentsetzungen, die bereits unter 1.1 angesprochen wurden.

Die American Marketing Association (AMA) definiert Marketing 1985:

„Marketing is the process of planning and executing the conception, pricing, promotion and distribution of ideas, goods and services to create exchanges that satisfy individual and organizational objectives."

(„Marketing ist der Prozess der Planung und Durchführung der Entwicklung, Preisgestaltung, Verkaufsunterstützung und des Vertriebs von Ideen, Gütern und Dienstleistungen im Rahmen von Austauschbeziehungen, die individuellen und organisatorischen Zielen gerecht werden.").

Die aktuelle AMA-Definition von 2007 für Marketing lautet:

„Marketing is the activity, set of institutions, and processes of creating, communicating, delivering, and exchanging offerings that have value for customers, clients, partners, and society at large."

(„Marketing bezeichnet die Aktivitäten, die Institutionen und Prozesse zur Bildung, Kommunikation, Bereitstellung und zum Austausch von Angeboten, die für die Kunden, Klienten, Partner und für die Gesellschaft insgesamt einen Wert darstellen.")

Während bei der AMA-Definition von 1985 v. a. der prozessorientierte Ansatz hervorsticht, steht bei der Definition von 2007 eher die wertschaffende Wirkung für unterschiedliche Anspruchsgruppen im Vordergrund. Die in den 80er Jahren stark verbreitete Prozessausrichtung, die auch von Michael Porter vertreten wurde, findet ihren Niederschlag genauso wie die werteorientierte Perspektive ab 2000+.

Für Meffert bedeutet Marketing „…die Planung, Koordination und Kontrolle aller auf die aktuellen und potentiellen Märkte ausgerichteten Unternehmensaktivitäten. Durch eine dauerhafte Befriedigung der Kundenbedürfnisse sollen die Unternehmensziele verwirklicht werden." (Meffert 2006, S. 8 f) Diese Definition fokussiert die Ausrichtung aller Unternehmensaktivitäten als vollumfänglichen Ansatz zur nachhaltigen Befriedigung der Kundenbedürfnissein; die Erreichung der Unternehmensziele ist demnach nur über den Weg der Kundenbedürfnisbefriedigung möglich.

Unabhängig davon, welchen Ansatz man zur Grundlage seiner Betrachtung heranzieht, gemeinsam ist den meisten Definitionen, dass Marketing sich im Wesentlichen mit Austauschbeziehungen zwischen Marktteilnehmern befasst; i.d.R. Unternehmen auf der einen und Kunden auf der anderen Seite. Die Unternehmen verfolgen durch den Einsatz des Marketings häufig eine zweigleisige Strategie; zum einen sollen Kundenbedürfnisse frühzeitig erkannt und durch das Nutzenangebot antizipiert werden, andererseits versuchen sie, durch unterschiedliche Maßnahmen die Verhaltensweisen der Käufer zu beeinflussen. Marketing wird in dieser Publikation eher pragmatisch aufgefasst, d. h. als Ansatz, der alle Aktivitäten auf Unternehmensseite integriert, die sich mit der Entwicklung, Erstellung und Modifikation von Nutzenangeboten befassen und die auf der Kundenseite einen Mehrwert entstehen lassen.

1.4 Betrachtungs- und Untersuchungsfelder des Marketings

Die Marketingdisziplin beheimatet und integriert viele teilweise sehr unterschiedliche Felder. Das internationale Marketing begründet ein solches, ein weiteres bildet die strategisch-operative Betrachtungsperspektive, Markenpolitik, Marktforschung, und Kaufverhalten stellen ebenso relevante Betrachtungs- und Untersuchungsfelder dar wie Investitionsgüter- und Dienstleistungsmarketing. Technische Innovationen führen häufig dazu, dass sich analog neue Untersuchungsfelder für das Marketing herausbilden, wie z. B. das Online-Marketing oder das Mobile Marketing. Diese Aufzählung ließe sich sicherlich noch fortsetzen, allerdings wurden hier nur die für den Themenschwerpunkt dieses Buches relevanten Betrachtungs- und Untersuchungsfelder benannt.

Internationale Aspekte durchdringen das Marketing seit langem. So ergibt sich ein umfassender Themenkomplex aus der Fragestellung nach der Auswahl der zu bedienenden Zielmärkte und der Markteintritts- und der Marktbedienungsformen. Vor dem Hintergrund knapper interner Ressourcen und vielfältiger Marktchancen müssen Unternehmen sich grundsätzlich auf die Bedienung einiger Märkte beschränken. Die möglichen Marktbedienungsformen, d. h. Export, vertragliche Kooperationen oder ausländische Direktinvestitionen in unterschiedlichen Kombinationsmöglichkeiten und Varianten stellen die Unternehmen zum Teil vor große Herausforderungen.

Eine weitere Dimension des internationalen Marketings betrifft das Kaufverhalten auf den Weltmärkten. Besonders das häufig vom Heimatmarkt abweichende Konsumentenverhalten, gerade in kulturell eher entfernten Märkten, ist sowohl für die Unternehmen als auch für die Marketingforschung von hoher Relevanz.

Auch auf der operativen Ebene ergeben sich unter produkt-, preis-, kommunikations- und distributionspolitischen Betrachtungen marketingrelevante Phänomene, die sowohl für die Praxis als auch für die Wissenschaft von Bedeutung sind. Exemplarisch können hier die unterschiedlichen Preisstrategien, die die multinational agierenden Unternehmen in unterschiedlichen Ländern anwenden, oder die Werbemaßnahmen, die unterschiedlichen kulturellen Kontexten Rechnung tragen müssen, aufgeführt werden.

Ein von der Marketingliteratur oft thematisiertes Feld ist das des strategischen bzw. operativen Marketings. Obwohl ohne eine allgemein akzeptierte Definition, kann man dem strategischen Marketing folgende Aufgaben zuordnen: die Mitwirkung bei der Entwicklung und Festlegung der Unternehmensstrategie, die Auswahl und Definition der strategischen Geschäftsfelder, die Auswahl und Festlegung der international zu bedienenden Märkte, die

Entscheidung, welche Marktteilnehmer- und Marktbearbeitungsstrategie zu wählen ist sowie die Implementierung dieser Strategien. Der effektive Einsatz der einzelnen Instrumente (4Ps) sowie auch das effektive Zusammenwirken innerhalb des Marketing-Mix sind der Hauptuntersuchungsgegenstand des operativen Marketings.

Markenpolitik wird im Rahmen des Marketings unter vielfältigen Gesichtspunkten betrachtet. Die unterschiedlichen Ansätze befassen sich u. a. mit der Entwicklung und Wirkungsweise von Marken, mit möglichen Markenstrategien, mit komplexen Markensystemen, mit Markenführung und Markendehnung sowie mit Markenkontrolle. Vereinfacht betrachtet soll die Forschung wissenschaftlich relevante und praktisch verwertbare Erkenntnisse liefern, welchen Einfluss Marken auf das Kaufverhalten haben und wie Unternehmen diesen gezielt zum Auf- und Ausbau eigener Marken nutzen können.

Während ein Einzelhändler vor Ort oftmals durch den direkten Kundenkontakt die Präferenzen seiner Kunden relativ gut einschätzen kann, ist dies für große Unternehmen, die auch auf internationalen Märkten aktiv sind und deren Waren häufig durch unterschiedliche Absatzmittler zum Endverbraucher gelangen, kaum möglich, da die Kundenkontakte eher einen anonymen Charakter besitzen. Aus dieser Ausgangssituation heraus erwächst die Notwendigkeit, ein umfassendes und effektives System zur Informationsgewinnung und -verarbeitung zu etablieren, damit die Unternehmen zumindest mit einem für sie befriedigenden Maß an Orientierung über die Kundenwünsche durch die Märkte navigieren können. Kuß (2001, S. 53) schreibt der Marktforschung drei Aufgaben zu: die „Identifizierung von Marketing-Chancen und -Problemen", die „Überprüfung der vorgeschlagenen Marketing-Maßnahmen" sowie die „Überprüfung des Erfolgs der Marketing-Maßnahmen". Es ist relativ offensichtlich, dass diese Aktivitäten keinen Einmalcharakter haben können, sondern dass Marktforschung eine permanente Aufgabe für die Unternehmen sein muss, da Marketingchancen und –Probleme einem ständigen Wandel unterliegen, daraus resultiert auch ein stetiger Bedarf an Erfolgskontrollmaßnahmen.

Die Erforschung des Käuferverhaltens ist ein zentrales Anliegen des Marketings. Grundsätzlich kann man zwischen zwei Käufergruppen differenzieren, Konsumenten, d. h. Individuen, auf der einen und Organisationen, staatlicher oder privater Natur, auf der anderen Seite. Besonders die Untersuchung des Kaufprozesses, ausgehend von der Bedarfsidentifikation bis zur tatsächlichen Kaufentscheidung, soll Erkenntnisse über Ursachen, Motive und weitere Einflussfaktoren liefern. Die Unterschiede zwischen organisationalem und individuellem Kaufverhalten führten u. a. zur Begründung eines neuen Betrachtungs– und Untersuchungsfelds, das des Investitionsgütermarketings. Dieser Zweig erfuhr v. a. durch die zunehmende Bedeutung des Marketings in klassischen Industriegütermärkten, wie z. B. im Maschinen- und Anlagenbau, aber auch durch die systematische Aufwertung in der Literatur, einen signifikanten Bedeutungszuwachs. Backhaus (2007) entwickelte sein Konzept des „Komparativen Konkurrenzvorteils" (KKV) auf der Basis seiner Studien im Investitionsgüterbereich, das mittlerweile als ein weithin akzeptiertes Modell für eine marktorientierte Vorgehensweise von Unternehmen aus diesem Bereich gilt.

Der in den letzten Jahrzehnten kontinuierlich gestiegene Anteil von Dienstleistungen im Verhältnis zum Gesamtwertschöpfungsprozess in den meisten Industrienationen ging an der Marketingforschung nicht spurlos vorbei. Die Besonderheiten von Dienstleistungen im

Vergleich zu klassischen, physischen Konsumgütern, wurden von der gängigen Literatur nicht ausreichend erklärt. So ist es v. a. der immaterielle Charakter in Verbindung mit der häufig notwendigen Einbindung des Kunden am Leistungserstellungsprozess, der Dienstleistungen nicht nur einen Unikatstatus, sondern auch den eines Erfahrungsguts verleihen. Insofern findet eine zunehmend komplexer werdende reale Wirtschaftswelt ihren Niederschlag in ebenfalls komplexer werdenden „Wirtschaftsliteraturwelt".

Die aufgeführten Untersuchungsfelder des Marketings lassen die Weite und Tiefe möglicher Marketingaspekte nur erahnen. Die Themenvielfalt innerhalb dieser Disziplin wächst seit Jahren beständig; die Relevanz ergibt sich dabei häufig aus der jeweiligen spezifischen Betrachtungsperspektive. Aus einem bauwirtschaftlichen Blickwinkel erscheinen kommunikationspolitische Aspekte, wie z. B. Werbung, von untergeordneter Bedeutung, da Kaufentscheidungen nicht durch Werbebotschaften stimuliert sondern grundsätzlich von organisationalen Zielen abgeleitet werden. In der Bauindustrie gewinnen andere Fassetten, wie strategisches Marketing oder Marktsegmentierung, an Bedeutung.

1.5 Die Besonderheiten der Baubranche

Obwohl die Bauwirtschaft in den meisten entwickelten Volkswirtschaften zwischen fünf und acht Prozent zur Entstehung des Bruttosozialprodukts beiträgt, wird diesem Wirtschaftszweig relativ wenig Aufmerksamkeit geschenkt. Im Blickpunkt des öffentlichen Interesses stehen häufig eher Unternehmen aus der Automobilindustrie, aus der Unterhaltungselektronik oder aus dem Chemie- und Pharmabereich. In diesem Abschnitt werden die allgemein weniger bekannten, aber für die Branche spezifischen Strukturen erläutert. Insbesondere werden der Produktionsprozess, die Faktoren für die Nachfrage nach Bauleistungen, das Produkt „Baudienstleistung", und die unterschiedlichen Marktbedienungsformen beschrieben.

Der Produktionsprozess lässt sich grundsätzlich in 3 Phasen einteilen: in die Phase vor der Bauausführung bzw. die Angebotsphase (Phase 1), die Bauausführungsphase oder Auftragsabwicklung (Phase 2) und in die Phase nach Fertigstellung des Bauwerks (Phase 3). Da die einzelnen Bauwerke technisch gesehen Unikate sind, weil sich z. B. der Kundenwunsch, die geologischen Gegebenheiten oder rechtliche Voraussetzungen mit jedem Bauwerk ändern, sind die technischen Anforderungen zum Teil sehr anspruchsvoll. Dies hat zu einem relativ hohen Grad an Spezialisierung geführt, und dies ist auch in den drei genannten Phasen deutlich erkennbar. So sind in der Angebotsphase unter anderem unterschiedliche Planungsabteilungen, Ingenieurbüros, und staatliche Genehmigungsstellen daran beteiligt, die rechtlichen, wirtschaftlichen und technischen Voraussetzungen für die beabsichtigte Errichtung eines Bauwerks zu schaffen. Erst nach erfolgreichem Abschluss dieser Phase kann zur zweiten Phase übergegangen werden, d. h. dem Beginn der Bauausführung. Auch hier ist, je nach Komplexität und technischen Erfordernissen, ein relativ hoher Grad an Spezialisierung zu beobachten. Bei größeren und anspruchsvollen Bauprojekten, z. B. beim Flughafenbau, sind häufig mehrere hundert Nachunternehmer beschäftigt. Diese Nachunternehmer werden von einem Generalunternehmer gesteuert, der wiederum dem Auftraggeber oder Kunden gegenüber verantwortlich ist.

Die Abläufe während der Bauphase sind besonders bei größeren Bauwerken sehr komplex und stellen hohe Anforderungen an alle Beteiligten. In der Regel ist mit der Errichtung des Bauwerks für die Generalunternehmen der Auftrag beendet. Zur dritten Phase gehören u. a. das Betreiben der Bauwerke, wie das eines Flughafens, oder etwa das so genannte Facility Management, dass grundsätzlich alle technischen und infrastrukturellen Dienstleistungen rund um den Betrieb eines Bauwerkes umfasst. Auch in dieser dritten Phase ist häufig eine hohe Spezialisierung festzustellen. Die oben kurz skizzierten Phasen des Bauablaufs zeigen deutlich den Projektcharakter in der Bauwirtschaft auf. Die Dominanz von Projekten in dieser Branche hat unterschiedliche Auswirkungen auf die Unternehmen. Typisch für das Kunden-Lieferantenverhältnis bei Projekten ist der Diskontinuitätscharakter, d. h. nach Fertigstellung des Bauwerks (Phase 2) ist das Kunden-Lieferantenverhältnis zunächst auf unbestimmte Zeit beendet. Dieser eher zyklische Produktionsablauf schafft für das bauausführende Unternehmen teilweise erhebliche Probleme. Diese hängen mit der Planung effizienter Ressourcennutzung und dem Vorhalten der entsprechenden Ressourcen für die Projekte zusammen. Die Reaktionszeit, um notwendige Anpassungen an die jeweilige Auftragssituation vorzunehmen, ist für die Unternehmen relativ kurz, auch daher wird ein erheblicher Teil der Wertschöpfungskette ausgelagert und an Nachunternehmer vergeben. Da die einzelnen Bauprojekte, speziell im Auslandsbau, einen relativ hohen Anteil an der Gesamtleistung der Bauunternehmung ausmachen können, kann das Risiko für die Firmen in Einzelfällen sehr hoch sein. Die Risiken für Bauunternehmen erwachsen vor allem aus der Phase der Angebotsbearbeitung, d. h. aus der Kalkulation für das Bauprojekt und aus der Vertragsgestaltung. Eine fehlerhafte Kalkulation kann zu einer fehlerhaften Ermittlung des Angebotspreises führen, und je nach Höhe kann dies zu erheblichen negativen Folgen für das betroffene Unternehmen führen. Eine unzureichende Vertragsgestaltung kann ebenfalls zu negativen wirtschaftlichen Folgen führen, wenn z. B. die Risiken vertragsrechtlich einseitig bei der Bauunternehmung angesiedelt sind. Während der Auftragsabwicklung sind mangelhafte Bauausführung oder mangelnde Termintreue und die daraus resultierenden Vertragsstrafen die Hauptrisiken für die Unternehmen.

Ein wesentlicher Unterschied zwischen Bauunternehmen und klassischen Produktionsunternehmen wird bei der Nachfrage nach Bauleistung deutlich. Die Baunachfrage wird im Wesentlichen durch makroökonomische Faktoren bestimmt, z. B. durch die Höhe des Zinsniveaus, durch die Staatsnachfrage oder durch die Investitionstätigkeit der privaten Industrie. Die Bauunternehmen haben nur geringe Einflussmöglichkeiten, um die Nachfrage zu stimulieren. Die in der Konsumgüterindustrie üblichen Marketinginstrumente sind bei Bauunternehmen nur sehr begrenzt einsetzbar, daher verzichten viele Baufirmen auf eine Marketingabteilung. Eine Möglichkeit, die Nachfrage zu beleben, besteht im Anbieten von Finanzierungsinstrumentarien; hierbei finanziert das Bauunternehmen mit geeigneten Institutionen, wie etwa mit Banken, das Bauprojekt vor und erhält im Anschluss an die Fertigstellung über einen bestimmten Zeitraum eine Nutzungsgebühr. Es existieren sehr unterschiedliche Modelle, ein häufig genanntes ist das so genannte BOT-Model (Build-Operate-Transfer), bei dem die Bauunternehmen nach Fertigstellung des Bauwerks zu Betreibern dieser Einrichtung werden. Generell kann man jedoch sagen, dass die Möglichkeiten der Bauunternehmen die Nachfrage zu stimulieren eher begrenzt sind.

Das Endprodukt der Bauleistung ist in der Regel ein Bauwerk, z. B. ein Gebäude, ein Flughafen oder ein Staudamm. Wie bereits erwähnt, hat sich die Fertigungstiefe der meisten Generalunternehmen in den letzten Jahren stark reduziert, sie umfasst in den meisten Fällen heute deutlich weniger als 50% der gesamten Wertschöpfungsaktivitäten. Die Leistung der Generalunternehmen bezieht sich zunehmend auf das Management der Bauaktivitäten, so genanntes Construction Management, während die eigentliche Bauausführung an Nachunternehmer vergeben wird. Das bedeutet, dass die Generalunternehmer die Leistungserstellung der Nachunternehmer koordinieren und überwachen. Bei grenzüberschreitenden Aktivitäten der Generalunternehmer wird die Baudienstleistung in der Regel gemeinsam mit Nachunternehmern des jeweiligen ausländischen Marktes erbracht, sofern das entsprechende Knowhow vorhanden ist. Da das Endprodukt immobil und nicht lagerfähig ist, muss die Leistungserstellung am Ort des Bedarfs stattfinden, d. h. die Bauunternehmen müssen den Kunden an den jeweiligen Ort des Bedarfs folgen. Grundsätzlich trifft dies auch auf die zu erbringenden Dienstleistungen zu, obwohl durch den technischen Fortschritt zunehmend viele Dienstleistungen, etwa Planungsdienstleistungen, ortsunabhängig erstellt werden können. Die Tatsache, dass in der Bauwirtschaft die Leistungserstellung primär am Ort des Bedarfs erfolgt, prägt auch die Form des Auslandsengagements der Baufirmen. Aufgrund der Immobilität des Endprodukts sowie der meisten Halbfertigprodukte existiert kein Export von Endprodukten der Bauleistungen, sondern es findet ein Transfer von Service statt. Das bedeutet, dass die Baufirmen in der Regel eine kleine Mannschaft in das Zielland entsenden, die in der Angebotsphase unterstützend tätig ist. Nach einer Auftragserteilung werden ebenfalls Fachkräfte, sogenannte Expatriates, in das Zielland entsandt, um das Projekt abzuwickeln. Die Arbeiten werden zum überwiegenden Teil von lokalen Nachunternehmern ausgeführt. Diese Form der Bedienung eines Auslandsmarktes ist mit herkömmlichem Export vergleichbar. Beim Projektexport gibt es verschiedene Varianten, z. B. mit ausländischen und internationalen Partnern, in unterschiedlichen Beteiligungsformen etc. Lizenzfertigung ist sehr unüblich in der Bauwirtschaft und wird daher hier auch nicht behandelt. Eine weitere Form des Auslandsengagements sind ausländische Direktinvestitionen (ADI). ADI werden in der Regel im Rahmen unterschiedlicher Formen der Beteiligung an bestehenden lokalen Unternehmen getätigt, nur in Ausnahmefällen werden neue Unternehmen gegründet.

1.6 Inhalt und Aufbau dieses Buches

Dieses Buch stellt erwartungsgemäß die Grundlagen des Marketings in einen bauspezifischen Kontext. Zur Verdeutlichung werden im Einführungskapitel unter 1.5 die Besonderheiten der Bauwirtschaft aufgezeigt, um eine gemeinsame Verständnisplattform zu schaffen und um die durch diese Spezifika notwendigen Anpassungen des Marketings zu legitimieren. Der Autor des vorliegenden Lehrbuchs hat es sich zum Ziel gemacht, wo immer möglich, zunächst die Grundlagenaspekte des Marketings darzustellen, um in einem anschließenden Schritt den bauwirtschaftlichen Bezug bzw. die bauwirtschaftliche Umsetzung aufzuzeigen.

Der Einstieg erfolgt, nach der Einleitung, über eine grundsätzliche Charakterisierung von Absatzmärkten und deren Strukturen, gefolgt von der Vorstellung strategisch relevanter Betrachtungsfelder. Im Anschluss an die strategischen Marketingdimensionen werden die operativen Gesichtspunkte, die des Marketing-Mix, sowohl mit allgemeinem als auch mit bauspezifischem Bezug behandelt.

2 Erscheinungsformen und Strukturen von Absatzmärkten

2.1 Märkte als Orte von Austauschprozessen

In unserem Wirtschaftssystem nimmt der Markt eine ganz besondere Stellung ein; allerdings ist zunächst zu klären, was genau unter diesem Begriff verstanden wird. Wöhe (2008, S. 414) grenzt den Markt in dreifacher Hinsicht ab; sachlich, räumlich und personell. Unter einer sachlichen Abgrenzung versteht man die Aufteilung eines Marktes nach Gütern bzw. nach Gütergruppen; so existieren beispielsweise Märkte für Sportwagen (Güter) und Märkte für PKW (Gütergruppen). Eine räumlich orientierte Definition des Marktes kann auf regionaler, nationaler oder internationaler Ebene erfolgen. Der Großraum Düsseldorf ist ein regionaler Markt, z. B. für eine spezifische Biersorte, das Altbier. Deutschland kann man als einen Markt definieren, dessen Ausdehnung identisch mit den politischen Grenzen der Bundesrepublik Deutschland ist, während die Südamerika aus einer nationalstaatlichen Betrachtung aus unterschiedlichen Auslandsmärkten (internationalen Märkten) besteht. Der Markt wird auch häufig abstrakt als der Ort, wo Angebot und Nachfrage aufeinandertreffen, bezeichnet. Ein eher pragmatischer Ansatz umschreibt den relevanten Markt als die Ebene, auf dem sich ein Anbieter im Wettbewerb um seine Kunden bemüht.

Kennzeichnend für Märkte sind die Austauschprozesse, die zwischen Anbietern und Nachfragern stattfinden. Der Inhalt dieser Austauschprozesse kann unterschiedlicher Natur sein, zunächst einmal wird ein Zahlungsmittel gegen eine Ware oder Geld getauscht. Im Vorfeld dieses Kaufabschlusses findet allerdings häufig ein informationeller Austausch über unterschiedliche für den Kunden und den Anbieter relevante Aspekte wie Produkteigenschaften, Preise, und ggf., je nach Lieferbedingungen, Sicherheiten für den Anbieter, statt. Diese Austauschprozesse werden auch als Transaktionen bezeichnet; der mit der Auswahl von Gütern und Dienstleistungen bzw. mit der Auswahl eines Anbieters verbundene Aufwand wird häufig als Transaktionskosten bezeichnet. Märkte übernehmen somit in unserem System die wichtige Funktion, eine Plattform für unterschiedliche Akteure wie Unternehmen und Konsumenten bereitzustellen, um die gewünschten Transaktionen, grundsätzlich An- und Verkauf, zu koordinieren.

Neue technische Möglichkeiten und Innovationen haben in den letzten Jahren neue Märkte entstehen lassen, die keine physische Präsenz der Marktteilnehmer während der Austauschprozesse erfordern. Das Internet bietet eine Fülle von Möglichkeiten, wie die Austauschpartner zum Teil über Kontinente hinweg miteinander in Kontakt treten und ihre Transaktionen durchführen können. Diese virtuellen Märkte haben nicht nur den Vorteil der nahezu grenzenlosen Reichweite, sondern sie können zudem den Suchaufwand und damit die Transaktionskosten in teilweise erheblichem Umfang senken. Wenn ein potentieller Kunde, z. B. eine Studentin aus dem kleinen Dorf Hayn im Harz, im ländlichen Sachsen-Anhalt gelegen, ein englisches Fachbuch kaufen möchte, kann sie dies bequem von ihrem PC aus organisieren und die weltweit verfügbaren Angebote über die entsprechenden Plattformen wie z. B. Amazon.com hinsichtlich Zustand, Preis und Lieferbedingungen innerhalb weniger Minuten vergleichen.

Es ist aus heutiger Sicht noch nicht absehbar, inwieweit die neuen Techniken bzw. die neuen Märkte die Landschaft der traditionellen Märkte beeinflussen werden. Bisherige Beobachtungen lassen zumindest den Schluss zu, dass virtuelle Märkte die klassischen in Teilbereichen verdrängen, bzw. ergänzen und die Marktstrukturen insgesamt fragmentierter werden.

2.2 Konsumgüter- und Investitionsgütermärkte

Märkte können auch entsprechend des Verwendungszwecks der Güter, die den Gegenstand der Transaktionen bilden, kategorisiert werden. In der Marketingliteratur dominiert traditionell eher der Bereich der Konsumgütermärkte, da Konsumgüterhersteller die Ausgangsbasis für die betriebswirtschaftliche Forschung stellten; insofern entwickelte sich das Investitionsgütermarketing chronologisch aus dem Konsumgütermarketing heraus. Eine Differenzierung in die beiden genannten Bereiche erscheint zweckmäßig, da die Strukturen und Verhältnisse sich zum Teil deutlich voneinander abheben und dadurch eine Anpassung des Marketinginstrumenteneinsatzes notwendig wird.

Nach Kuß zielt das Konsumgütermarketing auf den mittelbaren und unmittelbaren Absatz von Sachgütern, Dienstleistungen und Rechten an private Haushalte bzw. an Konsumenten (Kuß 2001, S. 27). Diese Definition lässt genügend Raum, um sowohl die Marketingaktivitäten der Hersteller als auch die vielfältigen Aktivitäten des Handels gegenüber den Endverbrauchern zu integrieren. Im Gegenzug dazu ist der mittelbare und unmittelbare Absatz von Sachgütern, Dienstleistungen und Rechten an Organisationen, die diese ggf. als Vorleistung einem weitergehenden Leistungserstellungsprozess zuführen, Gegenstand des Investitionsgütermarketings. Im Folgenden werden die grundsätzlichen Unterschiede zwischen Konsumgüter- und Investitionsgütermärkten in allgemeiner und vereinfachter Form dargestellt.

2.2 Konsumgüter- und Investitionsgütermärkte

Der Bedarf auf Konsumgütermärkten ist ein originärer Bedarf, das bedeutet dass sich dieser direkt aus dem Bedarf des Nachfragers ergibt. Bedarfsmomente können darüber hinaus kurzfristig entstehen, wenn z. B. zwei Kinder, Moritz und Ruben aus Ratingen, an einem warmen Sommertag zufällig an einer Eisdiele vorbeischlendern und sich spontan für den Genuss und somit für den Kauf eines Eisbechers entscheiden.

Tendenziell existiert auf Konsumgütermärkten eine große Anzahl potenzieller Nachfrager. Wenn man z. B. den Markt für Erfrischungsgetränke in der Bundesrepublik Deutschland betrachtet, werden täglich mehrere Millionen Kunden ein solches Getränk kaufen und konsumieren; bei anderen Konsumgütern wie z. B. bei Luxussportwagen, sind es hingegen deutlich weniger. Da die Anzahl potenzieller Käufergruppen relativ hoch ist, ist das Marketing auch kommunikationspolitisch darauf ausgerichtet.

Daraus abgeleitet kann man den Kontakt zwischen Anbieter und Konsumenten als anonym charakterisieren. Direkte Kontakte zwischen Herstellern, z. B. einem deutschen Röstkaffeehersteller wie Dallmayr und seinen Kunden, sind, von Ausnahmefällen abgesehen, so gut wie nicht existent. Die Kontakte zwischen den Produzenten und dem Endverbraucher gestalten sich üblicherweise über den Handel.

In der Regel treten im Konsumgüterbereich häufig Wiederholkäufe auf, das bedeutet dass die Konsumenten mehrfach innerhalb eines Zeitintervalls, z. B. einer Woche oder eines Monats, die gleichen Produkte wiederholt kaufen. Einerseits ergibt sich dies aus dem Charakter der Produkte, wie bei frischem Gemüse, andererseits steht den meisten Konsumenten nur ein begrenzter Stauraum zur Verfügung. Aus der Sicht der Hersteller findet demnach eine hohe Anzahl an Käufen mit einem relativ kleinen Umsatzvolumen statt.

Die Komplexität der Produkte im Konsumgüterbereich ist im Vergleich zu Investitionsgütern relativ gering. Gerade bei klassischen Konsumgütern wie z. B. Mars oder Coca Cola sticht das relativ geringe Komplexitätsniveau klar hervor, v. a. wenn man einen Vergleich zu einer petrochemischen Großanlage oder einem Universitäts- und Forschungsklinikum zieht.

Ein letztes Kriterium, das hier den Unterschied zwischen Konsumgüter- und Investitionsgütermärkten aufzeigen soll, ist das Informationsniveau der potenziellen Nachfrager. Je nachdem, ob das Gut für den Konsumenten ein gering- oder hochwertiges und damit einhergehend ein niedrig- oder hochpreisiges Produkt darstellt, wächst oder sinkt die Notwendigkeit, Informationen zu sammeln und zu verarbeiten. Bei geringwertigen Produkten wie z. B. einem Einwegfeuerzeug, dass weniger als einen € kostet, ist das Risiko sich „zu verkaufen" relativ gering, daher sinkt die Neigung der Konsumenten, eine umfangreiche Informationssuche vorzunehmen. Bei höherwertigen Produkten, wie z. B. einem PKW, haben die privaten Haushalte einen deutlich höheren Informationsbedarf, da das mit einem „Fehlkauf" verbundene Risiko hier deutlich höher erscheint. Dieses Konzept wird in der Marketingwissenschaft auch als das Involvement-Konzept bezeichnet. Wenn man die Gesamtheit der täglichen Beschaffungsaktivitäten privater Konsumenten zugrundelegt, ist das Informationsniveau tendenziell eher gering; ein Blick in die gängige Werbung bestätigt dies. Wenn man sich z. B. den Werbespot von Beck's vergegenwärtigt, der mit dem Song „Sail away" unterlegt ist, fällt deutlich auf, dass dem Zuschauer nicht sachliche Informationen, sondern lediglich emotionalisierende Bilder und Atmosphären vermittelt werden.

Investitionsgütermärkte werden hingegen von anderen Bedingungen geprägt. Zunächst einmal spricht man in Bezug auf die Nachfrage nach Investitionsgütern von einer abgeleiteten Nachfrage, d. h. die Nachfrage ist von organisationalen Zielen, entweder Ersatz- oder Erweiterungsinvestitionen, abgeleitet. Das bedeutet in der Konsequenz, dass ohne die Existenz solcher Ziele kein Nachfrageimpuls ausgelöst wird und dass der Absatz von Investitionsgütern durch klassische Werbung grundsätzlich nicht stimuliert werden kann.

Investitionsgütermärkte weisen häufig einen hohen Grad an Spezialisierung auf, daher ist die Anzahl potenzieller Abnehmer der Leistungen in der Tendenz eher relativ gering. Wenn man ein Segment wie z. B. den Kraftwerksbau innerhalb des Maschinen- und Anlagenbaus betrachtet, kann man sich leicht vorstellen, dass für dieses Leistungsangebot nur eine überschaubare Anzahl an potenziellen Kunden besteht.

Diese Situation führt im Ergebnis dazu, dass die Kundenkontakte relativ intensiv sind und die Geschäftsbeziehungen über viele Jahre aufgebaut und gepflegt werden. Aufgrund der hohen technischen Komplexität vieler Investitionsgüter müssen der Außendienst und der technische Vertrieb ein hohes Qualifikationsniveau nachweisen, um die Kundenanforderungen adäquat befriedigen zu können.

Die Kaufentscheidungen werden auf Abnehmerseite, zumindest in den größeren Organisationen, häufig von mehreren Personen getroffen. Dies kann unter Umständen für den Anbieter bedeuten, dass er sich mit unterschiedlichen Ansprüchen auseinandersetzen muss und dass er mit einer heterogenen Interessenlage auf Kundenseite konfrontiert wird. Die unterschiedlichen Rollen, die in einer solchen mit der Beschaffung beauftragten Gruppe von Personen entstehen können, fanden als Buying Center Konzept ihren Eingang in die marketingwissenschaftliche Diskussion.

2.3 Sachgüter- und Dienstleistungsmärkte

Seit der zweiten Hälfte des letzten Jahrhunderts stieg der Anteil der Dienstleistungen im Vergleich zu dem der Sachgüter innerhalb der gesamtwirtschaftlichen Wertschöpfung in den meisten entwickelten Volkswirtschaften kontinuierlich an. Dieses Phänomen wurde u. a. von den Wirtschaftswissenschaften aufgegriffen, wobei sich ein Zweig besonders mit der Entwicklung von Dienstleistungsmärkten auseinandersetzte. Märkte können demnach auch nach der Erscheinungsform bzw. nach dem Charakter der Produkte am Ende des Leistungserstellungsprozesses unterschieden werden.

Sachgüter können relativ leicht als Endprodukte mit einer physischen Erscheinungsform identifiziert werden. Ihr materieller Charakter ermöglicht es dem potenziell interessierten Kunden, die Ware zunächst vor Erwerb in Augenschein zu nehmen, anzufassen und mit seinen Sinnesorganen zu erfahren. Dies verschafft dem Interessenten eine Informationsbasis, die sein Risiko, das das Produkt möglicherweise nicht über die zugesicherten Eigenschaften verfügt, deutlich vermindert. Dieses kundespezifische Verhalten kann man sehr gut beim Gang über den Wochenmarkt beobachten, wo die meisten kaufinteressierten Menschen die

2.3 Sachgüter- und Dienstleistungsmärkte

Waren anfassen, vergleichen und teilweise wieder weglegen, um geeignetere Produkte auszuwählen.

Im Gegensatz zu Sachgütern haben Dienstleistungen einen immateriellen Charakter und sind damit nicht vor dem Konsum erfahr- und bewertbar. Dadurch kann es zu einem Auseinanderfallen der Erwartung vor und der tatsächlichen Ergebnisbewertung nach dem Erhalt einer Dienstleistung kommen; bekannt sind Beispiele, dass Frauen mit einer spezifischen Erwartungshaltung zum Frisör gehen, das Ergebnis aber nicht immer als zufriedenstellend bewerten. Dies zeigt auch ein weiteres Charakteristikum von Dienstleistungen auf; sie sind grundsätzlich nicht lagerfähig und bedürfen der aktiven Einbindung des Kunden in den Leistungserstellungsprozess. Als weiteres Beispiel von klassischen Dienstleistungen dienen die vielfältigen und zahlreichen Leistungen der Unternehmensberatungen. Auch hier hängt die Qualität des Ergebnisses bzw. des Produkts häufig von der Qualität der Zusammenarbeit des zu beratenden Unternehmens ab; ohne einen ausreichend Zugang zu unternehmensinternen Informationen kann sich die Leistung der Berater nur suboptimal gestalten.

Meffert (2006, S. 33) definiert Dienstleistungen als „… selbständige, marktfähige Leistungen, die mit der Bereitstellung (z. B. Versicherungsleistungen) und/oder dem Einsatz von Leistungsfähigkeiten (z. B. Frisörleistungen) verbunden sind (Potenzialorientierung). Interne (z. B. Geschäftsräume, Personal, Ausstattung) und externe Faktoren (also solche, die nicht im Einflussbereich des Dienstleisters liegen) werden im Rahmen des Erstellungsprozesses kombiniert (Prozessorientierung). Die Faktorenkombination des Dienstleistungsanbieters wird mit dem Ziel eingesetzt, an den externen Faktoren, an Menschen (z. B. Kunden) und deren Objekten (z. B. Auto des Kunden) nutzenstiftende Wirkungen (z. B. Inspektion beim Auto) zu erzielen (Ergebnisorientierung)." Die Definition Mefferts, die unterschiedlichen Ansätzen Rechnung trägt, zeigt jedoch auch die Schwierigkeiten, Dienstleistungen aufgrund der vielfältigen Erscheinungsformen, insgesamt zu erfassen und zu kategorisieren, auf.

Betriebswirtschaftliche Erwägungen in der Produktion nötigen den Unternehmen tendenziell eine Standardisierung der angebotenen Sachgüter ab, um sich auch preiswettbewerblich erfolgreich auf den unterschiedlichen Märkten behaupten zu können. Die Plattformstrategie in der Automobilindustrie, bei der möglichst viele Bauteile und Komponenten auch bei unterschiedlichen Fahrzeugtypen eines Herstellers, häufig jedoch für den Kunden unsichtbar, identisch sind, ist eine direkte Konsequenz dieser betriebswirtschaftlichen Notwendigkeiten. Einer möglichen Standardisierungstendenz sind bei Dienstleistungen engere Grenzen gesetzt; auch wenn es unter ökonomischen Betrachtungen sinnhaft wäre, so ist sicherlich von einer geringen Kundenakzeptanz auszugehen, wenn die Patienten, je nach Intensität des Krankheitsbildes, eine standardisierte ärztliche Beratungsleistung erfahren würden.

Dennoch existieren es auch im Dienstleistungsbereich Standardisierungen bzw. Teilleistungsstandardisierungen; McDonald's oder die Autowäschedienstleistungen von Cosy Wasch mögen dies exemplarisch belegen. Allerdings ist es aufgrund der Vielzahl und der Heterogenität von Dienstleistungen schwierig, Abgrenzungskriterien zu definieren, die nicht durch Beispiele aus dem Wirtschaftsleben widerlegt werden können. Insofern weisen die Überlegungen, eine traditionelle Abgrenzung vorzunehmen, in die richtige Richtung.

Kleinaltenkamp (1998, S. 41) zeigt andere Sachzusammenhangskriterien auf, die fließende Übergänge anhand von zwei Dimensionen zulassen; so wird der Leistungserstellungsprozess anhand der Eigenschaften autonom bzw. integrativ, der Dimension Leistung als Ergebnis, unterteilt in materiell bzw. immateriell, gegenübergestellt. Integrativ bzw. autonom zielt auf die Einbindungsintensität des Kunden bei der Leistungserstellung ab; ein Uhrmacher, der sein Produkt nach eigenen Vorstellung technisch und optisch konzipiert, würde demnach eine autonome Leistung, d. h. eine ohne direkten Kundeneinfluss, die im materiellen Quadranten angesiedelt ist, anbieten. Im Gegensatz dazu wäre eine technische komplexe Produktionsanlage, die ein Maschinen- und Anlagenbauer im Auftrag eines Kunden nach dessen spezifischen Vorgaben erstellt, deutlich höher im integrative/materiellen Quadranten angesiedelt.

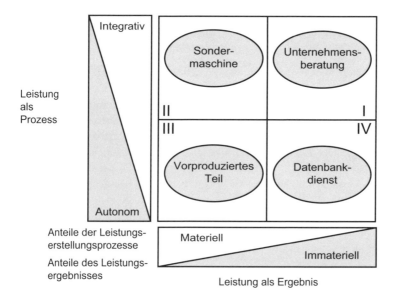

Abbildung 2.1: Leistungstypologie nach Engelhardt/Kleinaltenkamp/Reckenfelderbäumer 1993
  Quelle: Kleinaltenkamp 1998, S. 41

Ein weiterer erwähnenswerter Aspekt soll an dieser Stelle angesprochen werden. Sowohl auf Konsumgüter- als auch auf Investitionsgütermärkten gibt es eindeutige Tendenzen, zusätzliche Dienstleistungen oder Dienstleistungselemente mit klassischen Sachleistungen in einem Leistungsbündel miteinander zu verknüpfen. Dieser Trend geht u. a. auf zwei unterschiedliche Entwicklungen zurück, zum einen erweiterten die Unternehmen ihre Leistungsangebot zur Erschließung weiterer Marktpotenziale, zum anderen wurden die zusätzlichen Dienstleistungen wegen der hohen Kaufentscheidungsrelevanz der Konsumenten und Kunden, also durch den Impuls der Märkte, angeboten. Es reicht den Kunden, die z. B. einen preisgünstigen PC bei Aldi erwerben, nicht mehr aus, nur die Hard- und Software zu erwerben, sie erwarten auch ein angemessenes Betreuungsangebot für den Fall auftretender Komplikationen. In vielen Fällen können die Hersteller ihre Sachgüterangebote ohne gleichzeitige begleitende

Dienstleistungen nicht mehr erfolgreich vermarkten, sodass sie genötigt sind, diese entweder selber oder über Kooperationspartner, teilweise auch in wahlmodularer Form, anzubieten.

Auf Industriegütermärkten zeigt sich eine grundsätzlich vergleichbare Entwicklung. So ist es auch für Industriekunden von zunehmender Wichtigkeit, zusätzliche Dienstleistungen in Anspruch nehmen zu können; wenn z. B. ein Verlagshaus in Südchina eine Druckmaschine des Herstellers Heidelberger Druckmaschinen zu kaufen beabsichtigt, müssen zunächst im Vorfeld gewisse Dienstleistungen erbracht werden, vor allem aber während der Phase der Inbetriebnahme sind Dienstleistungen wie Installation, Ausbildung und Schulung des Bedienungspersonals von hoher kaufrelevanter Bedeutung. Auch in der Nachkauf- bzw. in der Betriebsphase sind Wartungs- und Instandhaltungsdienstleistungen unabdingbar, da eventuelle Störungen der Betriebsabläufe in relativ kurzer Zeit zu enormen betriebswirtschaftlichen Aufwendungen führen können. In einiger Literatur wird bisweilen die Auffassung vertreten, dass sich die meisten Technologieunternehmen in Zukunft nur noch weitgehend durch ein professionelles Dienstleistungsangebot vom Wettbewerb differenzieren können.

Den insgesamt gestiegenen Anforderungen durch die Märkte müssen Unternehmen durch eine sinnvolle und v. a. nutzenstiftende Bündelung ihres Leistungsangebots von Sachgütern und/oder Dienstleistungen begegnen. Insofern ist es für die Unternehmen, aber auch für die Wissenschaft, eher von Interesse, Leistungsangebote nach Nutzenpotenzialen für unterschiedliche Kundengruppen zusammenzustellen, als sich auf die in Teilen existierenden Unterschiede zwischen Sachgütern und Dienstleistungen zu fokussieren.

2.4 Bauwirtschaftliche Märkte

Baumärkte oder bauwirtschaftlichen Märkte sind tendenziell sehr heterogen. Traditionell werden die Baumärkte bzw. die Bausegmente nach produktspezifischen bzw. nach verwendungszweckspezifischen oder nach kundenspezifischen Kriterien gegliedert. So weist die Statistik des Hauptverbandes der Deutschen Bauindustrie die Betätigungsfelder nach wie vor nach Wohnungsbau (Produkt oder Verwendungszweck), Wirtschaftsbau (Produkt oder Verwendungszweck) und nach öffentlichem Bau (Kundentypologie) aus. Dies ist jedoch nur eine sehr grobe Markteinteilung, die sich z. B. im Wohnungsbau grundsätzlich nach geographischen, im Wirtschaftsbau z. B. nach branchenspezifischen, oder im öffentlichen Bau je nach Produktart wie Flughafenbau, Kraftwerksbau oder Straßenbau in weitere Märkte oder Marktsegmente differenzieren lässt. Bei einer geographischen Marktaufteilung wird in der gängigen Literatur häufig auf nationalstaatliche oder überregionale Baumärkte abgehoben. In diesem Zusammenhang werden in den Fachmedien z. B. über die asiatischen Baumärkte, den Baumarkt Chinas, oder die Baumärkte Osteuropas berichtet.

Die Heterogenität ergibt sich allerdings auch aus dem Trend, dass sich die Bauunternehmen in den letzten Jahren zunehmend Geschäftsfelder im baunahen Dienstleistungsumfeld erschließen. Viele Bauunternehmen bieten heute eine Produktpalette an, die von Finanzierung, Projektentwicklung, Facility Management (FM) bis hin zum Betreiben der zuvor errichteten Bauwerke wie z. B. einem Krankenhaus, reichen. Ohne an dieser Stelle ins Detail zu gehen;

eine der Hauptursachen für diese Diversifizierungsaktivitäten war die mehr als zehn Jahre andauernde Baukrise in Deutschland, durch die viele auch international renommierte Unternehmen wie die Philipp Holzmann AG Insolvenz anmelden mussten.

Was verbirgt sich hinter den sogenannten baunahen Dienstleistungen? Ausgehend von der Kernaktivität Bauen, die unter einer weitergefassten prozessorientierten Betrachtungsweise chronologisch im Zentrum einer Wertschöpfungskette steht, existieren vorgelagerte und nachgelagerte Wertschöpfungsaktivitäten.

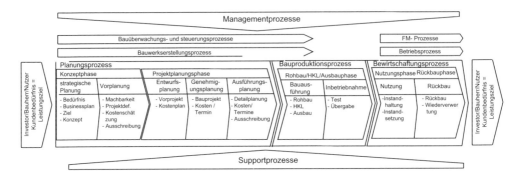

Abbildung 2.2: Lebenszyklusprozess eines Bauwerks mit Phasen und Hauptaufgaben
Quelle: Girmscheid 2007, S. 22

Baunah bedeutet aus dieser Perspektive nah am klassischen Baugeschäft angesiedelte Dienstleistungen, die entweder früher nicht oder die früher von anderen Unternehmen aus anderen Branchen erbracht wurden. Die folgenden Beispiele mögen dies verdeutlichen: Finanzierungsdienstleistungen wurden traditionell von Finanzinstituten angeboten, der Betrieb der fertiggestellten Bauwerke oder Anlagen wurde üblicherweise vom Eigentümer organisiert, oder Teile des heutigen FM wurden früher häufiger von Hausverwaltungen angeboten.

Die Ausweitung des Dienstleistungsangebots ursprünglich traditionell agierender Bauunternehmen erfordert verständlicherweise ein professionelleres Marketing der Unternehmen, als bis dato praktiziert.

2.5 Entscheidungsrelevante Markteigenschaften

Für die Bauunternehmen existiert eine Vielzahl entscheidungsrelevanter Informationen über den Markt. Selbst gut etablierte Unternehmen müssen sich kontinuierlich über aktuelle Marktentwicklungen informieren, um ihre Verhaltensweisen darauf abzustimmen. So sind z. B. die aufgrund der aktuellen Finanzkrise von der Bundesregierung beschlossenen Konjunkturpakete im Hinblick auf die Förderung der Modernisierung der Infrastruktur für Bauunternehmen von hoher Bedeutung. Die relevanten Information beziehen sich im Grundsatz,

2.5 Entscheidungsrelevante Markteigenschaften

analog zum Marketingdreieck, auf drei Bereiche: die Kunden, die Wettbewerber und auf das eigene Unternehmen.

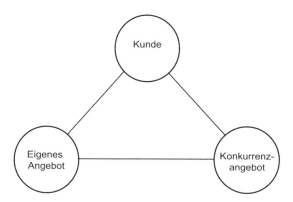

Abbildung 2.3: Strategisches Dreieck
Quelle: Kuß 2001, S. 48

Für die Bauunternehmen ist eine der wichtigsten Informationen zunächst einmal die Marktgröße. Hierunter ist ein abgegrenzter Markt zu verstehen, der in Bezug auf sein Mengen- oder Wertevolumen erfasst wird. Ein Beispiel für eine Markterfassung auf Mengenbasis ist die Anzahl von Projekten, so wie dies aktuell bei Untersuchungen über den Markt für Public-Private-Partnerships (PPP) oder Öffentlich-Private-Partnerschaften (ÖPP) in einigen Publikationen ausgewiesen wird. Häufiger jedoch findet in der Bauindustrie eine werteorientierte Beschreibung des Marktes, in der Regel auf einer Währungsbasis, statt. In allen bauspezifischen Veröffentlichungen, wie z. B. in der Zeitschrift „Engineering News Record" (ENR), werden die Baumärkte entweder in den jeweiligen Landeswährungen oder in einer der weltweit bedeutsamen Währungen wie dem U.S. Dollar beziffert. Das Marktvolumen ist eine wichtige Kenngröße, allerdings reflektiert diese Größe lediglich eine Momentaufnahme zu einem spezifischen Zeitpunkt, der eine Entwicklung vorausgegangen ist. Insofern gibt sie als grober Indikator zunächst eine erste Orientierung, die jedoch zur Erstellung eines konkreten Lagebildes weiterer Informationen bedarf.

Eine für die Unternehmen überaus wichtige Kenngröße ist das Marktpotential, das eine Aussage über die zukünftigen Wachstumsentwicklungen liefert. Der Wachstumsbegriff wird hier neutral verwendet, das Wachstum kann entweder einen negativen (Marktschrumpfung), einen neutralen (Stagnation) oder einen positiven (Marktwachstum) Charakter haben. Für die Unternehmen ist die zukünftige Marktentwicklung von hoher Relevanz, da sie sich je nach Marktsituation intern, d. h. durch ihre Ressourcenplanung und demnach durch entsprechende Kapazitätsanpassungen, darauf einstellen müssen. Bei einem prognostizierten schrumpfenden Markt müssen ggf. Investitionen zurückgestellt und /oder zum Teil Personal abgebaut werden, bei einem stagnierenden Markt besteht grundsätzlich kein Handlungsbedarf, während, je nach Auslastung der eigenen Ressourcen, in einer Marktexpansionsphase ggf. Erweiterungsinvestitionen zum Ausbau der Produktionskapazitäten getätigt werden müssen. In der

Phase der Wiedervereinigung Deutschlands gingen sämtliche Prognosen von einem länger andauernden Marktwachstum aus, daher bauten die Unternehmen ihre Kapazitäten v. a. in Ostdeutschland in relativ kurzer Zeit massiv aus. Eine vergleichbare, jedoch umgekehrte Situation stellte sich im deutschen Inlandsbaumarkt ab Mitte der 90er Jahre ein, die Experten prognostizierten regelmäßig in periodischen Abständen einen weiter schrumpfenden Markt, was über mehr als eine Dekade zu einem Beschäftigungsrückgang im Bauhauptgewerbe von ca. 1,5 Millionen Arbeitnehmern zu Beginn der Krise auf ein Niveau von ca. 730.000 Beschäftigten im Jahr 2005, dem Ende der Krise, führte. Die Erwartung über die zukünftige Marktentwicklung bedeutet demnach eine wichtige Informationsgrundlage für die Unternehmen.

Der Marktanteil ist grundsätzlich für die Unternehmen, vor allem für die multinationalen Konzerne der Konsumgüterindustrie, eine wichtige Information. Für die deutsche Bauwirtschaft, die sehr stark klein- und mittelständisch geprägt ist, d. h. die eher eine angebotspolypolistische Struktur aufweist, spielt der Marktanteil grundsätzlich keine wesentliche Rolle, obwohl möglicherweise, je nach Abgrenzung des Marktes, einige Unternehmen entweder regional oder produktbezogen einen relativ hohen Marktanteil erreichen können. Selbst die Großunternehmen der Branche kommen im deutschen Baumarkt, auch im internationalen Vergleich, auf sehr geringe Marktanteile. Während die fünf großen PKW-Hersteller in Deutschland über einen Marktanteil von 50 % verfügen, halten die entsprechend fünf größten deutschen Baukonzerne einen Anteil am Gesamtmarkt, der zwischen vier und fünf Prozent angesiedelt ist.

Neben nachfragebezogenen Daten sind Informationen über die Wettbewerberstruktur äußerst bedeutsam für die Unternehmen. Vor allem regional ansässige Unternehmen, oder die regional ansässigen Niederlassungen der großen Baukonzerne, stehen bei vielen Projekten in ihrer Heimatregion in der Angebotsphase in direkter Konkurrenz zueinander. Informationen über die aktuelle Kapazitätsauslastung eines direkten Wettbewerbers ermöglichen prinzipielle Rückschlüsse auf sein preispolitisches Angebotsverhalten. Wenn z. B. ein Wettbewerber derzeitig mit einem hohen Auslastungsgrad agiert und seine Auftragsbücher relativ gut gefüllt sind, wird seine preispolitische Haltung gegenüber dem potentiellen Auftraggeber tendenziell eher weniger kompromissbereit sein als wenn er mit einem hohen Grad an Unterauslastung zu kämpfen hat. Ein derartiger Kenntnisstand wiederum kann dem eigenen Unternehmen helfen, die aus der Situation des Wettbewerbers wahrscheinlichste Vorgehensweise abzuleiten und diese frühzeitig in der eigenen Angebotspolitik zu berücksichtigen.

3 Käuferverhalten

3.1 Kapitelüberblick

In der gängigen Marketingliteratur umfasst das Käuferverhalten vielfältige Dimensionen. Unter einer prozessualen Perspektive werden die unterschiedlichen, chronologisch aufeinander folgenden Schritte von der Bedarfsentstehung bis zum Kauf eines Produkts oder einer Dienstleistung beleuchtet, während eine Kontextbetrachtung unterschiedliche Einflussfaktoren, interne und externe, die das Kaufverhalten beeinflussen, differenziert. Das Involvementkonzept hebt auf das unterschiedliche Verhalten je nach Bedeutung für den Käufer ab, während unter Kundentypisierungsgesichtspunkten Konsumenten und organisationale Nachfrager unterschieden werden. Im folgenden Kapitel werden zunächst die Einflussfaktoren, die auf Kaufentscheidung wirken, dargestellt und anschließend die grundsätzlich ablaufenden Prozesse bei Kaufentscheidungen von Konsumenten aufgezeigt. Da der überwiegende Teil der Bauleistungen von Organisationen nachgefragt wird, werden die in diesem Zusammenhang relevanten Aspekte in vertiefter Form angesprochen.

3.2 Einflussfaktoren auf die Kaufentscheider

Kaufentscheidungen sind ohne eine Einbettung in eine Rahmensituation undenkbar, auch wenn wir diese nicht immer bewusst wahrnehmen. Für den Konsumenten sind diese Faktoren nur bedingt selbst wahrnehmbar, und für einen externen Beobachter besteht die Schwierigkeit u. a. darin, dass die Gefühlswelten, die grundsätzlichen Werte und Einstellungen sowie die auf der unterbewussten Ebene angesiedelten Faktoren der Konsumenten nur bedingt transparent zu machen sind. Das Erkennen dieser auf die Kaufentscheidung einflussnehmender Faktoren, und ggf. eine Beeinflussung dieser im Sinne der Unternehmen, ist seit langem von hoher Bedeutung für das Marketing.

Kuß (2001, S. 76 f) verweist auf die bereits vor der Kauftätigkeit vorhandene „individuelle Vorprägung", die die Entscheidung wesentlich beeinflusst. Das subjektive Wissen der Konsumenten über die Produkte ist einer der identifizierten Einflussgrößen. In Anlehnung an Engel/Blackwell/Miniard (1995) werden drei Wissensformen unterschieden: das Produktwissen, das Einkaufswissen und das Verwendungszweckwissen. Das Produktwissen bezieht sich auf die Bekanntheit der Produktmarke und des Produkts, sowie auf die wesentlichen Produkteigenschaften und die dementsprechenden Preise. Das Einkaufswissen bezeichnet die „Beschaffungskompetenz" der Konsumenten, d. h. es bezieht sich auf die Frage, wo die für den Konsumenten preisgünstigsten Bezugsquellen sind. Das Verwendungswissen ist eng mit dem Produktwissen verknüpft, hier steht jedoch die Verwendungskompetenz im Vordergrund. In diesem Zusammenhang kann man besonders bei jugendlichen Konsumenten eine hohe Kompetenz bei den für ihre Peergroup wichtigen Produkten beobachten, hier wirkt häufig, je nach Situation, eine hohe Verwendungskompetenz, z. B. bei den zahlreichen Features von Handys, sozialstatusstabilisierend oder sogar -erhöhend.

Die dem jeweiligen Individuum zugrunde liegenden Wertvorstellungen üben ebenfalls einen nicht geringen Einfluss auf die Kaufentscheidung aus. In der Regel überprüfen die Konsumenten häufig ihre Kaufentscheidung teilweise unbewusst auf die mit ihren Grundvorstellungen übereinstimmende Wertekompatibilität. Werte im Sinne dieser Betrachtung besitzen die folgenden Grundcharakteristika: zunächst ist das Individuum Träger seiner Werte, d. h. Werte haben einen höchst individuellen Charakter. Da Menschen grundsätzlich über ein Werte-Set verfügen, ist es v. a. die Konfiguration, also die Verknüpfung unterschiedlicher Wertemuster, die ihre Einzigartigkeit ausmachen. Ein zweites Merkmal ist, dass Werte u. a. aufgrund von Sozialisation und Erfahrungen entstehen, sie sind somit das Produkt einer langjährigen Prägung, und daher auch grundsätzlich nicht in einem kurzfristigen Zeithorizont veränderbar. Häufig genannte Werte unserer Gesellschaft sind Familie, Freiheit, soziale und materielle Sicherheit, Unabhängigkeit, soziale Anerkennung, individuelles Glücksstreben sowie weitere.

Unabhängig vom jeweiligen Wissensstand und den individuellen Werten der Konsumenten wirken die Bedürfnisse nach einem Gut oder einer „Problemlösung" auf die Kaufsituation, wobei hier unterschiedliche Bedürfnisse zusammenwirken können. Ein Bedürfnis kann man pragmatisch als ein solches definieren, wenn zwischen einem angestrebten Zielzustand und einer spezifischen wahrgenommen Situation eine Lücke besteht. Auslösende Momente für die Entstehung von Bedürfnissen können sowohl aus dem Individuum heraus als auch durch externe Faktoren entstehen. Als interne Auslöser können sowohl existentielle Grundnotwendigkeiten wie Hunger, Durst und Schutz vor extremen Witterungsbedingungen als auch persönlichkeitsbezogene Merkmale wie Spaß und Freizeitorientierung fungieren. Als externe Einflussfaktoren können sämtliche gesellschaftlich bedingte Aspekte in Betracht kommen, v. a. sind hier die Stimuli durch das Marketing, insbesondere durch die Werbung, zu nennen.

Eine weitere wichtige Einflussgröße auf das Kaufverhalten ist die Einstellung der Konsumenten. Kuß (2001, S. 80 f), der sich auf Fishbein/Ajzen (1975) bezieht, definiert Einstellung sinngemäß als eine erlernte Neigung, sich in Bezug auf ein gegebenes Etwas in einer konsistenten Weise entweder positiv oder negativ zu positionieren und sich analog dementsprechend zu verhalten. In dieser Definition werden vier Aspekte zusammengeführt: erstens, die erlernte Neigung, sich zu einem Phänomen grundsätzlich zu positionieren, zweitens, dies in einer entweder positiven oder negativen Weise zu tun, drittens, sein Verhalten einstellungsadäquat auszurichten, und viertens, dies in Form einer konsistenten Gestaltungsmanier zu handhaben. Die Relevanz der Einstellungsforschung für die Unternehmen erwächst aus der Erkenntnis, dass Einstellungen eine relativ hohe Einflussbedeutung für Konsumentenentscheidungen besitzen. Daraus lässt sich ableiten, dass das Kaufverhalten analog zu den Einstellungen der Konsumenten grundsätzlich prognostizierbar ist, in einem zweiten Schritt ergeben sich Überlegungen, wie gezielt auf die Einstellungen Einfluss genommen werden kann.

Der Bedeutungscharakter des Kaufobjekts ist ebenfalls ein wichtiges Kriterium zur Erklärung des Kaufverhaltens. Den Ansatz, der unterschiedliches Kaufverhalten in einen Sinnzusammenhang zur Bedeutung des Kaufobjekts setzt, nennt man Involvement-Konzept. Dieses Konzept berücksichtigt v. a. den persönlichen Grad an Wichtigkeit eines Kaufobjekts; beim Produkt-Involvement werden die für den Konsumenten von einem hohen Wichtigkeitsgrad gekennzeichneten Produkte als High-Involvement-Produkte bezeichnet, dementsprechend die von einer geringen Wichtigkeit als Low-Involvement-Produkte. Übertragen auf die Kaufsituation wird in High- und Low-Involvement-Käufe unterschieden (vgl. Kuß 2001). Obwohl dieses Konzept den individuellen Kauf ins Zentrum der Betrachtung rückt, ergeben sich jedoch tendenziell Produktgruppen, die man überwiegend High- oder Low-Involvement-Käufen zurechnen kann. Üblicherweise stellt ein Automobil nicht nur ein emotionales Gut dar, zumindest in Deutschland, sondern aufgrund seines relativ hohen Preises gemessen am typischen Konsumenteneinkommen ist der Kauf eines Autos auch eine Situation, die für den Großteil der Konsumenten von hoher Wichtigkeit ist. Die Wichtigkeit ergibt sich aus untersichtlichen Aspekten, hauptsächlich kann man jedoch sagen, dass das der relativ hohe Kaufpreis ein Risiko für den Kunden darstellt. Wenn es sich nach der Kaufentscheidung ergibt, dass diese Wahl sich als falsch oder weniger vorteilhaft als eine andere Entscheidung darstellt, hat der Konsument einen subjektiv hohen Geldbetrag „verloren", da ihm dieses Risiko vor der Entscheidung bewusst ist, erhöht er seinen Informationssuch- und verarbeitungsaufwand. Im Gegensatz dazu ist z. B. der Erwerb eines Schokoladenriegels für eine wohlsituierte erwachsene Person tendenziell ein Low-Involvement-Kauf. Die Wichtigkeit kann auch auf einer anderen als einer monetären Basis entstehen, so kann z. B. ein Produkt, v. a. wegen der sozialen Anerkennung erwerben werden soll, von der jeweiligen Gruppe nicht als positiv bewertet werden und negativ auf den Konsumenten zurückfallen, was ebenfalls aus Konsumentensicht einen Schaden (Image) nach sich zieht.

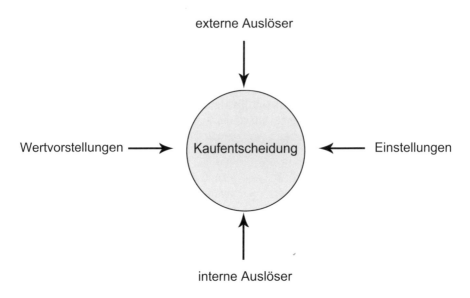

Abbildung 3.1: Einflussfaktoren auf die Kaufentscheidung

Die hier kurz skizzierten Ansätze, die, aus unterschiedlichen Blickwinkeln, einen Beitrag zur Erklärung des Käuferverhaltens leisten sollen, dienen lediglich der Einführung und erheben keinen Anspruch auf Vollständigkeit. Vielmehr geht es an dieser Stelle darum, ein Grundverständnis für die unterschiedlichen möglichen Einflussfaktoren zu schaffen und einige dieser ausgewählten Einflussgrößen darzustellen.

3.3 Der Kaufprozess

Während in 3.2. die möglichen Einflussfaktoren auf Kaufentscheidungen angesprochen wurden, steht in diesem Abschnitt eine prozessorientierte Betrachtung im Vordergrund. Da der Kauf eines Produkts oder einer Dienstleistung in der Regel in mehreren Schritten vollzogen wird, auch wenn diese im Einzelfall, wie bei vielen Low-Involvement-Käufen, nur wenige Sekunden dauern können, werden die hier die üblichen chronologischen Abläufe schematisch dargestellt. Manche Autoren sprechen in diesem Kontext auch von einem Stufenmodell (Homburg/Krohmer 2006, S. 37 f.). Die Sinnhaftigkeit der Darstellung der Prozessabfolge ergibt sich aus der potentiellen Möglichkeit, durch gezielte Marketingmaßnahmen während der einzelnen Phasen Einfluss auf die Kaufentscheidung des Konsumenten nehmen zu können.

Zunächst steht am Beginn der Prozesskette als auslösendes Moment der Bedarf, auch wenn dieser durch kommunikationspolitische Maßnahmen stimuliert wurde. Dieser Bedarf kann entweder in Folge eines erkannten Mangels, wie z. B. einer zerbrochenen Kaffeekanne, oder durch neue Möglichkeiten, wie z. B. durch die Einführung des MP3-Players, entstehen. Erwähnenswert ist, dass der Bedarf erst ab einer spezifischen, subjektiv empfundenen Intensität als relevant wahrgenommen wird. Nach dem Stufenmodell von Homburg/Krohmer (2006) wird an dieser Stelle eine Grundsatzentscheidung, Kauf oder Nichtkauf, getroffen. Diese Entscheidung kann, neben den bereits aufgezeigten Einflussfaktoren, zusätzlich von situativen Aspekten wie z. B. der Attraktivität der Einkaufsstätte, der persönlichen „Kauflaune" und günstiger Finanzierungsmöglichkeiten beeinflusst werden.

In der Literatur werden an dieser Stelle drei Gundtypen von Kaufentscheidungen unterschieden, die auch mit dem Involvement-Konzept korrespondieren: die extensive, die limitierte und die habitualisierte Kaufentscheidung. Gemeinsam ist diesen Begrifflichkeiten der grundsätzliche Kaufentscheidungscharakter, was sie jedoch deutlich voneinander differenziert sind die Bedeutungsintensitäten für den Käufer, die tendenziell zu einem stark unterschiedlichen Informationsbeschaffungs- und auswertungsaufwand führen. Eine extensive Kaufentscheidung liegt vor, wenn der Kauf eines neuartigen Guts oder einer neuartigen Dienstleistung getätigt werden soll, bei der nur eine geringe Erfahrungsbasis existiert und die dadurch für den Konsumenten grundsätzlich mit einem hohen Kaufrisiko verbunden ist. In dieser Situation, z. B. beim Kauf eines Eigenheims oder eines Automobils, werden zunächst sämtliche verfügbaren Informationen eingeholt und vor dem Hintergrund der persönlichen Zielsetzung intensiv ausgewertet. Der relativ hohe Informationsbeschaffungs- und verarbeitungsaufwand soll dabei dem wahrgenommenen Risiko entgegenwirken, bei derartigen Kaufsituationen ist der rationale Anteil an der Entscheidung grundsätzlich deutlich höher als bei den anderen Kaufentscheidungen.

Unter einer limitierten Kaufentscheidung wird eine Situation verstanden, bei denen der Konsument bereits auf Erfahrungen vergleichbarer oder ähnlicher Produkte zurückgreifen kann und die dadurch von einem geringeren Risiko geprägt ist. Als Beispiele für limitierte Kaufentscheidungen können der erneute Kauf einer Druckerpatrone, der Kauf einer Batterie für ein elektronisches Abspielgerät oder der Kauf einer Musik CD dienen.

Habitualisiertes Kaufverhalten kennzeichnet Situationen, bei denen der Konsument aufgrund seines positiven Erfahrungshorizontes mit den in der Vergangenheit verwendeten Produkten wenige bis gar keine Informationen über das Produkt einholen muss. Diese Situation ist für den Konsumenten sehr komfortabel, da sich so sein Zeitaufwand optimieren lässt und dies bei einem reduzierten Risikoniveau.

Das Stufenmodell von (Homburg/Krohmer 2006) sieht nach der ersten Stufe der Grundsatzentscheidung Kauf oder Nichtkauf als zweite Stufe die Wahl einer Produktkategorie vor. Die Autoren weisen auf die mögliche Entstehung von Zielkonflikten zwischen den avisierten Produkten und den Restriktionen eines begrenzten Budgets hin.

Die dritte Prozessstufe ist die Auswahl des konkreten Produkts. Diese Phase ist für das Marketing von höchster Relevanz, da in der Summe die Kaufentscheidungen der Konsumenten für die Unternehmen weitreichende Konsequenzen haben. In diesem Zusammenhang wird auf das Konzept des grundsätzlich sehr begrenzte Spektrums potentieller Marken oder Produkte hingewiesen, die für den Konsumenten in Frage kommen können, diese Vorselektion wird in der Marketingwelt als „Evoked Set" bezeichnet. Diese begrenzte Vorauswahl setzt sich in der Regel aus Produkten zusammen, mit denen der Konsument bereits positive Erfahrungen gesammelt hat und/oder die ihm aus der Werbung bekannt sind; häufig handelt es sich um drei bis fünf Produkte. Beim Kauf eines Produkts wie z. B. eines Duschgels hat der Konsument vielleicht die Marken axe, Fa, adidas, Nivea und dusch das im Gedächtnis, bevor er sich für eines dieser Produkte entscheidet. Für die Unternehmen ist es daher von enormer Bedeutung, bei möglichst vielen Konsumenten in dieses „Evoked Set" zu gelangen, da dadurch die Chancen für die Kaufauswahl zugunsten des eigenen Produkts enorm steigen.

In der vierten Stufe wird nach diesem Modell lediglich eine Entscheidung über die zu kaufende Menge getroffen, was durch unterschiedliche Marketinginstrumente wie z. B. die Konditionenpolitik beeinflusst werden kann.

Abbildung 3.2: Stufen der Kaufentscheidung
Quelle: Homburg/Krohmer 2006, S. 37

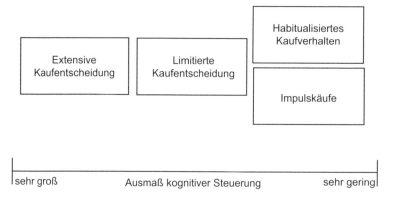

Abbildung 3.3: Ausmaß gedanklicher Steuerung bei unterschiedlichen Typen von Kaufentscheidungen
Quelle: Kuß 2001, S. 91

Aus der Thematik dieses Buches ergibt es sich, dass das Käuferverhalten von Konsumenten hier grundsätzlich nicht von besonderer Relevanz ist, da die Baudienstleistungen zu einem großen Teil von Organisationen wie privaten Unternehmen (Wirtschaftsbau) und öffentlichen

Institutionen (öffentlicher Bau) nachgefragt werden. Vielmehr ist hier das organisationale Kaufverhalten von Bedeutung, das im nächsten Abschnitt behandelt wird.

3.4 Organisationales Kaufverhalten

3.4.1 Überblick

Das Kaufverhalten von Organisationen erlangte in Deutschland erst seit den 80er Jahren ein seiner Bedeutung angemessenes Aufmerksamkeitsniveau. Der Fokus der marketingwissenschaftlichen Untersuchungen lag in den frühen Jahren dieser Disziplin eindeutig im Konsumgüterbereich, was auf unterschiedliche Ursachen zurückzuführen ist.

Im Folgenden werden die für ein Grundverständnis relevanten Aspekte des Industriegütermarketings wie die Kaufsituationen (Kaufklassen), die Kaufphasen und das in der Fachliteratur häufig zitierte Buying Center Konzept vorgestellt. Backhaus/Voeth (2007) unterscheiden das Angebot an Erklärungsansätzen in Partial- und Totalmodelle, wendet man diese Differenzierung hier analog an, werden in diesem Abschnitt die wichtigsten Partialmodelle vorgestellt, zum einen, weil diese für ein Grundverständnis ausreichen, zum anderen, weil die Totalmodelle keine Akzentsetzung der hauptsächlich relevanten Aspekte vornehmen.

Ein Beleuchten der Beschaffungsperspektive ist v. a. deshalb sinnvoll, weil hierdurch ein Verständnis für die Notwendigkeit einer Anpassung des traditionell eher konsumgütergeprägten Marketings an die Bedingungen der Investitionsgütermärkte geschaffen werden kann.

3.4.2 Kaufklassen

Ähnlich wie bei Konsumgütern existieren unterschiedliche situative Einflussfaktoren, die auf den Beschaffungsprozess der Unternehmen wirken. Robinson/Faris/Wind (1967) stellen drei Grundtypen, je nach Motivhintergrund, eines Beschaffungsprozesses vor: den Neukauf (new task), den modifizierten Wiederkauf (modified rebuy) und den identischen Wiederkauf (straigt rebuy) vor.

Beim Neukauf handelt es sich um einen Einkaufsvorgang, der aus zwei Gründen für das Unternehmen einen Neuartigkeitscharakter aufweisen kann. Godefroid/Pförtsch (2009) nennen in diesem Zusammenhang eine Neuanschaffung eines Standardprodukts und die Beschaffung eines noch nicht etablierten innovativen Produkts. Bei einem Standardprodukt wie z. B. einer seit Jahren am Markt existierenden Getränkeabfüllmaschine kann das kaufinteressierte Unternehmen davon ausgehen, das es sich um ein ausgereiftes Produkt handelt, dass keine sogenannten „Kinderkrankheiten" mehr aufweist. Dies vermindert das Risiko, dass das Produkt nicht über die zusicherten Eigenschaften verfügt, teilweise erheblich. Umgekehrt erhöht sich das Risiko deutlich, wenn ein Unternehmen eine innovative Problemlösung, z. B. ein neuartiges Softwaresystem, zu kaufen beabsichtigt, dass sich gerade in der Markteinführungsphase befindet. Häufig treten in derartigen Situationen Komplikationen auf, die

u. U. für das beschaffende Unternehmen zu einem enormen Mehraufwand führen können. Es ist in jüngster Zeit immer wieder zu beobachten, dass die Unternehmen, die unter einem kontinuierlich wachsenden Ertragsdruck stehen, ihre Produktneueinführungszyklen auch aus Kostengründen verkürzen müssen. Durch diese verkürzten Erprobungsphasen wälzen sie quasi einen Teil des Produktentwicklungsaufwands auf den Kunden ab. Die Einführung des Mautgebührensystems in Deutschland zeigt dieses Phänomen exemplarisch auf. Aus diesen Erwägungen heraus ist es für das beschaffungsinteressierte Unternehmen von hoher Bedeutung, die grundsätzlich in Frage kommenden Lieferanten sorgfältig auszuwählen.

Eine andere Situation liegt für die Unternehmen beim modifizierten Wiederkauf vor. Hier haben sich die Unternehmen durch ihre in der Vergangenheit bereits durchgeführten Beschaffungsvorhaben einen Erfahrungsstock aufgebaut, der ihren notwendigen Informationssuch und -verarbeitungsaufwand stark reduziert. Die durch die Erfahrung generierte höhere Kompetenz kann sich, analog zum Ansatz des Produkt- und Einkaufswissens bei Konsumenten, sowohl auf das Produkt als auch auf den Einkauf, was auch die Lieferantenqualität beinhaltet, beziehen. Das führt im Ergebnis dazu, dass die Notwendigkeit, zahlreiche mögliche Beschaffungsalternativen zu prüfen, tendenziell sinkt. Typische Situationen eines modifizierten Wiederkaufs sind der Wiederkauf eines PKW für die firmeneigene Fahrzeugflotte, der zwar im Vergleich zu den bereits existierenden Modellen dieser Flotte in seinen technischen Eigenschaften variieren kann, der aber grundsätzlich mit den anderen vergleichbar ist. Bei einem Bauunternehmen läge z. B. eine modifizierte Wiederkaufsituation vor, wenn es in Folge eines gewonnenen Auftrags für ein Großprojekt zahlreiche Baukräne unterschiedlicher Kapazität beschaffen müsste.

Ein identischer Wiederkauf charakterisiert eine Situation, bei der das beschaffende Unternehmen ein über ein Höchstmaß an Informationen zur Abwicklung dieses Prozesses verfügt, sodass das Risiko hier am geringsten ist. Identische Wiederkaufsituationen sind häufig klassischer Ersatzbeschaffungen, z. B. Bürobedarfsartikel. Da das Risiko für den Beschaffer hier grundsätzlich sehr gering ist, werden derartige Beschaffungsprozesse zur weiteren Aufwandsminimierung des Ablaufs in der Form optimiert, dass das zu beliefernde Unternehmen mit dem Lieferanten Rahmenvertragsvereinbarungen schließt. Im Rahmen dieser Vertragsbasis werden Preise für ein definiertes Mengenkontingent für eine spezifische Zeitdauer vereinbart, sodass die notwendigen Beschaffungen nicht ständig individuell, sondern in Form von Abrufen erfolgen können. Durch diese Methode sinkt der Aufwand für die übliche Informationssuche tendenziell auf ein maximal mögliches niedriges Niveau.

3.4 Organisationales Kaufverhalten

Kaufklasse	Dimension		
	Neuheit des Problems	Informationsbedarf	Betrachtung neuer Alternativen
Neukauf	hoch	maximal	bedeutend
Modifizierter Wiederverkauf	mittel	eingeschränkt	begrenzt
Identischer Wiederverkauf	gering	minimal	keine

Abbildung 3.4.: Dimensionen des Kaufprozesses
Quelle: Backhaus 1997, S. 82

Dem aufmerksamen Leser wird sicherlich die Analogie zum Ansatz der unterschiedlichen Kaufentscheidungen (extensive, limitierte und habitualisierte) aufgefallen sein. Im nächsten Abschnitt werden die einzelnen Kaufphasen von Organisationen beleuchtet.

3.4.3 Kaufphasen

In Anlehnung an Robinson/Faris/Wind (1967) kann man den Beschaffungsprozess in unterschiedliche, chronologisch aufeinander folgende neun Prozessschritte oder Phasen einteilen: die Problemerkennung, die Festlegung der Produkteigenschaften, die Beschreibung dieser, die Suche nach geeigneten Lieferanten, das Einholen und Bewerten der Angebote, die Auswahl des Lieferanten, die Verhandlungs- und Abschlussphase, die Bestell- und Abwicklungsphase und die Phase des Leistungsfeedbacks und er Neubewertung.

In der Phase der Problemerkennung wird sich das Unternehmen bewusst, dass ein Problem existiert und das durch einen Beschaffungsvorgang zu lösen ist. Dieses Problem kann von unterschiedlicher Natur sein; grundsätzlich kann es eine geplante oder eine ungeplante Beschaffung sein. Der geplanten Einkaufsaktivität kann grundsätzlich ein Ersatz- oder Erweiterungsinvestitionsmotiv zu Grunde liegen, während eine ungeplante Beschaffung in der Tendenz eher auf eine Ersatzbeschaffung hindeutet. Ein nicht vorhersehbarer Totalausfall einer Maschine führt in der Regel zu zeitnahen und beschleunigten Beschaffungsaktivitäten, um die durch den Ausfall bedingten Aufwendungen zu begrenzen. Unabhängig davon, was das auslösende Moment ist, wird der Beschaffungsprozess in dieser Phase angestoßen.

Der Problemerkennungsphase folgt die Stufe der Festlegung der Produkteigenschaften. In dieser Phase werden unternehmensintern die notwendigen Abstimmungsprozesse angestoßen, den Bedarf hinsichtlich der Produkteigenschaften zu konkretisieren, was die Einbindung unterschiedlicher Organisationseinheiten bedeuten kann. Gerade bei einem Bedarf nach einem komplexen Produkt, das für das Unternehmen eine Neukaufsituation darstellt, gilt es die Ansprüche der unterschiedlichen Beteiligten zunächst einmal herauszuarbeiten und anschließend miteinander zu verknüpfen, sodass die Einkaufstransaktion auch die organisationalen Ziele erfüllt.

Die Beschreibung der Produkteigenschaften schließt sich direkt an die vorhergehende Phase an. Im Prinzip bedeutet dies, dass die erwarteten Eigenschaften detailliert beschrieben werden, damit sie Eingang in eine entsprechende Ausschreibung finden können, die für die potentiellen Lieferanten ausreichend aussagekräftig ist, damit es nicht zu zeitaufwendigen Rückfragen durch die möglichen Anbieter kommen muss.

Nachdem Klarheit über die benötigten technischen und sonstigen Eigenschaften herrscht, kann das Unternehmen mit seinen dafür zuständigen Organisationseinheiten, in der Regel mit der Einkaufsabteilung, beginnen, nach geeigneten Lieferanten zu suchen. Je nach vorherrschendem Erfahrungsstand kann das Unternehmen auch Lieferanten berücksichtigen, die das Unternehmen bereits in der Vergangenheit belieferten und die aufgrund dieser Leistungen als gut beurteilt wurden. In Abhängigkeit von der Kaufsituation und dem daraus resultierenden Risiko wird das beschaffende Unternehmen eher auf bereits bestehende Lieferanten-Kundenbeziehungen zurückgreifen und diese Lieferanten zu einem Angebot auffordern, um sowohl den Suchaufwand als auch das potentielle Risikoniveau zu reduzieren.

Nachdem die Angebote eingeholt wurden, beginnt die Phase der Auswertung. In der Bauwirtschaft geschieht dies häufig auf der Basis einer Gegenüberstellung der Angebotspositionen, wobei zu berücksichtigen ist, dass nicht alle Angebote entsprechend der Idealvorstellungen des ausschreibenden Unternehmens ausgerichtet sind. Bei einem umfangreichen nachgefragten Leistungsportfolio ist es verständlich, dass die unterschiedlichen Lieferanten diese nicht in vollem Umfang bedienen können. In diesen Fällen müssen ggf. spezifische Positionen erneut angefragt und eingeholt werden, sodass sich die Interaktionsintensität zwischen den Nachfragern und den potentiellen Anbietern deutlich erhöht.

Die Auswahl des Lieferanten erfolgt in der Regel auf der Basis eines Lieferantenbewertungssystems, was nach unterschiedlichen Kriterien wie z. B. nach Beschaffungspreisen, nach Produktqualität und nach Lieferzeit und Liefertreue ausgestaltet sein kann. Bevor sich die Unternehmen auf einen Lieferanten festlegen, wird häufig eine sogenannte Short List derjenigen Lieferanten erstellt, die zumindest die technischen Anforderungen erfüllen, sodass bei der Endauswahl tendenziell eher kaufmännische und vertragsrechtliche Aspekte entscheidungsrelevant sind.

Ist der geeignetste Lieferant aus Unternehmensperspektive ausgewählt, beginnt die Verhandlungs- und Abschlussphase, die den vertragsrechtlichen Abschluss des Beschaffungsprozesses markiert. Üblicherweise werden in dieser Phase lediglich die bereits verhandelten Positionen schriftlich fixiert und dokumentiert.

An diese Phase schließt sich die Bestell- und Bestellabwicklungsphase an, die die tatsächliche Auftragserteilung, den Lieferungsprozess inklusive Auslieferung sowie ggf. eine Installation, umfasst. Je nach vertragsinhaltlicher Gestaltung findet in dieser Phase auch die Inbetriebnahme inklusive einer Bedienerschulung statt.

Die neunte und letzte der Kaufphasen ist die des Leistungsfeedbacks und der Neubewertung. Die Anzahl und die Zusammenstellung der Bewertungskriterien können je nach Unternehmen variieren, grundsätzlich werden Faktoren wie Zuverlässigkeit, die Einhaltung der zugesicherten Produkteigenschaften sowie weitere für das Unternehmen relevante Aspekte bewertet.

Die skizzierten grundsätzlichen Schritte bzw. Phasen bei Beschaffungsvorgängen deuten die Komplexität dieser Prozesse an. Ein Investitionsgüterhersteller, der seine Produkte an potentielle organisationale Kunden vermarkten möchte, muss sich Informationen dieser internen Abläufe des Kunden sowie seiner Zielsetzung beschaffen, um seine Möglichkeiten in jeder dieser Phasen optimal nutzen zu können.

3.4.4 Das Konzept des Buying Centers

Ein weiteres nützliches Konzept zum Verständnis des Kaufverhaltens von Organisationen versucht, die am Beschaffungsprozess beteiligten Personen in ihrem Rollenverhalten individuell und auf der Gruppenebene zu typisieren. Dieser eher soziologische Ansatz stellt nicht nur auf die organisatorische bzw. auf die formelle Zuständigkeit einzelner Personen innerhalb des Beschaffungsprozesses ab, sondern er integriert sowohl formelle als auch informelle Rollenaspekte. Dabei wird unterstellt, dass Beschaffungsentscheidungen nur in Ausnahmefällen von Individuen getroffen werden, in der Regel sind an diesen Entscheidungen mehrere Personen beteiligt. Ein Buying Center fußt demnach nicht auf einer organisatorisch funktionalen Grundlage, es reflektiert daher eine informelle Gruppe von Menschen.

Backhaus/Voeth (2007) erläutern, dass es für einen Investitionsgüterhersteller von entscheidender Bedeutung ist, welche Personen grundsätzlich an dem Buying Center beteiligt sind. Die Autoren sprechen in diesem Zusammenhang von Umfang und Struktur des Buying Centers. Die Kenntnis der beteiligten Personen ermöglicht es, Rückschlüsse auf mögliche Rollen und Funktion bilden zu können. Darüber hinaus ist das Verhalten und das Einflusspotential auf den Entscheidungsprozess der Buying Center Mitglieder von enormer Bedeutung. Backhaus/Voeth (2007) unterscheiden grundsätzlich zwischen Informations- und Entscheidungsverhalten; während das Informationsverhalten auf die Art der des Informationsbedürfnisses (technische und/oder kaufmännische Informationen) abhebt, zielt das Entscheidungsverhalten auf die Entscheidungsgrundlagen (emotional oder rational) bzw. auf die Kriterien für eine Entscheidung. Eine zentrale Frage für den Vermarkter von Investitionsgütern ist die des Einflusses der einzelnen Mitglieder. Hier mag es zu Unterschieden einer eher traditionell hierarchisch geprägten Betrachtungsweise kommen; so kann eine Person, die formell nur einen geringen Einfluss auf derartige Entscheidungen ausübt, aufgrund anderer Faktoren über ein für einen Außenstehenden nicht erkennbares, deutlich höheres Einflussniveau verfügen.

Godefroid/Pförtsch (2009) weisen zudem darauf hin, dass einzelne Personen teilweise mehrere Rollen spielen können, während andererseits mehrere Personen eine Rolle spielen können. Überdies können Situationen existieren, wo einzelne typische Rollen nicht vorkommen.

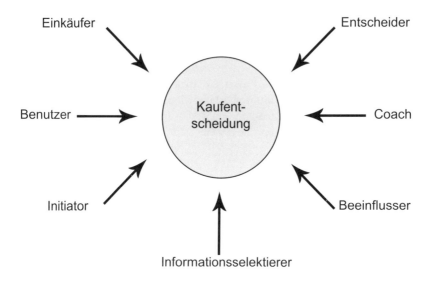

Abbildung 3.5: Rollen im Buying Center
Quelle: Godefroid/Pförtsch 2008, S.55

Das Buying Center Konzept unterscheidet die folgenden Rollen: den Einkäufer, den Benutzer, den Initiator, den Entscheider, den Informationsselektierer, den Beeinflusser und den Coach.

Der Rolle des Initiators wird, wie unschwer nachzuvollziehen, die Auslösung des Beschaffungsvorgangs zugeordnet. Analog zum Modell der Kaufphase ist er der Impulsgeber für die Problemerkennung. Diese Rolle ist nach Godefroid/Pförtsch (2009) nicht auf unternehmenszugehörige Personen beschränkt, so kann auch jemand von Außen den Beschaffungsprozess in Gang setzen. Dies kann u. a. aufgrund eines Initiativangebots, d. h. eines Angebots ohne Aufforderung eines Herstellers, geschehen, genauso ist es vorstellbar, dass der Initiator der politischen Arena zuzuordnen ist. In der Regel ist die Rolle des Initiators mit Ingangsetzung des Beschaffungsprozesses erschöpft, er kann im weiteren Verlauf eine andere Rolle übernehmen oder die Bühne des Buying Centers verlassen.

Der Entscheider ist derjenige, der über die formale Entscheidungskompetenz verfügt. Je nach Art, Umfang und Bedeutung des Einkaufs für das Unternehmen kann der Entscheider auf Geschäftsführungsebene oder auf einer deutlich niedrigeren Ebene angesiedelt sein. In der Regel ist davon auszugehen, dass die Hierarchieebene des Entscheiders proportional zur Bedeutung des Kaufs steigt.

Der Beeinflusser hat einen wesentlichen Einfluss auf die Entscheidung, insofern ist er, wie der Entscheider auch, von herausgehobener Bedeutung für den Anbieter. Anders jedoch als der Entscheider, der das formelle Entscheidungsmandat hat und insofern leicht zu identifizieren ist, ist das Erkennen dieser Rolle für einen Außenstehenden oftmals deutlich schwieriger.

Der Informationsselektierer übt einen signifikanten Einfluss auf den Strom der Informationen aus. Grundsätzlich ist seine Entscheidungskompetenz eher gering, allerdings ist er durch diese Rolle mit seinem relativ guten Informationsstand und durch seine Selektionsfunktion von nicht zu unterschätzendem Wert für das absatzinteressierte Unternehmen.

Die Bedeutung des Benutzers in Beschaffungsvorgängen ist nicht einheitlich, je nach Unternehmenskultur, Zielsetzung und Bedeutung der Beschaffung kann dem Urteil des Benutzers ein größeres oder geringeres Gewicht eingeräumt werden; bei manchen Beschaffungsszenarien ist diese Rolle bisweilen unbesetzt.

Der Einkäufer ist ähnlich der Rolle des Entscheiders, auch institutionell für derartige Vorhaben zuständig, daher ist er für einen potentiellen Lieferanten grundsätzlich leicht identifizierbar.

Die Rolle des Coachs bezieht sich auf eine Mittlerfunktion zwischen dem verkaufsinteressierten Unternehmen und dem Buying Center, wobei zu berücksichtigen bleibt, das diese Rolle in der Regel entweder von einem Unternehmensangehörigen oder einem von diesem Beauftragten wahrgenommen wird.

Eine grundsätzliche Zuordnung der möglichen auftretenden Rollen ist für den Hersteller, der beabsichtigt, seine Produkte erfolgreich zu vermarkten, zwar grundsätzlich hilfreich, aber nicht hinreichend. Im Übrigen können die Bedeutungen der einzelnen Rollen innerhalb des Buying Centers in den unterschiedlichen Beschaffungsphasen variieren. Der weitere Informationsbedarf eines Vermarkters muss sich auf die unterschiedlichen Zielsetzungen des Buying Centers konzentrieren. Godefroid/Pförtsch (2009) unterscheiden an dieser Stelle aufgabenbezogene und persönliche Ziele. Die aufgabenbezogenen Ziele stehen in Abhängigkeit der betrieblichen Funktion des Buying Center Mitglieds, in der Regel verfolgend die Mitglieder mehrere Ziele, die durchaus in einer Zielhierarchie zueinander stehen können. Grundsätzlich sind drei Konstellation, wie die unterschiedlichen Zielsetzungen der einzelnen Rollen bzw. Mitglieder zueinander in Bezug stehen können, möglich: kongruent, divergierend, und konfligierend.

Kongruente, d. h. deckungsgleiche Zielkonstellationen, liegen z. B. vor, wenn sowohl ein Vertreter der Finanzabteilung als auch ein Vertreter der Einkaufsabteilung die Gewährung von Mengenrabatten in ihre Verhandlung mit dem Lieferanten integrieren. Hier verfolgen beide Akteure ein deckungsgleiches Ziel. Divergierende Ziele bedeuten, dass sich kein sachinhaltlicher Bezug der verfolgten Ziele ergibt; so besteht z. B. kein direkter Sinnzusammenhang zwischen dem möglichen Ziel der Flexibilität bei Umbestellungen seitens der Produktionsplanung und dem Ziel der Produktionsabteilung, stets eine Gutschrift für Nacharbeiten zu erhalten. Konfligierende Ziele können sich z. B. ergeben, wenn der Benutzer eine benutzerfreundlichere, qualitativ höherwertige und daher kostenintensive Individuallösung bevorzugt, während der Einkauf eine standardisierte und somit tendenziell eine kostengünstigere Produktvariante favorisiert.

Ein Lieferant kann aus der Existenz der aufgabenbezogenen Zielsetzungen unterschiedliche Schlüsse ziehen. Zunächst sollten die aufgabenbezogenen Ziele nach der Identifizierung der Mitglieder des Buying Centers auf der Basis plausibler Überlegungen rollen- bzw. funktionsbezogen unterstellt werden. Für den Anbieter erwächst das größte Problem aus den konfligierenden Zielen, daher ist diesen zunächst die höchste Aufmerksamkeit zu widmen. Die konfligierenden Ziele können zu Konflikten innerhalb der Personen des Buying Centers führen, was u. U. zu Verzögerungen bei der Kaufentscheidung führen kann. Hier ist ein potentieller Lieferant besonders gefordert, kreative Lösungsansätze zu finden, um den Entscheidungsprozess in seinem Sinne unter Wahrung der Interessen der Beteiligten zu beeinflussen. Divergierende Zielsetzungen stellen das lieferinteressierte Unternehmen grundsätzlich vor geringere Herausforderungen, während kongruente Zielvorstellungen aus dieser Perspektive unproblematisch erscheinen.

Das Erkennen und das Management unterschiedlicher Interessenkonstellationen zur Entscheidungsbeschleunigung innerhalb des Buying Centers ist eine mögliche abzuleitende Aufgabe für Lieferunternehmen, in einem weiteren Schritt müssen sich diese grundsätzlich zu den aufgabenbezogenen Zielen positionieren.

Im Gegensatz zu den aufgabenbezogenen Zielen, die relativ leicht, zumindest in groben Zügen, aus der Funktion der Person ableitbar sind, stellen die persönlichen Ziele für potenzielle Vermarkter ein Problem dar, da sie nicht nur intransparent sind, sondern auch je nach Persönlichkeitsmerkmalen unterschiedlich ausgeprägt sein können. Dennoch müssen sich die Lieferanten auch mit diesen Zielen auseinandersetzen und Wege finden, diese zunächst intransparenten Vorstellungen für sich transparent zu machen, um sie ggf. entsprechend bedienen zu können.

3.4.5 Das Selling Center

Nach der bisherigen Fokussierung auf die Beschaffungsseite wird nun, zur Vervollständigung der relevanten Aspekte dieses Abschnitts, ein Perspektivenwechsel vorgenommen, und ein Ansatz skizziert, der als Antwort auf das Buying Center entwickelt wurde. Die Funktion des Selling Centers, das ebenfalls keine organisatorische Einheit darstellt, ist es, jeweils eine Entsprechung der auf der Buying Center vertretenen Rollen- und Funktionsbedürfnisse zu schaffen. Ein Beispiel soll dies verdeutlichen: ein Verlagshaus beabsichtigt, aufgrund der zunehmenden Anfälligkeit und der daraus resultierenden steigenden Kosten für einer seiner Druckmaschinen im Rahmen einer geplanten Ersatzinvestition eine dementsprechend neue zu beschaffen. Als Buying Center Mitglieder werden der Produktionsleiter, der Drucker, der Einkaufsleiter, seine Assistentin sowie ein Mitarbeiter aus der Abteilung Finanzen & Controlling in unterschiedlichen Phasen des Beschaffungsprozesses tätig. Die Aufgabe des Anbieters (Selling Center Perspektive) ist es nun, in den jeweiligen Beschaffungsstufen einen adäquaten Ansprechpartner an den Verhandlungen zu beteiligen, d. h. einen Produktionsspezialisten, eine Person, die die Bedürfnisse auf Benutzerebene (Drucker) bedienen kann, einen versierten Vertriebsmitarbeiter für den Einkaufschef sowie eine Person mit ausgewiesenen Kompetenzen im Bereich Finanzen & Controlling. Durch diese Konstellation ist eine rollen- bzw. funktionsindividuelle Ansprache des Kunden möglich, was die Chancen zur Auftragsakquisition deutlich erhöht.

Bildlich gesprochen sollen in Zähne des Selling Centers passgenau in das Räderwerk des Buying Centers greifen. Dies erfordert von den Anbietern ein Portfolio an Kompetenzen, um auf die jeweiligen Anforderungen in adäquater Form reagieren zu können, eine Herausforderung, die v. a. vom Management und von der Personalabteilung zu bewältigen ist.

Die Kernaufgaben des Selling Centers sind demnach, erstens, die Mitglieder des Buying Centers zu identifizieren und, zweitens, die dominierenden und die weniger dominierenden Personen und Funktionsträger herauszufiltern. Die dritte Aufgabe ist die Ansprechbarkeit der entscheidungsrelevanten Personen zu organisieren. Diese kann die Mitarbeiter des Selling Centers teilweise stark fordern, da v. a. hochrangige Entscheider auf Geschäftsführungs- oder Vorstandsebene in der Regel zeitlich extrem eingebunden sind und trotz ihrer Entscheidungsfunktion überdies über eine geringe Neigung verfügen, an derartigen Verhandlungen, zumindest in einem Frühstadium, aufgrund anderer wichtiger Aufgaben teilzunehmen.

Die Aufgaben des Selling Centers kann man, in Anlehnung an Rudolphi (1981), folgendermaßen darstellen:

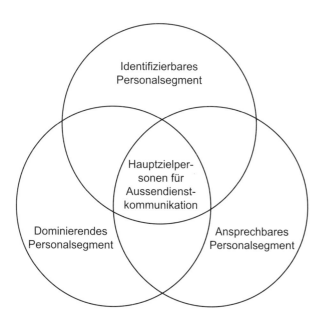

Abbildung 3.6: Zugänglichkeit der Rollen im Buying Center
Quelle: Rudolphi 1981, S.123

3.5 Käuferverhalten auf Baumärkten

3.5.1 Überblick

Das Käuferverhalten auf den unterschiedlichen Baumärkten ist im Wesentlichen mit dem auf Industriegütermärkten vergleichbar. Je nach Art und Umfang der nachgefragten Bauleistung kann man ebenso unterschiedliche Kaufklassen wie Neukauf und modifizierter Wiederkauf unterscheiden. Ein identischer Wiederkauf ist aufgrund branchenspezifischer Besonderheiten im Kerngeschäft der Bauwirtschaft nicht möglich, da die nachgefragte Leistung einen Unikatcharakter besitzt. Im Bauzulieferergeschäft hingegen kommt es durchaus zu Kaufsituationen, die bereits als identischer Wiederkauf im Abschnitt 3.4.2 beschrieben wurden. Unterschiedliche Kundentypen weisen ein unterschiedliches Beschaffungsprofil auf, daher ist es sinnvoll, auf Kundentypologien im Umfeld der Bauwirtschaft einzugehen. Das unter 3.4.3 vorgestellte Kaufphasenmodell gilt grundsätzlich auch für Baukunden, weswegen lediglich auf einige Ergänzungen hingewiesen wird; in analoger Form wird auf den Buying Center Ansatz aus Abschnitt 3.4.4 zurückgegriffen.

3.5.2 Kundentypologien

Die existierenden und die potentiellen Kunden können nach unterschiedlichen Gesichtspunkten kategorisiert werden. Burchard (2001, S. 89) teilt die Kunden u. a. in die folgenden Kundenarten ein:

- öffentliche Kunden
- private Kunden
- öffentlich-private Kunden
- Kunden nach Häufigkeit
- Kunden nach Auftragsgröße
- Kunden nach Organisationsform
- Kunden nach Kompetenz

In der baufachlichen Literatur werden die Kundengruppen in der Regel nach organisationsspezifischen Kriterien differenziert, d. h. nach Kunden aus öffentlichen oder aus privaten Institutionen, d. h. es handelt sich in jedem Fall um Organisationen und nicht um private Konsumenten. Einem möglicher Einwand sei an dieser Stelle begegnet: Selbstverständlich existieren private Nachfrager, die Bauleistungen in zum Teil nennenswertem Umfang nachfragen. Üblicherweise wenden sich Konsumenten an kleinere Unternehmen (KMU) zur Befriedigung ihrer Bedürfnisse, es ist kaum ein Fall bekannt, bei dem Unternehmen der Bauindustrie in einem signifikanten Umfang Bauleistungen für private Endverbraucher erbracht haben, insofern werden hier nur die organisationalen Kunden betrachtet.

Aus der Kategorisierung von Burchard (2001) wird deutlich, dass sich bei den ausgewählten Differenzierungskriterien durchaus Überschneidungen und Abgrenzungsprobleme ergeben können. So können Kunden sowohl einen privatwirtschaftlichen Hintergrund haben als auch den Kompetenzkriterien entsprechen und gleichzeitig die Kategorie „Auftragsgröße" abdecken. In dieser Publikation wird lediglich in private und öffentliche Auftraggeber unterschieden, da davon ausgegangen wird, dass diese zugegebenermaßen grobe Unterteilung dennoch genügend ausreichende Unterschiedsmerkmale liefert.

Öffentliche Kunden sind staatliche Kunden, d. h. die Kommunen, die Bundesländer oder die Bundesrepublik Deutschland oder andere nachgeordnete Behörden. Diese fragen, je nach Bedarf und Finanzlage, Bauleistungen zur Bereitstellung öffentlicher Infrastruktur nach. Dies können z. B. Schulen, Straßen, Flughäfen oder andere Bauwerke sein.

Private Kunden sind sämtliche nicht-öffentliche Kunden, die aus unterschiedlichen Bereichen der Privatwirtschaft stammen. Hierzu zählen klassische Produktionsunternehmen wie Automobilhersteller, Dienstleistungsunternehmen wie Banken oder Versicherungsunternehmen, und andere Unternehmungen.

In manchen Veröffentlichungen, wie auch bei Burchard (2001), wird zusätzlich die Kategorie öffentlich-private Kunden aufgeführt. Darunter werden unterschiedliche Organisationstypen zusammengefasst, häufig solche, die früher in staatlicher Hand waren und kürzlich privatisiert wurden, und/oder Unternehmen, an denen staatliche Institutionen noch einen Anteil halten. So sind z. B. die lokalen Energieversorgungsunternehmen in vielen Fällen teilprivatisiert, ebenso wie viele ehemalige städtische Krankenhäuser.

3.5.3   Kaufentscheidungsprozesse in der Bauwirtschaft

Aus der Perspektive eines Vermarkters von Baudienstleistungen sind die Kaufentscheidungsprozesse von enormer Bedeutung. Diese können, je nach Kundentypologie, stark variieren. Darüber hinaus können sich die Kaufentscheidungsprozesse auch in Abhängigkeit zur nachgefragten Leistung unterscheiden; so kann die Vorgehensweise des potentiellen Kunden bei einem typischen Bauprojekt anders sein als bei einem Facility Mangement Vertrag oder bei einer ausschließlichen Beratungsleistung.

Grundsätzlich ist mit der Absicht, ein Bauwerk für einen spezifischen Zweck errichten zu lassen, ein relativ hohes Risiko für den Auftraggeber oder den Bauherrn verbunden. Dieses setzt sich aus unterschiedlichen Dimensionen zusammen, v. a. aus der vertragsrechtlichen und aus der technischen Komplexität sowie aus dem Langfristigkeitscharakter. Diese Faktoren können bei einem unerfahrenen Nachfrager, z. B. bei einem Erstkauf, zu signifikanten Informationsasymmetrien führen. Bruhn/Zimmermann (2001, S. 556) erläutern, dass die hohe und langfristige Kapitalbindung ein weiteres Risiko darstellen und das gesamte Risikoniveau dazu führt, dass die potentiellen Kunden einen komplexen Entscheidungsfindungsprozess initiieren, um die jeweiligen Risiken dezidiert zu identifizieren und zu bewerten.

Darüber hinaus kaufen sich die Unternehmen die notwendige Fachkompetenz auf dem Markt in Form von Beratungsleistungen ein. Dies gilt grundsätzlich für sämtliche Phasen des Kaufentscheidungsprozesses, besonders intensiv ist der Bedarf nach diesen Beratungsleistungen jedoch in den ersten Phasen.

Ein Beispiel soll die Situation verdeutlichen: Wenn eine große Bank aus Frankfurt, nennen wir sie Money Bank, eine Entscheidung getroffen hat, sich aufgrund des hohen Renovierungsaufwands der gegenwärtigen Hauptverwaltung ein neues Gebäude erstellen zu lassen, kann sie die vielen damit verbundenen Fragestellungen und Aspekte nicht durch eigene Expertise managen, selbst wenn sie über eine hausinterne Bauabteilung verfügen sollte. In diesem Zusammenhang ist z. B. zu klären, wie viel Raumkapazitäten das Gebäude haben sollte, welche Grundstücke zur Verfügung stehen, wie viel Geschosse es haben sollte, nach welchem technischen und qualitativen Standard man sich ausrichten möchte usw..

Das Vorhalten eines derartigen Wissens ist nicht nur relativ kostenintensiv, es würde auch nur unzureichend im Unternehmen abgerufen werden, da vergleichbare Projekte für eine Bank relativ selten vorkommen. Da der Grundsatzbeschluss zur Errichtung einer neuen Unternehmenszentrale gefällt wurde, werden in einem nächsten Schritt die notwendigen Unterstützer wie Architektur- und Ingenieurbüros identifiziert, die zunächst das Projekt konkretisieren, evtl. Vorstudien anstellen, die erforderlichen Planungs- und Genehmigungsaufgaben wahrnehmen bzw. steuern und letztendlich die Ausschreibung vorbereiten und organisieren. Häufig bedienen sich die beratenden Ingenieure oder die Architekten weiterer Expertise, je nach Komplexität des Projekts, und der Kapazität und Kompetenz des Beraters. Die Ausschreibung, die das Projekt formal in die Marktarena trägt, erfolgt in Abhängigkeit vom Kundentyp unterschiedlich. Der Prozess von der Ausschreibung des Auftrags bis zur Vergabe desselben an ein Unternehmen nennt man Vergabeverfahren.

Öffentliche Kunden
Bei öffentlichen Institutionen existieren drei Hauptverfahrensarten, wie Bauaufträge ausgeschrieben werden:

Bei einer Öffentlichen Ausschreibung werden sämtliche Unternehmen, die die Bedingungen, in der Regel die technische Kompetenz und die wirtschaftliche Bonität, erfüllen, aufgefordert, ihre Angebote für das spezielle Bauwerk abzugeben. Die Ausschreibung muss in öffentlichen Publikationen wie z. B. dem „Submissionsanzeiger" erfolgen, was sowohl in Printform als auch internetbasiert geschehen kann. Grundsätzlich werden öffentliche Bauaufträge nach diesem Verfahren vergeben.

Bei Beschränkter Ausschreibung wird nur eine begrenzte Anzahl von Anbietern aufgefordert, ein entsprechendes Angebot abzugeben. Diese müssen dem Auftraggeber bereits bekannt sein, diese Ausschreibungsform stellt aber eher eine Ausnahme dar, die einer besonderen Begründung bedarf. Obwohl der Kreis der Bieter eingeschränkt ist, bemüht sich die öffentliche Hand, zumindest unter diesen wenigen Unternehmen eine annähernde Wettbewerbssituation herzustellen. Begründete Ausnahmefälle können z. B. entstehen, wenn eine besondere Expertise, wie im Spezialtiefbau, erforderlich ist, die nur bei einer überschaubaren Anzahl von Unternehmen vorhanden ist.

Die Freihändige Vergabe findet nur äußerst selten statt. Nach dieser Vergabeform können öffentliche Bauaufträge entweder an eines oder an einen exklusiven Kreis von Bauunternehmen vergeben werden. Diese Vergabevariante kommt äußerst selten vor, sie ist ebenfalls besonders zu begründen. Häufig wird diese Vergabe aufgrund von Sicherheitsauflagen angewandt; der Neubau der Zentrale des Bundesnachrichtendienstes (deutscher Auslandsgeheimdienst) an der Berliner Chausseestrasse oder die Errichtung des Bundeskanzleramtes in Berlin stellen solche sicherheitsbegründeten Ausnahmen dar.

Zunächst wurden die drei grundsätzlichen Verfahrensmöglichkeiten zur Vergabe von Bauleistungen im öffentlichen Bereich angesprochen. Ergänzend muss hinzugefügt werden, dass auf der Basis dieser Vergabemodalitäten zahlreiche Untervarianten existieren.

Ausschreibungen und Auftragsvergaben öffentlicher Stellen sind stark reglementiert, um eine Gleichbehandlung aller Anbieter zum Wohl der Allgemeinheit zu erzielen und, was besonders wichtig ist, um die Plattform für wirtschaftsdeliktisches Handeln (Bestechung und Manipulation auf Anbieterseite, Korruption auf Nachfragerseite) so gering wie möglich zu halten. Nun stellt sich allerdings die Frage, auf welcher Grundlage sich die Unternehmen um den Zuschlag zur Auftragserteilung bewerben, d. h. woher wissen die Unternehmungen, welche Leistung sie, v. a. bei komplexen Bauvorhaben, konkret anbieten müssen. Ohne dem Abschnitt Produktpolitik dieses Buches vorzugreifen, werden die Grundmuster hier kurz skizziert.

Die öffentlichen Auftraggeber sind aufgrund von nationalen und EU Vorschriften grundsätzlich verpflichtet, Bauaufträge auf der Grundlage der Verdingungsordnung für Bauleistungen (VOB) auszuschreiben. Dieses gesetzliche Regelwerk schreibt vor, dass die zu erbringende Leistung nach Art und Umfang im Vorfeld definiert werden muss. Hierzu erstellt eine öffentliche Einrichtung gemäß ihren Vorstellungen eine dezidierte Leistungsbeschreibung dessen, was der Anbieter an Leistungen zu erbringen hat. Dies wird in der Fachwelt Leistungsverzeichnis oder kurz LV genannt. Das LV enthält eine detaillierte Auflistung sämtlicher Positionen. Wenn eine Kommune ein neues Schulgebäude auf einem nicht erschlossenen Baugrund errichten lassen möchte, müssen die gesamten erforderlichen Erschließungsmaßnahmen wie die Anbindung an das öffentliche Abwassersystem, die damit verbundenen Erdarbeiten etc. als Einzelpositionen aufgeführt werden. Des Weiteren sind alle Einzelpositionen mit entsprechenden Mengenangaben zu versehen, sodass ein Bieter den Gesamtaufwand erfassen und auf dieser Grundlage sein Angebot erstellen kann.

Die VOB lässt eine Alternative zum LV zu, das Leistungsverzeichnis mit Leistungsprogramm, was von vielen nicht zutreffend als die so genannte Funktionalausschreibung bezeichnet wird. Diese Variante ermöglicht unterschiedliche alternative Lösungsansätze, die von den Anbietern erarbeitet werden können.

Unter der Annahme, dass durch die Leistungsbeschreibungen Art, Umfang und Qualität der zu liefernde Leistung eindeutig definiert sind, können die bietenden Bauunternehmen lediglich eine technisch und qualitativ vergleichbare Lösung anbieten. Eine Ausnahme dazu bilden mögliche Änderungsvorschläge und Nebenangebote, die, häufig in Teilpositionen, Alternativangebote darstellen und die nach spezifischen Kriterien sowohl für den Auftraggeber als auch für den Auftragnehmer von Vorteil sein können. Grundsätzlich jedoch versuchen öffentliche Institutionen eine quasi-identische Produktleistung für den günstigsten am Markt verfügbaren Preis einzukaufen, auch um dem Vergabeprinzip nach Wirtschaftlichkeit zu entsprechen. Hinzuzufügen ist, dass umfangreiche Beschaffungsvorhaben häufig in so genannte Teillose, d. h. Teilabschnitte, aufgeteilt, getrennt ausgeschrieben und getrennt vergeben werden. Die ICE Neubaustrecke von Köln nach Frankfurt wurde beispielsweise in drei Hauptabschnitte mit unterschiedlichen Losen aufgeteilt, die von unterschiedlichen Bauunternehmungen gebaut wurden.

Im Rahmen der enorm komplexen und umfangreichen Arbeiten, die v. a. bei öffentlichen Großprojekten notwendig sind, ist ein enger und intensiver Kontakt und Austausch zwischen dem Auftraggeber und dem Auftragnehmer unerlässlich. Dies bezieht sich sowohl auf die Angebots- als auch auf die Bauausführungsphase, da aufgrund der Komplexität typischerweise ein großer Abstimmungsbedarf besteht. In diesen Kommunikationsprozess sind in der Regel Projektgruppen oder durch Teams auf beiden Seiten eingebunden, d. h. hier besteht eine Analogie zum Buying Center Ansatz, der in Abschnitt 3.4.4 erläutert wurde. Im angeführten Beispiel des Projekts ICE Neubaustrecke Köln-Frankfurt kann man nach Insiderangaben dem Buying Center der Deutschen Bahn, die als Auftraggeber fungierte, mehr als eintausend Personen zuordnen, was die möglichen Dimensionen aufzeigt.

Private Kunden
Die Vergabeverfahren bei privaten Institutionen sind grundsätzlich weniger formalisiert als bei öffentlichen Kunden, obwohl die Unternehmen sich teilweise einiger Elemente des öffentlichen Regelwerks, sofern sie ihnen vorteilhaft erscheinen, bedienen. Anders als für öffentliche Institutionen spielt der Angebotspreis nicht notwendigerweise die entscheidende Rolle, wenn das Bauwerk, z. B. eine Produktionsanlage zur Herstellung von Speicherchips, über den gesamten Lebenszyklus trotz eines höheren Angebotspreises im Ergebnis für den Chip Hersteller wirtschaftlicher ist; insofern besitzen private Kunden eine deutlich höhere Flexibilität bei den Kaufentscheidungsprozessen.

Wie bereits angesprochen liegt die Kernkompetenz der überwiegenden Mehrheit der Unternehmen nicht im Bereich Beschaffung von Bauleistungen, daher werden von den bauinteressierten in der Regel externe Berater hinzugezogen, die den Großteil des Koordinations- und Gestaltungsaufwandes zur Vergabe und Bauausführung übernehmen. Da die Projekte je nach Größe einen hohen Grad an Spezialisierung erfordern, lassen sich die Berater wiederum von Spezialisten unterstützen.

In der Regel existiert zwischen privaten Unternehmen und den Bietern ebenfalls ein relativ hoher Abstimmungsbedarf über den gesamten Beschaffungs- und Fertigstellungszeitraum; auch hier gilt, analog zu öffentlichen Kunden, der Buying und Selling Center Ansatz. Allerdings kann es, je nach Spezifität der notwendigen Leistung, je nach Kaufsituation und Erfahrung des nachfragenden Unternehmens, zu der Situation kommen, dass das oder die Bauunternehmen, die bereits für den Nachfrager in der Vergangenheit tätig waren, aufgrund der positiven Bewertung direkt mit dem Projekt beauftragt werden. Häufig jedoch haben die Unternehmen eine Liste von qualifizierten Unternehmen, über die positive Erfahrungen vorliegen und die, wie bei einer Beschränkten Ausschreibung, zu einem Angebot aufgefordert werden. Die durch die bereits realisierten Projekte entstandene Vertrauensbasis senkt das Risiko des Kunden tendenziell und damit den entsprechenden Suchaufwand, dieses Risikoniveau adäquat zu managen.

3.5 Käuferverhalten auf Baumärkten

Für die Anbieter von Bauleistungen und Baudienstleistungen ist es wichtig, abhängig von der Kundentypologie, die ablaufenden Kaufentscheidungsprozesse in einem ersten Schritt zu verstehen, um dieses Verständnis in einem weiteren Schritt dazu zu nutzen, die Chancen zur Auftragsgewinnung sowohl durch das Leistungsangebot als auch durch die eigene Vorgehensweise während der gesamten Phase des Kaufprozesses zu erhöhen.

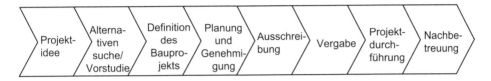

Abbildung 3.7 Wertschöpfungskette in der Bauindustrie in Anlehnung an Bruhn/Zimmermann 2001, S. 557

3.5.4 Anbietertypologien

Analog zu der Typisierung von Kunden soll hier zur Vervollständigung eine Typisierung der unterschiedlichen Anbieter nach den folgenden Kriterien, die durchaus Überschneidungen aufweisen können, vorgenommen werden:

- nach Unternehmensgröße
- nach Art des Leistungsangebots
- nach regionaler und geographischer Herkunft
- nach Anteil des Wertschöpfungsschwerpunkts und Arbeitsteilung
- nach Intensität der Erfahrungen

Eine Unterteilung der Anbieterlandschaft nach Unternehmensgröße kann in unterschiedlicher Abstufung erfolgen. Die Statistik des Hauptverbandes der Deutschen Bauindustrie beispielsweise weist u. a. unterschiedliche Betriebsgrößenklassen auf der Basis der Anzahl der Beschäftigten aus, in der jährlichen Auflistung Deutschlands größter Baukonzerne wird nach Gesamtbauleistung differenziert. Grundsätzlich kann man sagen, dass die Großunternehmen tendenziell eher große und komplexe Bauprojekte abwickeln, während kleine und mittelständische Bauunternehmen sich auf Projekte konzentrieren, die vom Volumen deutlich geringer ausfallen.

Die Art des Leistungsangebots als Differenzierungsmerkmal kann sinnvoll sein, so existieren Unternehmen, die sich auf spezifische Leistungen fokussieren und dadurch in ihrem Segment über eine hohe Kompetenz verfügen; wie das Beispiel der Bauer AG aus Schrobenhausen, die sich eine exzellente Reputation im Spezialtiefbau erwerben konnte, verdeutlicht. Zudem existieren Unternehmen, die nicht nur eine Mono-Spezialisierung, sondern die eine Multi-Spezialisierung verfolgen. Ein gutes Beispiel für eine Multispezialisierung stellt das Unternehmen F. Kirchhoff Straßenbau GmbH & Co. KG dar, das mit seinen 250 Mitarbeitern u. a. die Geschäftsfelder Oberbau (Straßen, Flugbetriebsflächen, Schienenwege) Groß- und Erdbau sowie Tief- und Kanalbau bearbeitet.

Da der überwiegende Teil der Bauunternehmungen in Deutschland zu den KMU gezählt wird, ist es offensichtlich, dass diese üblicherweise in ihrem regionalen Umfeld tätig werden. Das Baugeschäft ist in Deutschland zum Großteil ein lokales Geschäft, mit vielen Akteuren wie ausschreibenden Stellen, z. B. den Kommunen, regional tätigen Beratenden Ingenieuren und Architekten, und den lokalen Anbietern. Ein solches Netzwerk muss sich ein Anbieter zu Nutze machen können, weil er dadurch wichtige Kontakte erhalten kann. In der Regel kennt man sich in dieser regionalen Bauszene, ein von Außen stammender Anbieter hätte grundsätzlich enorme Hürden zu überwinden. Auch wenn es nicht im Sinne der Vergabeordnung ist, spielen menschliche Aspekte häufig eine mitentscheidende Rolle, insofern ist eine Verankerung in regionale Strukturen für ein Bauunternehmen unerlässlich. Selbst die großen internationalen Baugesellschaften wie die Hochtief AG oder die Bilfinger Berger AG betreiben auch aus diesen Erwägungen Niederlassungen in den jeweils relevanten Regionen.

Unter Anteil des Wertschöpfungsschwerpunkts wird hier verstanden, ob das Unternehmen überwiegend als Generalunternehmen (GU) oder überwiegend als Nachunternehmen (NU) tätig ist. Der Schwerpunkt der Wertschöpfung liegt bei einem GU im Bereich des Managements der komplexen Arbeitsabläufe, er ist der grundsätzliche Ansprechpartner des Kunden, in dessen Auftrag er seine Koordinations- und Steuerungsfunktion wahrnimmt. Ein NU ist überwiegend mit der Erstellung seiner fachspezifischen Leistung (Gewerke) betraut. Bei komplexen Projekten kann es durchaus vorkommen, dass in einem Projekt das Unternehmen A als GU fungiert, während Unternehmen B als NU tätig ist. In einem anderen Projekt kann die Rollenverteilung genau umgekehrt sein. Da die bereitzustellenden Ressourcen, die je nach Dynamik des Vergabeverfahrens relativ schnell abgerufen werden können, ein einzelnes Unternehmen schnell an seine Kapazitätsgrenzen bringen kann, gehen viele der Anbieter Kooperationen ein. Während der Phase der Angebotsbearbeitung, d. h. wenn sich die Unternehmen um den Zuschlag zu einem Projektauftrag bemühen, nennt man diese Konstellationen Bietergemeinschaft, nach der Erteilung eines Auftrags wird aus der Bietergemeinschaft eine Arbeitsgemeinschaft (ARGE). Diese Konstruktionen unterschiedlicher Kooperationen können bisweilen sehr komplex werden.

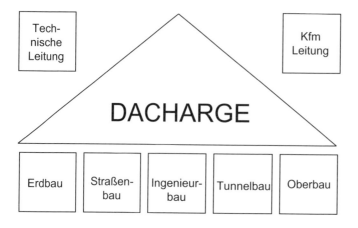

Abbildung 3.8: Beispiel einer ARGE Konstruktion

Die Anbieter von Baudienstleistungen können aus Kundenperspektive nach dem quantitativen und qualitativen Erfahrungshintergrund definiert werden. Sollte ein Bauunternehmen bereits mehrfach für einen Kunden tätig geworden sein, liegen in der Regel Erfahrungen hinsichtlich der Qualität seiner Fachkompetenz, der Zuverlässigkeit etc. vor. Für einen Nachfrager nach Bauleistungen kann es eine wertvolle Hilfe bedeuten, wenn die Beurteilungen über diese Bauunternehmen in einer transparenten Form dokumentiert werden, sodass er im Bedarfsfall zeitnah auf qualifizierte und zuverlässige Baufirmen zugreifen kann. Für ein Bauunternehmen, das häufiger für einen Kunden tätig ist, kann dies ebenfalls wichtig sein, da man plausibel unterstellen kann, dass eine wiederholte Auftragserteilung lediglich im Fall einer zumindest ausreichenden Kundenzufriedenheit erteilt wird. Der Marktführer im Hochbau in den U.S.A., die zur Hochtief Gruppe zugehörige Turner Corp., wirbt z. B. ganz aktiv damit, dass sie ca. 60% seiner Jahresbauleistung mit Wiederholkunden durchführt. Hinzuzufügen ist, dass, wie im Fall der Kundentypologie, ebenfalls Mehrfachkombinationen der aufgezeigten Kriterien möglich sind.

4 Strategisches Marketing

4.1 Kapitelüberblick

Strategisches Marketing im Sinne dieses Buches befasst sich mit Konzepten und Untersuchungsgegenständen, die auf einem relativ hohen Abstrahierungsniveau angesiedelt sind und die sich mit grundsätzlichen Fragestellungen wie z. B. mit der Absatzentwicklung, mit Lern- und Erfahrungskurveneffekten oder mit Branchenanalysen auseinandersetzen. Die Hierarchieebene, die sich in einem Unternehmen diesen Themen widmet, ist in den meisten Fällen die Unternehmensleitung mit ihren zugeordneten Organisationseinheiten wie der zentralen Marketingabteilung oder der Abteilung Unternehmensentwicklung.

Die in diesem Kapitel ausgewählten und vorgestellten Konzepte dienen im Wesentlichen der Schaffung eines Grundverständnisses, wie Marketing auf strategischer Ebene in Unternehmen betrachtet und organisiert werden kann, ohne den Anspruch auf Vollständigkeit zu erheben. Vielfach werden diese Ansätze verwendet, um eine Standortbestimmung des Unternehmens oder von Unternehmensbereichen vorzunehmen oder um auf der Basis grundsätzlicher Entwicklungstendenzen plausible Prognosen über zukünftige Entwicklungen anzustellen.

4.2 Grundlagen des Strategischen Marketings

4.2.1 Der Produktlebenszyklus und das Erfahrungskurvenkonzept

Der Produktlebenszyklus stellt, wie wörtlich abzuleiten ist, auf eine Analogie zur Biologie ab. Ein Lebenszyklus impliziert dabei, dass eine Existenz unterschiedliche Phasen, beginnend mit der Geburt und endend mit dem Tod, durchläuft. Dieser Ansatz wurde auf die Betriebswirtschaftslehre übertragen; demnach werden Produkte ebenso geboren, durchschreiten in ihrem Leben verschiedene Entwicklungsstadien und müssen zum Ende ihrer Existenz „sterben".

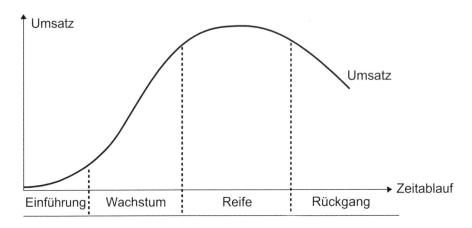

Abbildung 4.1. Modell des Produktlebenszyklus nach Kuß 2001, S.112

Dieser Ansatz ermöglicht eine Betrachtung über mehrere Perioden und hat somit einen dynamischen Charakter. Das bedeutet, dass nicht nur zeitpunktbezogene Aspekte beleuchtet werden, sondern dass auch zukünftige Entwicklungen unter der Berücksichtigung spezifischer Annahmen grundsätzlich vorhersehbar sind. Das Modell erlaubt es, in den einzelnen Phasen unterschiedliche Betrachtungsperspektiven einzunehmen; so können zeitgleich Aussagen zu typischen Umsatzentwicklungen, Zahlungsströmen und Kommunikationsaufwand getroffen werden.

Zu den einzelnen Phasen:

In der Einführungsphase wird das Produkt auf den Markt gebracht. Dieser Phase ist in der Regel ein entsprechender Aufwand für Forschung & Entwicklung (F&E) sowie eine Marktforschungsphase vorausgegangen. Grundsätzlich ist davon auszugehen, dass die anvisierte Zielgruppe in dieser Phase bestenfalls über einen relativ geringen Informationsstand verfügt. Die notwendigen Informationen beziehen sich zunächst auf die Existenz des Produkts, darüber hinaus auf die Produkteigenschaften und Nutzenpotentiale sowie auf die Beschaffungsmöglichkeiten. Für die Unternehmen ist es daher erforderlich, dass neue Produkt mit einer entsprechend intensiven Kommunikationspolitik in den Markt zu begleiten. Das neue Produkt ist in der Einführungsphase am verwundbarsten, d. h. dass es die Erwartungen des Unternehmens hinsichtlich seiner Marktakzeptanz, seines Absatzes und seines finanziellen Wertbeitrags nicht oder in nicht ausreichendem Maß erfüllt. Experten sprechen in diesem Zusammenhang von einem Flop; je nach Branche und Produktgruppe variieren die Flopraten insgesamt zwischen 60 % und 80%. Diese relativ hohe Quote bedeutet für die Unternehmen ein hohes Risiko, da alle bisherigen Aufwendungen somit nutzlos werden. Die saldierten Zahlungsströme sind in diesem Stadium in der Regel negativ, je nach dem, wie die unternehmensinterne Buchhaltung die bisherigen Aufwendungen verbucht. Umgangssprachlich könnte man sagen, hat das Produkt bisher nur Verluste produziert, betriebswirtschaftlich ausgedrückt spricht man von negativen Erträgen.

In der Wachstumsphase stellt sich bereits eine Wirkung der Einführungsmaßnahmen des Marketings ein. Die Konsumenten haben Kenntnis über die Existenz und die Vorzüge des Produkts und wissen auch, wo und wie sie dieses kaufen können. Das führt durch die Akzeptanz der Abnehmer zu steigenden Absatzzahlen für das Produkt, der bisherige Aufwand sinkt somit in Relation zur Absatzmenge, was einen positiven Effekt für die Stückkosten bedeutet. In der Regel ist der Wettbewerbsdruck in dieser Phase nicht so intensiv wie in späteren Phasen. Man kann jedoch davon ausgehen, dass der Wettbewerb sich spätestens in dieser Phase formiert und verstärkt daran arbeiten wird, aufgrund der bereits vorhandenen Verbraucherakzeptanz vergleichbare Produkte auf den Markt zu bringen.

In der Reifephase erreicht das Produkt seinen Absatzhöhepunkt, somit stellen sich auch sinkende Ertragszuwächse ein. Das hängt v. a. damit zusammen, dass der Markt ein gewisses Sättigungsniveau erreicht hat, gleichzeitig erscheinen neue Wettbewerbsprodukte auf dem Markt, was tendenziell zu sinkenden Preisen und somit häufig auch zu sinkenden Gewinnen führt. Aufgrund der relativ hohen abgesetzten Stückzahlen erwirtschaftet das Produkt in diesem Zeitraum in der Regel dennoch seinen höchsten finanziellen Beitrag, mit Hilfe dessen die gesamten Aufwendungen für sämtliche Produktphasen sowie für die Vorphasen (F&E, Marktforschung) erwirtschaftet werden.

In der Rückgangsphase sind die Absatzzahlen stark rückläufig, was dem Unternehmen sinkende Erträge beschert. Die relativ intensive Wettbewerbssituation führt dazu, das es für die Unternehmen schwierig wird, die Preise stabil zu halten, was in der Tendenz zu sinken Gewinnen führt. Am Ende der Rückgangphase steht die Elimination des Produkts.

Das Produktlebenszyklusmodell beschreibt einen idealtypischen Verlauf eines „Produktlebens". Die Nützlichkeit dieses Ansatzes für die Unternehmen erwächst aus seiner generellen Aussagefähigkeit, die jedoch auf die spezifische Unternehmenssituation übertragen werden muss. Ein Marketingmanager eines führenden Lebensmittelkonzerns äußerte gegenüber dem Autor, dass sich das eigene Unternehmen je nach Produkt oder Produktgruppe unterschiedlich lange Zeit einräumt, bis sich die Kundenakzeptanz einstellt; u. U. kann dies bis zu drei Jahren dauern (Einführungsphase). Bei anderen Unternehmen kann sich dieser Zeitraum entweder länger oder kurzer gestalten. Im Übrigen sei an dieser Stelle darauf hingewiesen, dass die einzelnen Lebensphasen sich nicht eindeutig voneinander trennen lassen und auch im Vorfeld nicht exakt planen lassen.

Der Kurvenverlauf der Umsatzkurve kann von unterschiedlichen Faktoren abhängen: Gesamtwirtschaftliche Faktoren wie Konjunkturphasen können ebenso wirksam werden wie gesetzliche Initiativen oder branchenspezifische Aspekte. Darüber hinaus können technische Innovationen den Kurvenverlauf ebenso beeinflussen. Hierzu einige Beispiele: Die gegenwärtige Finanzkrise betrifft zunächst alle Branchen, insbesondere jedoch die Exportwirtschaft und im Inland die Automobilkrise, während z. B. Teile des Freizeitsektors bisher nur unterproportional betroffen sind. Insofern werden Fahrzeuge, die zu diesem Zeitpunkt eingeführt werden und die in der Regel Entwicklungszeiten von mehreren Jahren haben, auf ein deutlich schwierigeres Umfeld treffen als geplant, die Einführungsphase wird sich möglicherweise infolge der Krise verlängern. Gesetzliche Initiativen, wie z. B. die Umweltgesetzgebung, können einen wesentlichen Anteil an der Verkürzung eines Lebenszyklus haben, wenn z. B. Fahrzeuge ohne Katalysator steuerlich deutlich schlechter gestellt werden oder wenn diese, wie in einigen Ländern, nur noch sehr begrenzt für den Innenstadtbereich zugelassen werden. Gegenwärtig erleben wir durch die so genannte „Abwrackprämie" eine teilweise Verkürzung des „Lebens" vieler Kfz, die ohne diesen Gesetzesvorstoß nicht stattgefunden hätte. Aber auch technische Innovationen können zu einer Verkürzung der ursprünglich geplanten Produktlebensdauer führen. Die Entwicklung der CD verdrängte nicht nur die bis dato führenden Schallplatten, sie führte aus dazu, dass der Absatz für die Abspielgeräte, die Schallplattenspieler, massiv einbrach.

Aus einer Unternehmensperspektive ist es wichtig, dass sich jeweils eine ausreichende Anzahl an Produkten in den einzelnen Phasen befinden. So ist es v. a. auch aus langfristiger finanzwirtschaftlicher Betrachtung entscheidend, dass sich genügend Produkte in der Reifephase befinden, die die kostenintensiven Phasen der Einführung und der Wachstumsphase finanzieren können, allerdings muss auch eine genügende Anzahl an Potentialprodukten in der Einführungs- und Wachstumsphase vorhanden sein, damit diese zu einem späteren Zeitpunkt ebenfalls in die Reifephase eintreten und somit die Hauptfinanzierungsfunktion übernehmen können. Um den Verlauf des Absatzes auch in der Reifephase bzw. in der Rückgangsphase so weit wie möglich relativ hoch zu halten, modifizieren die Unternehmen ihre Produkte, um die Attraktivität der Produkte im Rahmen eines so genannten „Faceliftings" für die Kunden weiterhin hoch zu halten; dieser Ansatz heißt in der Fachwelt Relaunch.

Das Modell des Produktlebenszyklus kann auch in erweiterter Form als Branchenzyklusmodell fungieren. Demnach durchlaufen nicht nur Produkte, sondern auch Branchen unterschiedliche Phasen, die man ebenso auf das von der Biologie entliehene Lebenszyklusmodell übertragen kann. In der angelsächsischen Betriebswirtschaftslehre wird in diesem Zusammenhang sinnigerweise von der „Sunrising Industry" (Sonnenaufgangsbranche) und von der „Sunset Industry" (Sonnenuntergangsbranche) gesprochen.

Die deutsche Wirtschaft ist, weltweit betrachtet, in einigen Branchen technologisch führend; dazu gehören die Automobilindustrie, der Maschinen- und Anlagenbau, die Pharmaindustrie und die Chemische Industrie. Wenn man diese Branchen nach Lebenszykluskriterien betrachtet, fällt auf, dass z. B. die Grundtechnologie des Antriebs im Automobilbereich über einhundert Jahre alt ist und dass sich diese Branche somit eher in einem Reifestadium befindet. Im Gegensatz dazu befinden sich z. B. die Biotechnologie oder auch die Nanotechnologie in einer Einführungsphase.

Der Lebenszyklusansatz stößt in der Wirtschaftswissenschaft teilweise auf Vorbehalte, so wurde die empirische Nachweisbarkeit des Öfteren kritisiert. Unabhängig von der Berechtigung einiger Einwände verhilft dieses Modell zu einem schnellen Verständnis der unterschiedlichen Stadien, die Produkte grundsätzlich durchlaufen. Darüber hinaus bietet das Modell einen groben Orientierungsrahmen für die Unternehmen, um auf dieser Basis eine entsprechende Planung aufzusetzen.

Erfahrungskurvenkonzept

Das Erfahrungskurvenkonzept wurde von der Boston Consulting Group entwickelt. Im Wesentlichen besagt dieses Modell, dass sich im Zeitverlauf mit zunehmender Erfahrung bei der Produktion und Vermarktung Einsparpotentiale ergeben, die sich, umgelegt auf alle Produkte, in Stückostensenkungen niederschlagen können. Seinerzeit wurde von einem Stückostensenkungspotential von ca. 20 bis 30 % je Verdoppelung der Produktionsmenge gesprochen. Die Stückkostensenkungen ergeben sich nach diesem Ansatz durch die folgenden Einflussfaktoren (Kuß 2001, S. 116 f.):

- Lerneffekte
- Neue Produktionstechnologien
- Vereinfachungen des Produkts

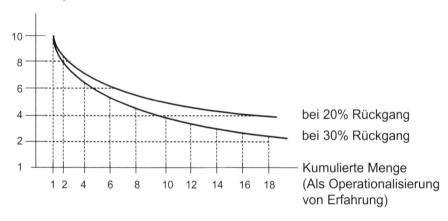

Abbildung 4.2: Erfahrungskurve nach Kuß 2001, S.115

Lerneffekte bedeuten in diesem Zusammenhang dass durch die Wiederholung spezifischer Vorgänge im Unternehmen ein verbessertes Verständnis entsteht und somit bei entsprechender Kreativität Effizienzpotentiale entstehen können. Hierzu ein Beispiel: Ein Arbeiter, der innerhalb eines stark arbeitsteiligen Produktionsprozesses Bleche biegt, kann durch eine andere Reihenfolge seiner Tätigkeit schneller werden und somit die Durchlaufzeiten verkürzen. Auch auf Gruppenebene können Effizienzpotentiale freigelegt werden, indem die Vorgehensweise nach einer Zeit erster Erfahrung derartig umgestellt wird, dass sich auch hier die Durchlaufzeiten verkürzen.

Der Einsatz neuer Produktionstechnologien führt häufig durch die damit verbundene Effizienzsteigerung zu einer verbesserten Kostensituation, was sich positiv auf die Gesamt- und Stückkosten auswirken kann. Auch an dieser Stelle ein Beispiel: Die Anschaffung einer neuen Getränkeabfüllmaschine, die bei ansonsten gleichen Kosten und gleicher Qualität eine 30%ige höhere Ausbringungsmenge als die alte Maschine produziert, führt zu einer höheren Effizienz, was tendenziell geringere Stückkosten nach sich zieht. Beispiele hierfür liefern die Automobilindustrie, aber auch die Mobilfunkbranche bzw. die Halbleiterbranche.

Die Vereinfachung des Produkts bzw. der Komponenten des Produkts kann eine weitere Kostensenkung auslösen. So können nicht nur teure Bauteile im Laufe der Zeit gegen kostengünstigere ausgetauscht werden, auch ein verändertes Beschaffungsverhalten kann zu Einsparpotentialen führen. Die Automobilindustrie ging in den 90er Jahren dazu über, anstatt wie bis dato Bauteile (Vorleistungen) zu beziehen und in eigenen Werkhallen mit eigenen Fachkräften zusammenzubauen, komplette Systeme wie z. B. komplette Vorder- oder Hinterachsen von den Zulieferern zu beziehen, und diese von Fachkräften der Zulieferer in die Herstellerfahrzeuge einbauen zu lassen.

Die Gesamteinsparpotentiale bzw. die daraus resultierenden Stückkostenreduzierung bei zunehmender Produktions- und Vermarktungserfahrung stellen sich nicht automatisch ein, sie sind das überwiegende Ergebnis optimierter unternehmensinterner Prozessabläufe. Das impliziert, dass sich das Erfahrungskurvenkonzept nur auf das betrachtete Unternehmen bezieht und die vor- und nachgelagerte Wertschöpfung nicht berücksichtigt.

Die Relevanz dieses Konzepts für das Marketing ergibt sich aus der möglichen Ableitung von strategischen Optionen. Wenn sich die prognostizierten Einsparpotentiale mit einer relativ hohen Eintrittswahrscheinlichkeit einstellen, kann das Unternehmen sich das Ziel setzen, in relativ kurzer Zeit zu versuchen, einen hohen Marktanteil zu erreichen, um durch die sich daraus ergebende relativ hohe Absatzmenge Kosteneinsparpotentiale zu generieren. Diese können, wenn sie realisiert werden, an die Kunden weitergegeben werden und somit eine Markteintrittsbarriere für die Wettbewerber darstellen. Als Beispiel für diese Strategie der so genannten Kostenführerschaft kann der Discounteinzelhandel fungieren: Die Ketten Aldi und Lidl bauen durch ihre hohen Absatzzahlen Eintrittshürden für potentielle Wettbewerber auf.

Analog zum Modell des Produktlebenszyklus kann auch an diesem Ansatz, der relativ generalistisch ausgerichtet ist, Kritik geübt werden. Einer der häufig genannten Einwände ist die unrealistische grundsätzliche Quantifizierbarkeit des Einsparpotentials, das von zahlreichen Faktoren abhängig ist, darüber hinaus ergeben sich definitorische Abgrenzungsprobleme was sowohl den Begriff Produkt als auch den der Erfahrung anbetrifft. Ohne die Kritik unberücksichtigt zu lassen, bietet dieses Modell jedoch eine grundsätzliche Orientierungshilfe auf der Basis plausibler Annahmen.

4.2.2 Die Umwelt- und die Branchenanalyse

Im letzten Abschnitt wurden die Analyseinstrumente des Produktlebenszyklus (Branchenzyklusanalyse) und der Erfahrungskurve vorgestellt, die aus Sicht des Marketings wichtige Hinweise zu einer Standortbestimmung liefern können, wobei der Charakter dieser Instrumente allerdings relativ allgemein ist. In diesem Abschnitt werden die Umwelt- und die Branchenanalyse erörtert, die sich sukzessive immer konkreter auf ein jeweiliges Unternehmen beziehen.

4.2 Grundlagen des Strategischen Marketings   51

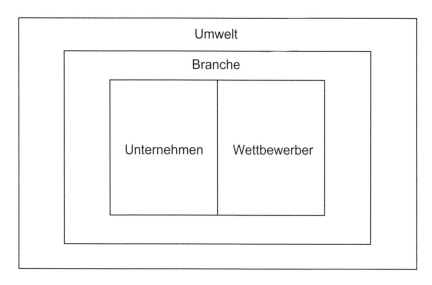

Abbildung 4.3: Unterschiedlich spezifische Rahmenbedingungen
Quelle, Kuß 2001, S. 120

In Anlehnung an diese Betrachtungsweise gehen die Einflussfaktoren, die auf das Unternehmen wirken, von einer allgemeinen Makroebene auf eine spezifische Mikroebene über. Die Umweltfaktoren stellen dabei die äußere Hülle dar, in die die Branchenbedingungen eingebettet sind, die wiederum das Unternehmen ummanteln.

Umweltanalyse
Im Rahmen der Umweltanalyse werden grundsätzliche Einflussfaktoren identifiziert und hinsichtlich ihrer Auswirkungen auf das zu betrachtende Unternehmen analysiert. Die grundsätzlichen Einflussfaktoren sind die technologischen, die politisch-rechtlich, die gesamtwirtschaftlichen und die demographischen Rahmenbedingungen.

Die technologischen Rahmenbedingungen beziehen sich auf das gegenwärtige technologische Niveau sowie auf die Entwicklungsperspektive für neue Technologien. So ist z. B. die technologische Infrastruktur für die Informationstechnologie in Deutschland relativ gut ausgeprägt, darüber hinaus ist Deutschland Standort vieler Forschungszentren. Insofern kann man auf einem sehr allgemein gehaltenen Niveau von einem für Unternehmen attraktiven technologischen Umfeld sprechen.

Die politisch-rechtlichen Bedingungen sind für die Unternehmen von enormer Bedeutung. Hierzu zählen die grundsätzlichen Einstellungen der politischen Akteure, aber auch die Unabhängigkeit des Rechtssystems. In Venezuela, wo der derzeitige Präsident Chavez ausländische Investoren enteignet, werden Unternehmen mit hoher Wahrscheinlichkeit keine kapitalintensiven Investitionen tätigen, da ihnen unter den gegenwärtigen Umständen ein hoher Verlust drohen kann. Die Diskriminierung gegenüber ausländischen Unternehmen kann man aber auch an anderen Beispielen beobachten; als der deutsche Energiekonzern E.ON AG über eine Beteiligung an einem lokalen Unternehmen (Endesa) in den spanischen Markt eintreten wollte, wehrte sich das spanische Unternehmen mit massiver Unterstützung aus der Politik. Ein weiteres Beispiel für die Wichtigkeit politischer Umfeldbedingungen leistet die VR China, in der bis 1978 aufgrund der politischen Ausrichtung keine nennenswerte Anzahl ausländischer Investoren und Produkte existierte, seit der Öffnung gegenüber marktwirtschaftlichen Ansätzen verzeichnet das Land einen einzigartigen Anstieg an ausländischen Direktinvestitionen und Importen westlicher Produkte. Für das Marketing im internationalen Rahmen sind die politisch-rechtlichen Rahmenbedingungen von höchster Relevanz.

Die gesamtwirtschaftlichen Rahmenbedingungen beziehen sich auf allgemeine volkswirtschaftliche Indikatoren wie die Inflationsrate, die Höhe der Arbeitslosigkeit, die Höhe der Zinssätze etc. Darüber hinaus spielen konjunkturelle Aspekte ebenfalls eine Rolle in dieser Teilbetrachtung. Gegenwärtig (2009) wirkt sich die Finanzkrise massiv auf die Weltwirtschaft aus, dennoch gibt es teilweise starke Unterschiede in der Betroffenheit. Irland, der seit den 90er Jahren boomende „keltische Tiger", ist aufgrund der stark einseitigen Industriestruktur stärker von der Krise betroffen als andere Länder, die eine breitere Industriebasis besitzen. In einem Land wie Rumänien, dass die Folgen des Strukturwandels noch nicht vollumfänglich bewältigt hat und das infolge dessen unter einer hohen Arbeitslosigkeit leidet, werden Luxusgüter tendenziell in einem geringerem Maß abgesetzt werden können als in Dubai, wo durch die hohen Einnahmen aus den Ölgeschäften eine breite Wohlstandsbasis entstanden ist. Aber auch innerstaatlich existieren wirtschaftlich unterschiedlich starke Regionen, so sind z. B. die Bundesländer Baden-Württemberg und Nordrhein-Westfalen Standorte mit einer hohen Industriedichte und mit einer relativ hohen Kaufkraft, während in Berlin und Brandenburg eine spürbar niedrigere Kaufkraft existiert. Diese Faktoren müssen die Unternehmen bei ihren Marketingplanungen ausreichend berücksichtigen.

Die demographischen Umweltbedingungen sind, wie die anderen Umfeldfaktoren, von einer hohen Relevanz für das Marketing. Der so genannte demographische Wandel, der im Ergebnis einen deutlich geringeren Anteil jüngerer Menschen und eine deutlich gestiegenen Anteil ältere Menschen in der Gesamtbevölkerungsstruktur zur Folge hat, wird sich massiv auf die Nachfrage auswirken, was teilweise heute schon zu beobachten ist. Die älteren Generationen werden von den Unternehmen als potente Kunden identifiziert und demzufolge werden spezifische Produkte für diese „Best Ager" entwickelt und vermarktet. Jüngere Menschen haben andere Bedürfnisse und fragen demnach andere Produkte als Angehörige einer anderen Alterskategorie. Demographische Umweltbedingungen wirken langfristig und können daher für die Unternehmen als ein Indikator mit langfristiger Perspektive gelten.

Die hier nur sehr allgemein angesprochenen Umweltfaktoren oder Rahmenbedingungen müssen spezifisch für jedes Unternehmen betrachtet werden. So kann ein Investitionsgüterhersteller deutlich geringer von einem kurzfristigen Konjunkturrückgang betroffen sein als ein Konsumgüterhersteller; oder, wie in der gegenwärtigen Finanzkrise, eine Branche, wie z. B. die Baubranche, weniger stark betroffen sein als eine andere, wie z. B. die Automobilindustrie.

Branchenanalyse

Die Branchenanalyse liefert auf der Basis des Modells von Porter (1999) eine Struktur, nach der die Attraktivität einer Branche, gemessen in Rentabilität, bewertet werden kann. Nach diesem Ansatz wird unterstellt, dass fünf unterschiedliche Kräfte einen maßgeblichen Einfluss auf die Branchenattraktivität besitzen. Diese fünf Faktoren sind die Verhandlungsstärke der Lieferanten, die Verhandlungsstärke der Abnehmer, die Bedrohung durch neue Konkurrenten, die Bedrohung durch Ersatzprodukte und die Rivalität innerhalb der Branche.

Das Verhältnis der Faktoren zueinander wird in diesem Modell nicht näher definiert, Porter nennt es das „Five-Forces-Model" (Fünf-Kräfte-Modell), obwohl sich die fünfte Kraft, Rivalität innerhalb der Branche, zum überwiegenden Teil als Konsequenz der vorangegangenen vier Kräfte ergibt. Dieses Modell wird vorwiegend eingesetzt, um den Eintritt in neue Branchen oder neue Geschäftsfelder zu untersuchen. Das bietet sich vor allem in den Fällen an, in denen ein Unternehmen in Märkte eintreten will, die nicht zum klassischen Kerngeschäft gehören. Der Einstieg der Preussag AG, eines traditionellen Stahl- und Montanunternehmens, bei der TUI AG, wäre eine solche Gelegenheit, die Attraktivität der Touristikbranche detailliert zu untersuchen. Auch im Vorfeld der Umsetzung der Diversifizierungsstrategie der damaligen Daimler Benz AG zu einem Technologiekonzern, dessen Geschäftsfelder von Luft- und Raumfahrt über Landmaschinen, Nutzfahrzeugen, PKW bis hin zu Wehrtechnik reichten, werden sicherlich derartige Überlegungen angestellt worden sein.

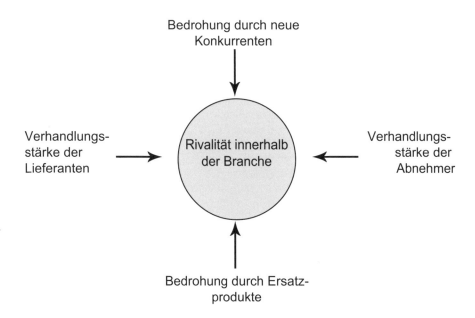

Abbildung 4.4: 5 Kräftemodell nach Porter 1999, S.26

Zu den einzelnen „Fünf Kräften":

Die Verhandlungsstärke der Lieferanten zielt auf die Verhandlungsmacht der Lieferanten ab. Diese hängt von der Angebotskonstellation ab, wenn viele Anbieter einer Leistung existieren (Angebotspolypol), sinkt die Verhandlungsmacht der einzelnen Anbieter tendenziell, je weniger Anbieter auf dem Markt agieren, desto größer sie. Je größer die Anbietermacht ist, desto leichter ist es für diese, ihre Preisvorstellungen gegenüber den Abnehmern durchzusetzen, was in der Tendenz geringere Gewinnmargen für die Abnehmer bedeutet. Ein Beispiel hierzu aus dem Wirtschaftsleben: In spezifischen Segmenten des Kfz-Zuliefererbereichs, wie bei elektronischen Einspritzpumpen, existieren nur wenige kompetente Anbieter, darunter die Bosch Gruppe sowie der japanische Konzern Nipondenso. Dies ist auch darauf zurückzuführen, dass dieser Bereich sehr forschungsintensiv und somit kapitalintensiv ist. Damit bauen die Lieferanten ein Wissen auf dass ein Abnehmer nicht in kurzer Zeit substituieren kann. Allgemein ausgedrückt spielen der Konzentrationsgrad sowie die Spezifität der Kompetenz der Anbieter eine entscheidende Rolle.

Die Verhandlungsstärke der Abnehmer wird nach dem gleichen Muster, nur umgekehrt zur Verhandlungsstärke der Lieferanten, bewertet. Ist der Konzentrationsgrad der Abnehmer hoch, steigt deren Preisgestaltungsmacht, demzufolge sinkt die des hier zu betrachtenden Herstellerunternehmens. Auch bei den Abnehmern oder Nachfragern kann es zu den typischen Marktkonstellationen kommen, die vom Nachfragemonopol bis zum Nachfragepolypol reichen. Im Extremfall existiert lediglich ein Nachfrager, dies ist in der Regel bei Leistungen, die der Staat beschafft, der Fall. Vor allem im Bereich der Wehr- oder Sicherheitstechnologie werden speziell für die jeweiligen staatlichen Institutionen wie die Bundeswehr, aber auch die Strafverfolgungsbehörden oder die Nachrichtendienste, Leistungen entwickelt und konzipiert. In diesen Fällen ist die Verhandlungsmacht groß und die Wahrscheinlichkeit für die Nachfrager, entsprechende Beschaffungspreise durchzusetzen, relativ hoch, was wiederum den Gewinn des betrachteten Herstellerunternehmens grundsätzlich vermindert. Bei typischen Konsumgütern liegt eher eine polypolistische Nachfrage vor, was mit einer geringeren Nachfragemacht und damit mit einer höheren Gewinnmöglichkeit einhergeht.

Die Bedrohung durch neue Konkurrenten wirkt ebenfalls signifikant auf die Attraktivität der Branche. Viele Wettbewerber (Angebotspolypol) bedeuten einen hohen Preisdruck, was tendenziell zu geringen Gewinnmargen und somit zu einer relativ geringen Rentabilität führt. Der Markt für Unterhaltungselektronik ist im mittleren Preis- und Qualitätssegment durch eine relativ hohe Anzahl an Wettbewerbern gekennzeichnet, sodass man plausibel auf eine relativ geringe Rentabilität schließen kann. Eine hohe Wettbewerbsintensität kann man demnach mit einer relativ geringen Rentabilität gleichsetzen.

Die Bedrohung durch Ersatzprodukte bedeutet, dass Produkte, die in dieser Branche typischerweise hergestellt werden, durch ein neues Produkt, das eine verbesserte Nutzenstruktur für den Kunden aufweist, ersetzt werden. Analog zum Modell des Produktlebenszyklus verkürzt sich die „Lebensdauer", der Kurvenverlauf sinkt, unabhängig von der jeweiligen Phase, deutlich ab. Exemplarisch kann das an der Unterhaltungsindustrie belegt werden, so wurden mit der Entwicklung der CD nicht nur Schallplatten, sondern auch Kassetten obsolet. Ein weiteres Beispiel ist die Einführung des Personal Computer (PC) Anfang der 80er Jahre, die dazu führte, dass Schreibmaschinen und sämtliche damit verbundenen Produkte zügig ersetzt wurden.

Der letzte Faktor, die Rivalität innerhalb der Branche, hängt im Wesentlichen von der Anzahl der Wettbewerbsunternehmen, deren Agieren, von der allgemeinen Marktentwicklung, sowie vom Nachfrageverhalten ab. Eine hohe Rivalität bedeutet eine hohe Wettbewerbsintensität, was, wie bereits angesprochen, generell zu niedrigeren Gewinnen führt.

Das Modell der Branchenanalyse ist naturgemäß nicht unumstritten. So ist die unterschiedliche Wirkung der einzelnen Faktoren nicht bekannt, ebenso kann es zu Abgrenzungsproblemen in Bezug auf die Wirkung der einzelnen Faktoren, wie z. B. bei Rivalität innerhalb der Branche und Bedrohung durch neue Konkurrenten, kommen. Nichtsdestotrotz bietet die Branchenanalyse ein eingängiges und leicht zu handhabendes Instrument, das einen ersten strukturierten Eindruck einer Branche ermöglicht.

4.2.3 Die Wettbewerbsanalyse

Die Beschäftigung mit den Anbietern, die im Wettbewerb zu den eigenen Leistungen stehen, ist von enormer Bedeutung für die jeweiligen Unternehmungen. Dabei ist es wichtig, nicht nur Erkenntnisse über die gegenwärtigen Produkte, deren Nutzen sowie die Preise und die Zielgruppen des konkurrierenden Unternehmens zu gewinnen, sondern v. a. auch Informationen über zukünftige Entwicklungen, um diese bei den eigenen Planungen berücksichtigen zu können. Hierzu ist ein umfangreiches und professionelles Informationsmanagement erforderlich, was sich auf das Wissen von unterschiedlichen Bereichen des Unternehmens stützen muss.

In der angelsächsischen Wirtschaftswelt existieren zahlreiche Unternehmen, die für andere Industrie- und Dienstleistungsunternehmen gezielt derartige Informationen beschaffen und auf deren Grundlage Analysen über Wettbewerbsunternehmen erstellen. Dieser Bereich nennt sich business intelligence oder competitive intelligence. Die Informationsgewinnung kann auf unterschiedlichen Quellen beruhen, in der Regel findet sich eine Fülle von Informationen durch die Auswertung so genannter offener Quellen (open sources) wie z. B. durch Fachzeitschriften, durch Geschäftsberichte oder durch das Internet, aber auch Fachtagungen, Kongresse, Messen und Ausstellungen bieten eine gute Gelegenheit, wichtige und relevante Informationen zu sammeln.

Ein von Experten häufig angemahntes Fehlverhalten auch vieler deutscher Unternehmen ist in diesem Zusammenhang der oftmals unzureichende Schutz dieser Informationen. In den letzten Jahren wurden mehrfach Fälle bekannt, das einige ausländische Wettbewerbsunternehmen teilweise mit Unterstützung ihrer Regierungen bzw. ihrer Nachrichtendienste gezielt Informationen „abgesaugt" haben, um ihre Wettbewerbspositionen, gerade in der Angebotsphase großer Projekte, zu verbessern. Das Bundesamt für Verfassungsschutz in Köln beobachtet diese Entwicklungen sorgfältig und bietet interessierten Unternehmen zahlreiche Weiterbildungen zu diesem Themenkomplex an. Dieser wirtschaftsdeliktische Bereich ist jedoch nicht Gegenstand der hiesigen Betrachtungen.

Der Kern der Wettbewerbsanalyse zielt darauf ab, ein zuverlässiges Bild über die Stärken und Fähigkeiten, aber auch über die Schwächen des eigenen Unternehmens, bezogen auf spezifische Kriterien, in Relation zu den Hauptwettbewerbern zu gewinnen, um diese ggf. auszubauen (eigene Stärken) oder zu reduzieren (eigene Schwächen). Dabei sind zunächst die Hauptwettbewerber festzulegen, bzw. die Kriterien, auf deren Basis eine Identifizierung dieser erfolgen soll. Grundsätzlich kommen zwei Ansätze in Frage: Entweder selektiert man die Wettbewerbsunternehmen aus der Kunden- oder aus der Unternehmensperspektive. Aus der Kundensicht ergeben sich unterschiedliche Produktwahlmöglichkeiten, was auch eine Wahl zwischen verschiedenen Anbietern bedeutet. Diese Anbieter können demnach als Wettbewerber definiert werden. Der zweite Ansatz ist der, Unternehmen, die eine ähnliche Strategie wie das eigene verfolgen, als Wettbewerber zu selektieren. An dieser Stelle bietet es sich an, den eigenen Vertrieb einzubinden, der bekanntlich am Markt agiert und der zumindest die Kundensicht sehr gut repräsentieren können müsste.

Unabhängig davon, nach welchem Ansatz die Wettbewerbsunternehmen ausgewählt werden, ist eine Stärken-Schwächen Analyse eine erforderliche Methode, um hieraus Ansatzpunkte für das Marketing der eigenen Leistungen herauszufiltern. Eine Stärken-Schwächenanalyse ist zunächst einmal eine Gegenüberstellung von ausgewählten Kriterien, wie z. B. Markenimage, die im Vergleich zu einem Wettbewerber bewertet werden. Ein Beispiel: Wenn das Unternehmen Baiersdorf sich mit seinem Wettbewerber L'Oreal vergleichen wollte, könnte es aufgrund des hohen Bekanntheitsgrades seiner Kernmarke Nivea das Kriterium Markenbekanntheit als Stärke für sich verbuchen. In der Bewertung eines anderen Kriteriums, beispielsweise der Kostenstruktur, könnte das Unternehmen möglicherweise seine eigene Position gegenüber dem Wettbewerber eher als nachteilig einstufen.

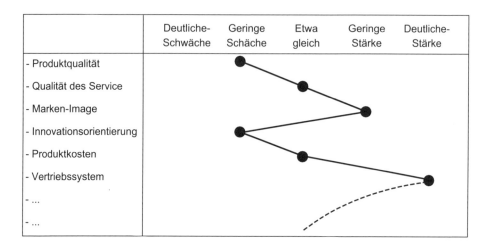

Abbildung 4.5: Beispiel einer Stärken- /Schwächenanalyse
Quelle: Kuß 2001, S. 127

In der Regel wird dieser Ansatz um die unternehmensexternen Dimensionen Chancen und Risiken erweitert, was zu einer so genannten SWOT-Analyse (strength, weaknesses, opportunities, threats – Stärken, Schwächen, Chancen und Gefahren bzw. Risiken) führt. Dadurch werden sowohl unternehmensinterne als auch –externe Aspekte, in Relation zum Wettbewerb, betrachtet.

Ein wichtiges Kriterium für einen erfolgreichen Einsatz dieses Instruments ist allerdings, das ein Unternehmen sich ernsthaft bemüht, sich selbstkritisch zu reflektieren. Hierzu gehört eine offene und eine konstruktive Kritik fördernde Unternehmenskultur. Da diese Voraussetzungen nicht in allen Fällen gegeben sind, ist es schwierig, generelle Aussagen über die nutzenstiftende Wirkung dieses Ansatzes zu treffen.

Ein weiterer wichtiger Aspekt ist die Auswahl der zu bewertenden Kriterien; es empfiehlt sich, jene auszuwählen, die aus Kundenperspektive kaufentscheidungsrelevant sind. Die simple Auflistung der Stärken und Schwächen bzw. der Chancen und der Risiken liefert keinen Nutzen per se; erst die Auseinandersetzung mit den Ergebnissen kann für das Unternehmen sinnvoll sein.

Auf die herausgefilterte Stärken-Schwächen Konfiguration können die Unternehmen in unterschiedlicher Weise reagieren:

- Stärken weiter ausbauen/Schwächen weiter halten
- Stärken weiter halten/Schwächen weiter vermindern
- Stärken weiter ausbauen/Schwächen weiter vermindern

Der Ansatz der SWOT-Analyse stellt somit eine Grundlage zur marketingorientierten Weiterentwicklung der Unternehmung dar, er ist, bei professioneller Anwendung, ein erster Indikator und ein guter Einstieg für weitere, tiefer gehende Betrachtungen.

4.3 Strategisches Marketing in der Bauwirtschaft

Im Folgenden werden die vorgestellten Instrumente auf die Bauwirtschaft angewandt.

4.3.1 Produktlebenszyklus, Erfahrungskurve und Wettbewerbsanalyse

Sowohl das Modell des Produktlebenszyklus als auch die Erfahrungskurve kann man grundsätzlich auch auf die Bauwirtschaft übertragen. Um die Produkte dieser Branche hinsichtlich ihres Lebenszyklus einordnen zu können, ist es sinnvoll, zunächst die vielfältigen Produkte bzw. Leistungen zu Produktgruppen zusammenzufassen. Wenn man die Leistungen, die Bauunternehmen heute anbieten, von der Wertschöpfungskette „Bau" herleitet, ergibt sich grundsätzlich folgendes Bild:

- In der Vor-(Bau)-Phase werden u. a. Planungs- und Konzeptionsleistungen, Einholen von Genehmigungen sowie Finanzierungsdienstleistungen angeboten.
- In der Bauphase stehen klassische Bauleistungen (Erstellen und Errichten) des Bauwerks, aber auch Bauprozessüberwachung etc. im Vordergrund. Übliche Bauprodukte definiert nach Nutzungszweck sind beispielsweise Bürogebäude, Verkehrswegebau, Kraftwerksbau, Deponiebau und maritime Anlagen.

In der Nach-(Bau)-Phase werden Facility Management (FM) Leistungen in unterschiedlicher Form und mit unterschiedlicher Leistungstiefe angeboten. Hierzu können der komplette Betrieb einer Einrichtung inkl. der Wartung und Instandsetzung der gesamten technischen Anlagen, aber auch die Lieferung von Energie und anderen Medien gezählt werden. In der letzten Phase der Existenz einer Immobilie ist darüber hinaus der Rückbau zu organisieren.

Die traditionellen Bauprodukte (Bauphase) sind demnach eher der Reifephase zuzuordnen, da diese Produktgruppen seit Jahrzehnten zwar verbessert und modifiziert werden, die jedoch von den Eigenschaften und Nutzungsoptionen wenig Innovationspotential besitzen und darüber hinaus einen relativ hohen Marktsättigungsgrad erreicht haben. Im Gegensatz dazu bieten die so genannten baunahen Dienstleistungen oder andere Produktgruppen noch ein deutliches Steigerungspotential. Die um PPP-Projekte angesiedelten Dienstleistungen sind bei weitem nicht ausgeschöpft, weshalb man diese der Einführungs- bzw. Wachstumsphase zuordnen kann, ebenso wie den gesamten Bereich des Facility Managements. Je nach dem, um welches Segment es sich bei den FM-Dienstleistungen handelt, können diese entweder der Einführungs- oder der Wachstumsphase zugerechnet werden. Für ein Unternehmen der Bauwirtschaft könnte ein Produktlebenszyklusmodell demnach folgendermaßen aussehen:

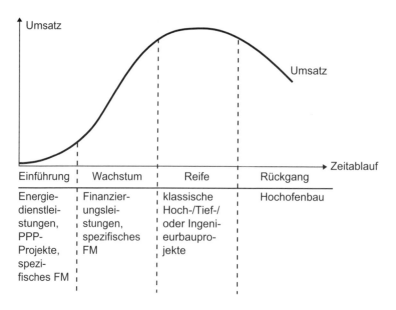

Abbildung 4.6: Produktlebenszyklus für bauspezifische Produkte/ Dienstleistungen

Analog zu Konsumgüterherstellern oder zur stationären Industrie ist es für die Bauunternehmen von elementarer Bedeutung, für ein ausgewogenes Verhältnis zwischen Produktgruppen in den einzelnen Phasen zu sorgen, damit das Unternehmen nachhaltig gut aufgestellt bleibt oder wird.

Auch das Konzept der Erfahrungskurve ist, zumindest bedingt, auf die Bauindustrie übertragbar. Die bereits erwähnten Kostensenkungspotentiale ergeben sich allgemein aus Lerneffekten, neuen Produktionstechnologien und Möglichkeiten zur Vereinfachung des Produkts. Da das Leistungsportfolio der innovativen Bauunternehmen weit über das Spektrum der Bauproduktion hinausgeht, ist an dieser Stelle eine Differenzierung erforderlich. Im Bereich der Dienstleistungen können sich durch Wiederholungsvorgänge in den Prozessabläufen durchaus Lerneffekte, wie in klassischen Produktionsbetrieben, einstellen, die im Ergebnis zu Kosten und Stückkostenreduzierungen führen können. Ebenso können Dienstleistungsprozesse durch den Einsatz neuer Produktionstechnologien effizienter organisiert werden. Ein Beispiel: Der Einsatz neuer Informationstechnologie im Umfeld des Gebäudemanagements kann durch effizienteres Informationsmanagement signifikant zur Verbesserung der Arbeitsabläufe beitragen, was sich dementsprechend aufwandsmindernd niederschlägt. Eine Vereinfachung des Produkts ist so gut wie nicht möglich, da das Leistungsspektrum in der Regel vertraglich fixiert wird und eine Vereinfachung unter Umständen eine Nichterfüllung von Verträgen bedeuten könnte.

Im klassischen Bauprojektgeschäft sind Lern- und Erfahrungskurveneffekte genauso möglich, jedoch auf einer anderen Basis. Da der Bauprozess grundsätzlich einen Unikatcharakter besitzt, können die Projekte stark voneinander abweichen. So kann ein Brückenbauwerk in einer Stadt unter Aufrechterhaltung des Verkehrs völlig andere Anforderungen an das bauausführende Unternehmen stellen als ein Brückenbauwerk in einer ländlichen Provinz in Südamerika. Häufiger ist jedoch bei einem Einstieg in einen neuen Markt, wie z. B. in den der VR China, zu beobachten, dass Bauunternehmen bei Ihrem ersten Projekt ein gewisses „Lehrgeld" zahlen, da sie die örtlichen Gegebenheiten tendenziell nicht oder nur unzureichend kennen. Insbesondere müssen die handelnden Personen Erfahrungen mit der lokalen Geschäftskultur aufbauen, um sich sicher und effektiv in diesem neuen Umfeld zu behaupten. Nach dem Kompetenzaufbau werden die Prozess- und Verfahrensabläufe häufig, aufgrund des Erfahrungsaufbaus, effektiver und effizienter. Unternehmen, die bereits seit Jahren in einem spezifischen Markt agieren, kennen auch die informellen Strukturen, die in manchen Ländern besonders wichtig sind und die oftmals Entscheidungsprozesse verkürzen können. Insofern spielen auch in der projektbezogenen Bauwirtschaft Lern- und Erfahrungseffekte eine wichtige Rolle für die Senkung von Kostenpotentialen.

4.3.2 Die Umwelt- und die Branchenanalyse

Umweltanalyse
Die Umweltsituation ist für die Bauunternehmen in ähnlicher Weise wichtig wie für die Unternehmen sämtlicher anderer Branchen. Dabei gelten die gleichen Einflussfaktoren wie bereits in 4.2.2 aufgezeigt, jedoch teilweise in einer unterschiedlichen Gewichtung. So sind

die technologischen, die politisch-rechtlichen, die gesamtwirtschaftlichen und die demographischen Rahmenbedingungen insgesamt von großer Bedeutung. Da die Nachfrage nach Bauleistungen allerdings Bauleistungen insgesamt gestärkt und stabilisiert. Der Schwerpunkt der Investitionstätigkeit des Staates liegt dabei im Bereich des Ausbaus und der Sanierung der Bildungsinfrastruktur (z. B. Kindergärten, Schulen, Hochschulen, Forschungseinrichtungen) sowie der allgemeinen Infrastruktur (z. B. Krankenhäuser, Städtebau, kommunale Straßen). Ein weiteres Beispiel, wo staatliche Institutionen einen konkreten Beitrag für die Baunachfrage leisten können, ist die Schaffung gesetzlicher Voraussetzungen für neue Marktsegmente, z. B. im Bereich Öffentlich-Private-Partnerschaftsmodelle (ÖPP) oder engl. Public-Private- Partnerships (PPP).

Die gesamtwirtschaftlichen Rahmenbedingungen haben ebenfalls einen relativ hohen Stellenwert für die Bauunternehmen, da sich die allgemeine wirtschaftliche Situation in der Regel auf die Baunachfrage, zumindest im Neubau von Wohnungen oder Wirtschaftsgebäuden, auswirkt. Dies kann man derzeit sehr gut auf dem Immobilienmärkten in Großbritannien, vor allem in London, beobachten; viele der einst ambitionierten Bauvorhaben werden aufgrund der gegenwärtigen Finanz- und Wirtschaftskrise zunächst zurückgestellt. In der Bundesrepublik zeichnen sich die Auswirkungen der Krise auf dem Arbeitsmarkt bereits deutlich ab, was tendenziell die Neigung zum Erwerb einer Immobilie reduziert; insofern übt die gesamtwirtschaftliche Rahmensituation einen direkten Einfluss auf die Bauunternehmen aus.

Auch der demographische Wandel wirkt sich auf die Bauunternehmen aus. Die Präferenzen und Notwendigkeiten einer alternden Gesellschaft werden auch bauarchitektonisch Berücksichtigung finden müssen; so werden in Zukunft zunehmend mehr Seniorenheime und Einrichtungen für diese Klientel gebaut werden; allerdings werden auch viele Wohnungen und öffentliche Gebäude den Ansprüchen älterer Menschen gerecht werden müssen. Auch das veränderte Wohnverhalten, wie z. B. mehr Singlehaushalte, wird die Nachfrage nach spezifischen Produkten der Bauwirtschaft fördern. Dies geht mit einer zunehmenden Gewichtsverlagerung in Richtung „Bauen im Bestand" einher.

Branchenanalyse
Im Gegensatz zur Umweltanalyse grenzt die Branchenanalyse oder Branchenstrukturanalyse die Perspektive auf das Wettbewerbsumfeld ein. Nach Michael Porter (1999) sind es vornehmlich fünf Faktoren, die auf die Wettbewerbsintensität einwirken und die somit einen maßgeblichen Einfluss auf die durchschnittliche Rentabilität der Unternehmen dieser Branche ausüben. Die einzelnen Faktoren des „Fünf-Kräfte-Modells", das einen allgemeinen Zusammenhang zwischen diesen Faktoren und der Unternehmensrentabilität herstellt, können folgendermaßen auf die Bauwirtschaft übertragen werden:

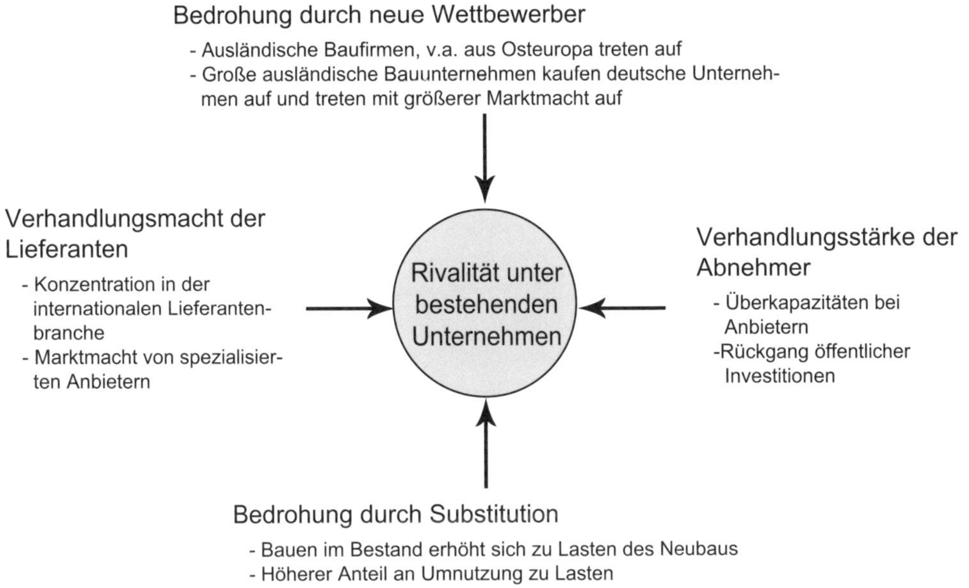

4.3 Strategisches Marketing in der Bauwirtschaft

Bedrohung durch neue Wettbewerber
- Ausländische Baufirmen, v.a. aus Osteuropa treten auf
- Große ausländische Bauunternehmen kaufen deutsche Unternehmen auf und treten mit größerer Marktmacht auf

Verhandlungsmacht der Lieferanten
- Konzentration in der internationalen Lieferantenbranche
- Marktmacht von spezialisierten Anbietern

Rivalität unter bestehenden Unternehmen

Verhandlungsstärke der Abnehmer
- Überkapazitäten bei Anbietern
- Rückgang öffentlicher Investitionen

Bedrohung durch Substitution
- Bauen im Bestand erhöht sich zu Lasten des Neubaus
- Höherer Anteil an Umnutzung zu Lasten

Abbildung 4.7: Beispiel des 5 Kräftemodells nach Porter für die deutsche Bauindustrie

Die aufgezeigten Wettbewerbskräfte, die generell in der Branche wirken, stellen die betroffenen Bauunternehmen, vor allem auch durch ihr Zusammenwirken dieser, vor teilweise erhebliche Herausforderungen. Preisdruck infolge des Überangebots, der Eintritt neuer Wettbewerber, eine verringerte Staatsnachfrage sowie der teilweise ruinöse Preiswettbewerb der Bauunternehmen untereinander, zwingen die Unternehmen zu handeln. Spektakuläre Insolvenzen wie z. B. bei der Philipp Holzmann AG oder wie bei der Walter Bau AG unterstreichen, unter welch massiven Problemen die Branche in dieser Zeit litt. Die Branchenanalyse ist ein Instrument, das die generellen Triebkräfte des Wettbewerbs für die Unternehmen der Baubranche transparent aufzeigt. Die Gültigkeit und die Wirksamkeit dieser Rahmenbedingungen können jedoch zwischen den Unternehmen stark variieren, je nachdem, inwieweit ein Unternehmen in Märkten oder Marktsegmenten agiert, auf die diese Kräfte in der beschriebenen Intensität wirken. Die Branchenanalyse für die Bauindustrie weist aufgrund der Wettbewerbskräfte im klassischen Baugeschäft sehr deutlich auf eine steigende Wettbewerbsintensität, die üblicherweise mit sinkenden Gewinnmargen einhergeht, hin. Diese Analyse erlaubt der Unternehmensleitung, zunächst den Status quo, aber auch zukünftige Entwicklungen strukturiert wahrzunehmen. Die Branchenanalyse kann somit als ein weiterer Indikator für eine Evaluation der bisherigen Marktbearbeitungsstrategie fungieren. Es empfiehlt sich, an dieser Stelle mögliche Marktsegmente zu identifizieren, auf die die Wettbewerbskräfte nicht in der o.g. Konfiguration bzw. in der beschriebenen Intensität wirken. Die Identifizierung derartiger Marktsegmente kann ein erster Anknüpfungspunkt für marktorientierte Strategiereflexion sein, bei der die gegenwärtig bearbeiteten Segmente hinsichtlich ihrer nachhaltigen Wirtschaftlichkeitsperspektive untersucht werden. Diesen Prozess haben einige Unternehmen in der Baubranche bereits erfolgreich beschritten, so kann beobachtet werden dass manche Unternehmen ihren Dienstleistungsbereich deutlich ausgeweitet haben, in vor- bzw. nachgelagerte Prozessstufen (z. B. finanzieren, planen, bzw. betreiben) diversifizieren, oder in anderen Marktsegmenten aktiv ihre Kompetenzen auf- und ausbauen (z. B. PPP-Projekte, Flughafenmanagement). Dabei können sowohl angrenzende Marktsegmente, aber auch jene, zu denen originär keine Beziehungen bestehen (laterale Diversifikation) als Zielsegmente des Unternehmens definiert werden.

Wettbewerbsanalyse
Der Identifizierung und Definition rentabler Marktsegmente, einer Betrachtung äußerer Marktbedingungen, muss sich eine Innenbetrachtung anschließen, um ein so genanntes Matching zwischen externen Marktanforderungen und internen Ressourcen und Kompetenzen zu erreichen. Ein für diesen Bedarf besonders geeignetes Instrument bildet die Stärken-Schwächenanalyse-Chancen-Risiken-Analyse (SWOT-Analyse). Zunächst werden die eigenen Kompetenzen in einer Matrix zusammenfasst, und in Relation zu den Hauptwettbewerbern in den jeweiligen Marktsegmenten bewertet. Wenn man nun die Kundenbedürfnisse bzw. die Kundenanforderungen in neuen Marktsegmenten evaluiert, ist eine sachliche Bewertung interner Kompetenzen und Ressourcen unerlässlich, um in Zukunft erfolgreich in diesen Segmenten zu agieren. Insbesondere dort, wo die Bewertung eigener Kompetenzen noch Entwicklungspotential aufzeigt, ist die Frage der Organisation des Kompetenzauf- oder ausbaus zu stellen; grundsätzlich bestehen zwei Möglichkeiten, entweder durch den internen Auf- bzw. Ausbau oder durch externe Zukäufe. Da ein Aufbau bzw. Ausbau von Kompetenzen, v. a. bei komplexen inhaltlichen Anforderungen, länger dauert als eine Übernahme eines Unternehmens, dass genau über das Wunschkompetenzprofil verfügt und zudem in dem Zielsegment tätig ist, werden häufig Unternehmen oder Unternehmensteile akquiriert, am Beispiel des Segments Facility Mangement kann das sehr eindrucksvoll beobachtet werden. Beispielsweise übernahm die Hochtief Facility Management GmbH 2004 die Gebäude Management Sparten der Siemens AG sowie der Lufthansa AG und 2007 die Vattenfall Europe Contracting GmbH; Bilfinger Berger erwarb 2002 die HSG GmbH aus der Insolvenzmasse des untergegangenen Philipp Holzmann Konzerns und 2008 die Facility Management Sparte der M&W Zander Group. Die aufkaufenden Unternehmen kaufen nicht nur Know-how ein, sondern sie können damit in Zukunft bei ihren Akquisitionsbemühungen ihre Kompetenzen im Rahmen einer Referenzliste dokumentieren.

Mögliche Stärken/Schwächenanalyse eines Bauunternehmens

	Deutliche-Schwäche	Geringe Schäche	Etwa gleich	Geringe Stärke	Deutliche-Stärke
- Dienstleistungsspektrum	●				
- Dienstleistungsqualität			●		
- Wiederholkunde				●	
- Qualifikation d. MA		●			
- Zugang zu Ressourcen			●		
- bundesweite Abdeckung					●
- Partnerschaft mit qualifizierten NU		●			

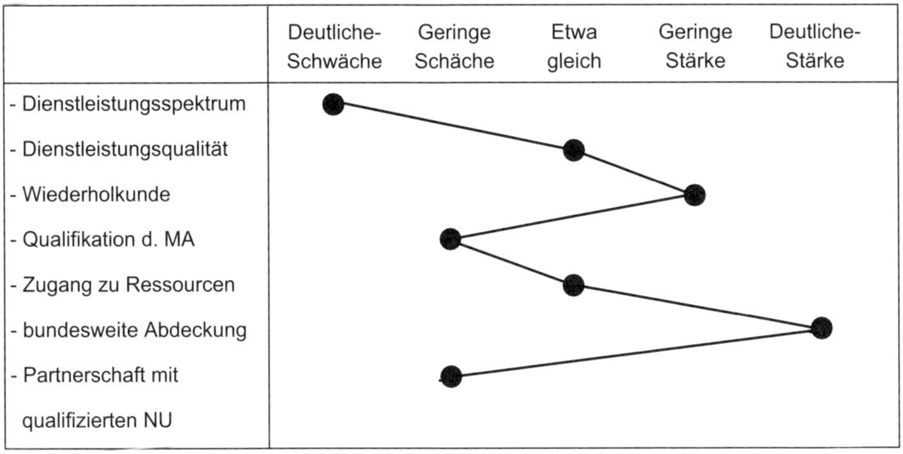

Abbildung 4.8: Mögliche Stärken-/Schwächenanalyse eines Bauunternehmens

4.4 Strategische Geschäftsfeldplanung

4.4.1 Überblick

Im vorangegangenen Abschnitt wurden einige der klassischen Konzepte, Modelle und Überlegungen des strategischen Marketings vorgestellt. In diesem Abschnitt werden diese strategischen Ansätze nun konkret auf die Ebene des Geschäftsfelds übertragen. Im Kern dieser Betrachtung steht die Frage, welche Märkte oder Teilmärkte (Marktsegmente) ein Unternehmen mit seinen Produkten oder Dienstleistungen bedienen möchte.

Es bedarf keiner besonderen Erwähnung, dass mit einer derartigen Entscheidung bereits wichtige Weichenstellungen für die Zukunft des Unternehmens getroffen werden. Das bedeutet für die am Entscheidungsprozess beteiligten Personen, dass sie einen schmalen Pfad zwischen notwendiger Vorsicht und erforderlicher Risikobereitschaft beschreiten müssen, ein Anspruch, der, wie vielfältige Beispiele aus dem Wirtschaftsleben zeigen, nicht immer erfüllbar ist. Der Einstieg der Daimler Benz A.G. in sämtliche Sparten (MBB GmbH, Fokker n. v.), um über dieses Konstrukt als so genannter Technologiekonzern Synergieeffekte ausschöpfen, war ebenso wenig von Erfolg gekrönt wie die diversen Versuche deutscher Finanzinstitute (der Einstieg der Allianz AG bei der Dresdner Bank AG), einen „Allfinanzkonzern" zu schaffen. Gleichwohl existieren zahlreiche Belege, wo der Einstieg in neue Geschäftsfelder sehr erfolgreich umgesetzt wurde, wie z. B. der Einstieg der BMW AG in das Segment des „Mini".

Auch in der Bauwirtschaft existieren zahlreiche Bespiele, die aufzeigen, wie schwierig sich bisweilen ein Einstieg in einen neuen Markt oder in ein neues Marktsegment gestalten kann. Der Einstieg des Walter-Konzerns in Australien durch die Übernahme eines lokalen Unternehmens (Concrete Constructions Group), der auch dazu dienen sollte, eine Plattform für eine weitere Expansion in der Asien-Pazifik Region aufzubauen, gelang letztendlich nicht, die damit verbundene angestrebte Erhöhung des Anteils ausländischer Märkte am der Gesamtheit der Bauaktivitäten wurde ebenso verfehlt. Der Ausflug der Philipp Holzmann AG und der Hochtief AG in das Geschäftsfeld IT zur Entwicklung und Vermarktung bauspezifischer Softwareprodukte über ein Gemeinschaftsunternehmen war ebenfalls nur von vorübergehender Dauer (von 1994 – 2001); schließlich wurde das Unternehmen nach der Prüfung unterschiedlicher Optionen an ein renommiertes IT-Beratungshaus veräußert.

Diese Liste ließe sich sicherlich durch zahlreiche positive und negative Beispiele mühelos fortsetzen; was jedoch nicht in der Absicht des Verfassers liegt. Die diesen Beispielen zugrunde liegende Motivation liegt allein darin begründet, dass Verständnis des Lesers durch praktische Beispiele aus dem Wirtschaftsleben zu erhöhen. Indes sollte festgehalten werden, dass der Eintritt in neue Geschäftsfelder für die Unternehmen gleichermaßen mit Chancen und mit Risiken verbunden ist.

4.4.2 Die Definition der relevanten Märkte

In der Literatur wird im Zusammenhang mit der Definition von Märkten häufig auf das von Abell (1980) entwickelte Modell zurückgegriffen. Abell strukturiert die Definitionskriterien für Absatzmärkte anhand dreier Dimensionen, d. h. er liefert mit seinem Modell den folgenden mehrdimensionalen Ansatz:

- Funktion
- Technologie und
- Marktsegment

Die Funktion charakterisiert die Funktionsmöglichkeiten des Leistungsangebots und zielt damit auf den Kernnutzen der Produkte oder Dienstleistungen aus der Kundenperspektive. In der Pharmabranche könnten dies z. B. Schmerzmittel, klassische Medikamente zur Behandlung spezifischer Krankheiten, Aufbaupräparate und Prophylaxemedikamente sein. Im Bildungsbereich kämen beispielsweise Funktionen wie berufliche Ausbildung (Mechatroniker oder Floristin), berufliche Weiterbildung (Techniker- oder Meisterabschlüsse) und Schulabschlüsse (Realschulabschluss oder Fachhochschulreife) in Frage.

Unter Technologie wird hier verstanden, welcher technologische Ansatz im Zusammenhang mit der Leistungserstellung, d. h. im Rahmen des Produktionsprozesses, grundsätzlich geeignet ist. Bei Zeitschriften könnten z. B. sowohl klassische Printmedien als auch die elektronische Version genutzt werden, um dem Kunden die Dienstleistung zu erbringen.

Die Dimension Marktsegmente bezieht sich in dem Modell auf die Bildung von Kundengruppen, die hinsichtlich ihrer Präferenzen und Charakteristika aus der Unternehmenssicht sinnvoll zusammengefasst werden können, um die internen Ressourcen und Kompetenzen

4.4 Strategische Geschäftsfeldplanung

organisatorisch bestmöglich zur Befriedigung jener Kundenbedürfnisse zu bündeln. Im Automobilbereich wird grundsätzlich zwischen Nutzfahrzeugen und PKW differenziert, wobei bei PKW, je nach den definierten Kriterien, weitere Segmente, wie z. B. Roadster, Limousinen, Geländewagen, Van und Sport Ultility Vehicle (SUV) existieren.

Für die Bauwirtschaft könnte eine Definition von Absatzmärkten auf der Strukturbasis von Abell folgendermaßen aussehen:

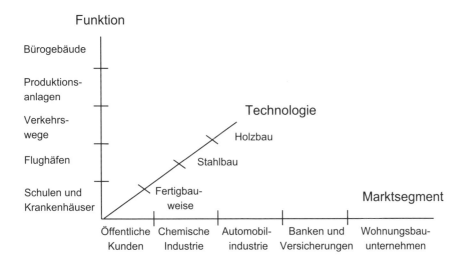

Abbildung 4.9: Beispiel zur Definition von Absatzmärkten für die Bauindustrie

Das Schema von Abell stellt den Zusammenhang zwischen den unterschiedlichen Kundengruppen und dem jeweiligen Kundennutzen unter Berücksichtigung der angewandten Technologie her. Wenn Unternehmen dieses Modell als Grundlage für ihre Marketingplanung heranziehen ist es von entscheidender Bedeutung, dass sie die jeweiligen Nutzenerwartungen aus der Kundensicht ausreichend kennen und bewerten können. Oftmals werden die Kundenbedürfnisse wiederum von den Bedürfnissen der Kunden des Kunden geprägt. Ein Beispiel: Ein Gebäude einer Privatbank mit einer gehobenen Kundschaft und mit Publikumsverkehr muss aufgrund der Erwartungen der Kunden, z. B. Seriosität, individuelle hochwertige Beratung und Diskretion, bauarchitektonisch und von der Ausstattung anders gestaltet werden als ein Universitätsgebäude, dass grundsätzlich eher dem Bedarf nach der effizienten Bewältigung von einer möglichst hohen Anzahl an Kunden für die unterschiedlichen Einrichtungen wie Mensa oder den Hörsälen entsprechen muss.

Ein Kernaspekt dieses Ansatzes ist die Definition der relevanten Märkte oder Teilmärkte aus der Perspektive der Kundenbedürfnisse. Homogene Kundenbedürfnisse können somit grundsätzlich zu Marktsegmenten zusammengefasst werden, was auch den gängigen Ansätzen der Marktsegmentierung entspricht. Demnach wird ein heterogener (Bedürfnis)Gesamtmarkt in homogene Bedürfnis(Teilmärkten) aufgeteilt wird, um die dementsprechend homogenen Käufergruppen differenziert bearbeiten zu können.

Grundsätzlich existieren zur Bearbeitung von Märkten zwei Möglichkeiten: die nicht differenzierte und die differenzierte Marktbearbeitung (Marktsegmentierung). Eine undifferenzierte Marktbearbeitung in der Bauwirtschaft wäre das Angebot eines Produkts oder weniger Produkte für den Gesamtmarkt, beispielsweise Rückbaudienstleistungen für sämtliche Bauprojekte in Deutschland oder das Angebot von Erdaushub- und Erdbewegungsarbeiten für sämtliche Projekte deutschlandweit. In den meisten hoch entwickelten Volkswirtschaften ist der Anteil undifferenzierter Marktbearbeitung in den letzten Dekaden deutlich gesunken, auch weil gerade das vielfältige Leistungsangebot als Teil der Lebensqualität in unserer Gesellschaft empfunden wird. Ein Beispiel: Mode war und ist auch stets ein Instrument, um sich auch optisch sichtbar eine individuelle Persönlichkeitsnote zu verleihen, d. h. sich einerseits zu differenzieren, ggf. aber andererseits die Zugehörigkeit zu einer spezifischen Gruppe auszudrücken. Gäbe es hier nur ein reduziertes Angebot, würden viele Konsumenten dies als eine Begrenzung ihrer Ausdrucksfreiheit empfinden, insofern ist das schier unüberschaubare Angebot auch ein Teil unserer Lebenskultur geworden, die die Erwartungshaltung der meisten Konsumenten beeinflusst.

Auch unter der Berücksichtigung, dass die Marktdifferenzierung in unterschiedlicher Intensität Anwendung findet, zeigt ein Blick auf die führenden Unternehmen oder auf die 20 umsatzstärksten Bauunternehmen in Deutschland, das Marktsegmentierung ein wichtiges Element des Marketings ist, das in der Regel auch von den meisten Unternehmen genutzt wird. Eine Auswahl der Marktsegmente einiger Bauunternehmen soll dies exemplarisch verdeutlichen:

Marktsegmente einiger Bauunternehmen (Auswahl aus dem Leistungsspektrum der 15 größten deutschen Bauunternehmen des Jahres 2008, gemessen in Jahresbauleistung):

- Dienstleistungen im baunahen Bereich (z. B. Bauplanung, Baulogistik, Finanzierung)
- Straßenbau, Flugbetriebsflächen, Bahnbau
- Sport- und Freizeitanlagen
- Tunnelbau, Spezialtiefbau
- Rohrleitungsbau und Rohrsanierung
- Bauen im Bestand
- Parkhäuser
- Bau gewerblicher Solaranlagen
- Wohn- und Geschäftshäuser

Die aufgezeigten Segmente, die nur einen Auszug aus einer umfangreichen Gesamtheit darstellen, deuten die enorme Bandbreite der unterschiedlichen Bedürfnisstrukturen im Markt an. Die Existenz dieser Marktsegmente impliziert, dass die Unternehmen mit dieser Vorgehensweise Vorteile verbinden. Diese sind überwiegend in der möglichst einheitlichen Ansprache dieser Bedürfnisgruppen und somit einer Reduzierung der Streuwirkung des Werbeeinsatzes oder anderer Verkaufsmaßnahmen begründet. Darüber hinaus kann das Unternehmen, hier das Bauunternehmen, die unternehmensinternen Kompetenzen organisatorisch segmentspezifisch bündeln, was grundsätzlich eine effizienzsteigernde Wirkung hat. Die Nachteile eines derartigen Ansatzes liegen in den grundsätzlich höheren Kosten, die eine differenzierte Marktbearbeitung nach sich zieht, begründet. Allerdings muss an dieser Stelle hinzugefügt werden, dass der Differenzierungsansatz in vielen Branchen, auch in der Bauwirtschaft, aufgrund der Marktbedingungen als weitestgehend alternativlos zu bezeichnen ist.

Die Kriterien, die Unternehmen zur Segmentierung von Märkten heranziehen, können je nach Branche und Sektor differieren; klassische Konsumgüterhersteller verwenden vorrangig sozioökonomische Faktoren (Alter, Bildung, Einkommen), während Investitionsgüterhersteller u. a. nach Branchen differenzieren können. Viele Bauunternehmen segmentieren ihren Markt nach produkt- bzw. nutzen- oder nach kunden- oder regionalorientierten Kriterien. Darüber hinaus können weitere Kriterien wie auftragsspezifische Aspekte definiert werden.

In aller Regel fassen die Unternehmen mehrere Kriterien zur Marktsegmentierung zusammen. Einige Bauunternehmen bieten beispielsweise bundesweit (Regionalkriterium) Hochbauleistungen (Produktkriterium) ab einem spezifischen Bauvolumen (Auftragskriterium) an; andere fokussieren sich auf Sport- und Freizeitanlagen für den Wintersport (Produktkriterium) in Süddeutschland, in Österreich und in der Schweiz (Regionalkriterium) für öffentliche Auftraggeber (Kundenkriterium).

Viele der Segmente, die die Bauunternehmen gegenwärtig bearbeiten, sind historisch gewachsen und sind daher nicht immer auf strukturierte und strategisch begründete unternehmerische Entscheidungen zurückzuführen. Beim Eintritt in ein neues Marktsegment sind jedoch einige wichtige Aspekte zu berücksichtigen: Der Kern der Vorbereitungen liegt in einer effektiven Informationsbeschaffung und in einer effektiven Informationsauswertung. Zunächst muss der Informationsbedarf ggf. unternehmensbereichsübergreifend ausreichend präzise definiert werden, damit diese Informationen in einem zweiten Schritt beschafft werden können. So kann es sein, dass die Finanzabteilung andere Informationsbedürfnisse hat als die Marketingabteilung oder als die direkt mit der Leistungserstellung betraute Organisationseinheit.

Ein Beispiel: Ein führender deutscher Baukonzern beabsichtigte Anfang 2001 in das Segment Telekomdienstleistungen einzusteigen. Zunächst wurde eine Projektgruppe mit einem Projektleiter gebildet und der Informationsbedarf ermittelt, gleichzeitig wurde unternehmensweit nach verfügbaren Informationen über dieses Segment geforscht. Tatsächlich existierte ein ausländisches Tochterunternehmen, das bereits erste Erfahrungen in diesem Segment besaß. Nachdem die Projektgruppe, die aus Teilnehmern unterschiedlicher Organisationsbereiche (Auslandsbereich, Inlandsbereich, Unternehmensentwicklung, das besagte Tochterunternehmen sowie aus dem Bereich Finanzen und Controlling) feststellte, dass sie nicht über genügend Know-how zur Sammlung und Verarbeitung der relevanten Informationen verfügte, wurde ein auf den Telekommunikationsmarkt spezialisiertes externes Beratungsunternehmen in das Projekt eingebunden. Als die benötigten Informationen zusammengetragen und ausgewertet waren, wurden die Ergebnisse im Rahmen einer Präsentation beim Vorstand des Unternehmens vorgestellt und diskutiert; letztendlich scheiterte das Projekt an den als zu hoch bewerteten notwendigen Finanzinvestitionen.

Was das Beispiel verdeutlichen soll, ist das die Unternehmen derartige Projekte wie die Prüfung eines Einstiegs in ein neues Marktsegment sorgfältig und mit möglichst bereichsübergreifenden Kompetenzen prüfen sollte; wobei auch partiell externe Berater hilfreich sein können. Wichtig sind in diesem Zusammenhang die folgenden Informationen:

- Das Volumen des Marktsegments (in Stückzahlen oder Geldeinheiten)
- Die Anbieter- und Nachfragestruktur
- Die durchschnittliche zu erzielende Gewinnmarge
- In welcher Phase befindet sich der Markt (das Segment)
- Welche zukünftige Entwicklung ist zu erwarten
- Wo liegen die Chancen/wo liegen die Risiken
- Welche Kompetenzen besitzt das eigene Unternehmen, um derartige Leistungen anzubieten
- Im Fall einer existierenden Kompetenzlücke, wie ist diese zu reduzieren

Im Marketing existieren in vielen Bereichen keine einheitlich definierten Begriffsinhalte, was das Verständnis dieser Disziplin zunächst teilweise erschweren kann. Im Rahmen einer differenzierten regionalen Marktbearbeitung sprechen einige prominente Vertreter des Marketings von Marktarealen, obwohl das Differenzierungskriterium der Örtlichkeit oder das des geographischen Einsatzspektrums in Bezug auf andere Differenzierungskriterien keinen Besonderheitscharakter erkennen lässt. Hinsichtlich der räumlichen Abgrenzungen ihres Aktionsradius können sich die Bauunternehmen unterschiedlich positionieren. So wird in diesem Zusammenhang zwischen lokalen, regionalen, nationalen und internationalen Märkten unterschieden.

Ein als lokaler Markt definiertes Segment umfasst das unmittelbare räumliche Umfeld des Unternehmens. Wenige Unternehmen können sich heute ausschließlich auf die Bedienung lokaler Märkte begrenzen, in der Regel sind dies kleinere Unternehmen, wie Handwerksbetriebe oder Bäckereien oder Fachgeschäfte. Da die Auftragslage in der Regel im direkten Umfeld nicht ausreichend ist, sind auch viele kleinere Bauunternehmen jenseits ihres lokalen Kreises aktiv.

Regionalmärkte sind zwar nicht eindeutig definiert, grundsätzlich besitzen sie eine räumliche Ausdehnung, die sich entweder an traditionellem landsmannschaftlichem (Schwabenland, Rheinland) oder an politisch-geographischen Grenzen (Bundesland Baden Württemberg, Nordrhein Westfalen) orientiert. In einem großen Flächenland wie in Nordrhein Westfahlen mit ca. 17 Millionen Einwohnern gibt es für klein- und mittelständisch strukturierte Unternehmen (KMU) grundsätzlich ein ausreichendes Betätigungsfeld.

Nationale Märkte sind dadurch gekennzeichnet, dass sie vom Umfang den Staatsgrenzen entsprechen, darüber hinaus vereinigen sie die politischen, kulturellen und ökonomischen Gemeinsamkeiten dieses Marktes. Das bedienen eines nationalen Marktes sagt allerdings nichts darüber aus, wie ausgewogen bzw. wie flächendeckend die Geschäftsaktivitäten landesweit verteilt sind. So kann ein Bauzuliefererunternehmen zwar Geschäftsaktivitäten im deutschen Markt unterhalten, dabei jedoch mehrere regionale Schwerpunkte legen und andere Gebiete des Landes weitgehend nicht berücksichtigen.

Internationale Märkte sind zunächst Märkte jenseits nationaler Grenzen. Für die meisten Unternehmen hat die Bedeutung internationaler Märkte deutlich zugenommen, was nicht nur die Absatzfunktion, sondern die gesamte Wertschöpfungskette unternehmerischer Leistungen anbetrifft. So ist der internationale Einfluss beispielsweise auf die Finanzierung, auf die Beschaffung und auf die Produktion der Unternehmen heute ungleich höher als noch in den 1980er Jahren. Ohne auf die Ursachen dieser Entwicklung einzugehen, kann man aus heutiger Sicht berechtigt annehmen, dass dieser Trend der Internationalisierung sich in Zukunft mit einer hohen Wahrscheinlichkeit weiter fortsetzen wird. Für die Unternehmen sind damit grundsätzlich neue Chancen und neue Risiken verbunden. Für einige der deutschen Baukonzerne war der Einstieg oder der Ausbau des Auslandsgeschäfts, entweder durch Projektexport oder durch Tochter- oder Beteiligungsunternehmen, ein Weg, um die schwierige Situation im deutschen Baumarkt zu überstehen.

4.5 Das Marketing Mix

In den vorangegangenen Kapiteln wurden entweder theoretisch-konzeptionelle Grundlagen oder strategische Aspekte des Marketings aufgegriffen und aufgezeigt, sowohl in allgemeiner Hinsicht als auch speziell mit baumarktrelevantem Bezug.

In den folgenden Kapiteln wird eine Schwerpunktverlagerung von den o. a. Dimensionen zum operativen Marketing, dem so genannten Instrumenteneinsatz vorgenommen. Üblicherweise werden die operativen Marketingansätze in vier Teilbereiche aufgeteilt: In die Produktpolitik, in die Preispolitik, in die Kommunikations- und in die Distributionspolitik. Da diese vier Instrumente im englischen Sprachgebrauch mit Product, Price, Promotion und Place umschrieben werden, hat sich eine gängige Abkürzung, die der „4 Ps", für die Marketing Instrumente etabliert.

Ohne dem nächsten Kapitel vorgreifen zu wollen, werden diese vier Instrumente in ihrem Wesensgehalt hier kurz vorgestellt:

Produktpolitik bezeichnet sämtliche Maßnahmen, die in einem direkten Sinnzusammenhang mit den vom Unternehmen gesteuerten produktrelevanten Entscheidungen stehen. Hierunter zählen u.a. Produktentwicklung, Produktgestaltung, Verpackung und beispielsweise produktbegleitende Services.

Die Preispolitik umfasst dabei alle Bereiche, die einen Bezug zur Preisgestaltung herstellen; im Vordergrund ist dabei die preispolitische Positionierung im Markt zu sehen. Darüber hinaus fallen sämtliche konditionenpolitische Maßnahmen wie Rabatte oder Skonti in dieses Ressort.

Kommunikationspolitik ist ein weiteres Element des operativen Marketings; unter Kommunikationspolitik werden die wesentlichen Kommunikationsansätze, die zur Vermarktung von Produkten oder Dienstleistungen eingesetzt werden, subsumiert. Oftmals wird Werbung, die ebenfalls zur Kommunikationspolitik zählt, als Synonym für Kommunikationspolitik verwendet, was deutlich zu kurz greift. So zählen Öffentlichkeitsarbeit, Verkaufsförderung, Sponsoring ebenfalls zur Kommunikationspolitik wie Messe- und Ausstellungsaktivitäten.

Das vierte Element der „4Ps" stellt die Distributionspolitik dar; grundsätzlich werden diesem Bereich die absatzkanalrelevanten Entscheidungen zugeordnet, was auch die Absatzlogistik einschließt.

Obwohl die Instrumente in der gängigen Literatur in der Regel jeweils gesondert behandelt werden, muss berücksichtigt werden, dass sich die vier Maßnahmen gegenseitig in ihrer Wirkung beeinflussen. So ist es offensichtlich, dass ein Premiumprodukt wie eine exklusive Creme einen signifikant höheren Preis haben muss und dass derartige Produkte nicht über einen Discounter, sondern über entsprechend gehobene Geschäfte vertrieben werden müssen. Insofern sprechen Fachleute im Hinblick auf den abgestimmten Instrumenteneinsatz auch von dem Marketing-Mix.

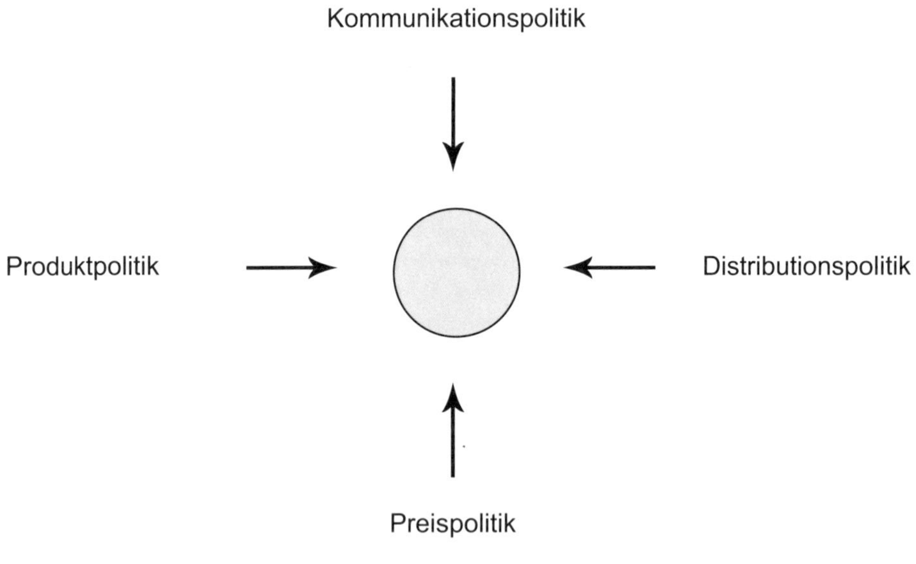

Abbildung 4.10: Komponenten des Marketing Mix

5 Produktpolitik

5.1 Elemente der Produktpolitik

Eine sinnvolle Erörterung der Produktpolitik setzt grundsätzlich eine Definition des Begriffs Produkt voraus. Da in der Betriebswirtschaftslehre hierfür keine einheitliche Definition existiert, wird häufig auf den Leistungscharakter eines Produkts abgehoben, um dieses zu beschreiben. Kuß (2001) unterscheidet zwischen der unmittelbaren Produktdimension, die den Grundnutzen, d.h. die unmittelbaren Produkteigenschaften, in den Vordergrund stellt, und der mittelbaren, die sich dem Zusatznutzen zuwendet. Bei einem Automobil entsprechen die Mobilität sowie die wesentlichen technischen Eigenschaften dem Grundnutzen, das Styling, das Image und ggf. das Prestige würden demnach dem Zusatznutzen zuzuordnen sein. Kuß (2001) differenziert dementsprechend „Produkte im engeren Sinne" als Grundnutzen und die mit dem Produkt zusätzlichen verbundenen Leistungen und Merkmale als Zusatznutzen.

Abbildung 5.1: Nutzendimensionen

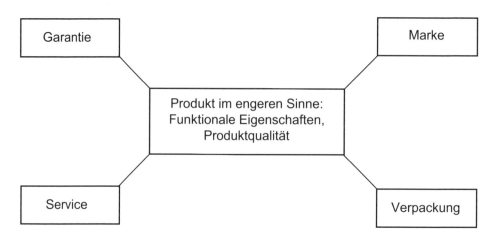

Abbildung 5.2: Komponenten von Produkten
Quelle:Kuß 2001, S. 167

Der Ansatz von Kuß (2001) fasst unter Produkten Sachgüter, Dienstleistungen, Rechte und Kombinationsmöglichkeiten der ersten drei Komponenten zusammen.

Unabhängig in welcher Form eine Differenzierung zwischen den einzelnen Existenzformen von Produkten vorgenommen wird, wichtig ist, dass mit den unterschiedlichen Produktdimensionen auch unterschiedliche Nutzendimensionen einhergehen, die ggf. in einem Hierarchie- oder Ergänzungsverhältnis zueinander stehen können. In vielen Fällen sind Produkte heute ein Bündel von Einzelleistungen, wie das folgende Beispiel darstellen soll: Ein Kunde, der in einem Fachgeschäft einen PC für private Zwecke erwirbt, kauft zunächst die so genannte Hardware, das heißt die physische Dimension des Produkts. In der Regel werden als Teil der PC-Ausstattung bereits spezifische Softwareprogramme mitgeliefert, deren Nutzung den Erwerb von Rechten voraussetzt, was im Kaufpreis mit enthalten ist. Für den Fall, dass während des Betriebs des PCs technische Probleme auftreten, kann man häufig optional ein Supportpacket erwerben, dass einem eine technische Unterstützung garantiert. Insgesamt kauft der Kunde hier ein aus drei Komponenten bestehendes Leistungsbündel: Ein physisches Produkt (PC-Hardware), ein Recht (Lizenz für Software) sowie eine Dienstleistung (Servicevertrag). Die Zusammenfassung unterschiedlicher Einzelleistungen wird in der Fachwelt auch als Leistungsbündel, die Gesamtheit sämtlich angeboter Leistungen als Leistungsprogramm des Unternehmens bezeichnet.

5.2 Produktpolitische Entscheidungsfehler

Die Entscheidungen über das Leistungsspektrum eines Unternehmens sind ein wesentlicher Bestandteil der Aufgaben der Produktpolitik. Da die meisten Unternehmen eine Vielzahl an Produkten anbieten, finden produktpolitische Entscheidungen häufig vor dem Hintergrund bereits bestehender Leistungsangebotsstrukturen statt. Insofern stellt sich für das Manage-

5.2 Produktpolitische Entscheidungsfehler

ment grundsätzlich die Frage, ob die bestehenden Strukturen beibehalten oder Veränderungen vorgenommen werden sollen.

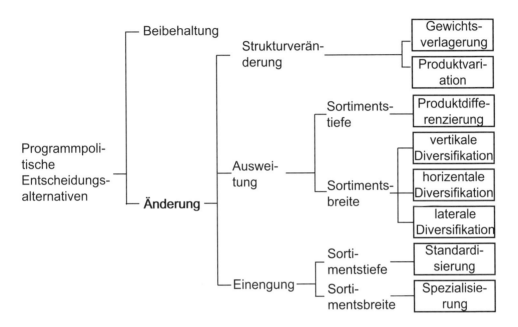

Abbildung 5.3: Programmpolitische Entscheidungsalternativen
    Quelle: Kuß 2001, S.233 in Anlehnung an Engelhardt/Plinke 1979, S. 160

In Anlehnung an die Abb. 5.3 bestehen bei einer Änderung drei Handlungsoptionen: die Strukturveränderung; die Ausweitung oder die Einengung.

Eine Strukturveränderung kann in zwei Varianten erfolgen: Durch eine Gewichtsverlagerung oder durch Produktvariation. Eine Gewichtsverlagerung innerhalb eines bestehenden Leistungsangebots bedeutet eine Umschichtung bestimmter Produkte vorzunehmen, ohne dass sich an der quantitativen Dimension der Leistungen etwas ändert. So könnte ein Automobilhersteller aufgrund der gegenwärtigen Absatzkrise im Nutzfahrzeugbereich diese Leistungen reduzieren (Rücknahme der Produktion um 20%) und die Produktionskapazität umweltfreundlicher Kleinfahrzeuge, die derzeit deutlich stärker nachgefragt werden, erhöhen. Dabei würde sich das Gesamtleistungsspektrum nicht verändern, es hätte lediglich eine Ausstoßverlagerung von Nutzfahrzeugen zu Kleinfahrzeugen stattgefunden.

Die zweite Variante der Strukturveränderung ist die Produktvariation. Hierbei handelt es sich um eine Modifikation bestehender Produkte, d.h. einige der Leistungseigenschaften werden verändert. Dies kann im Automobilsektor eine Reduzierung des Schadstoffausstoßes spezieller Modelle sein oder eine Veränderung der Ausstattung.

Programmänderungen durch Ausweitung oder Einengung stellen gegenüber der Strukturveränderung eine Veränderung des quantitativen Produkt- bzw. Leistungsspektrums dar. Beide Entscheidungsoptionen setzen an der Veränderung der Sortimentstiefe oder der Sortimentsbreite an. Unter Sortimentstiefe ist grundsätzlich das Angebot unterschiedlicher Produkte zur Lösung identischer oder stark vergleichbarer Probleme zu verstehen. So kann beispielsweise ein Getränkehersteller unterschiedliche Mineralwassersorten produzieren, die grundsätzlich eine durstlöschende Nutzenfunktion erfüllen. Sortimentsbreite hingegen kennzeichnet eine Angebotsbreite von Produkten, die unterschiedliche Nutzenfunktionen erfüllen; im Fall eines Getränkeherstellers wären dies z. B. vitaminhaltige Fruchtsaftgetränke, Erfrischungsgetränke sowie Energy-Drinks.

Im Fall einer geplanten Ausweitung des Produktprogramms stehen grundsätzlich zwei Optionen zur Entscheidung, eine Ausweitung der Sortimentstiefe und eine Ausweitung der Sortimentsbreite. Eine Ausweitung des Leistungsangebots über die Sortimentstiefe bedeutet eine Differenzierung der Produkte, daher wird in diesem Zusammenhang auch häufig von einer Leistungsdifferenzierung gesprochen. Eine Leistungsdifferenzierung führt tendenziell zu einer Ausweitung von Produkten und Dienstleistungen, die sämtlich vergleichbare, jedoch unterschiedlich akzentuierte Nutzenvarianten aus Kundenperspektive darstellen. Wenn die Ausweitung über die Sortimentsbreite erfolgt, ergeben sich grundsätzlich drei Möglichkeiten:

- Vertikale Diversifikation
- Horizontale Diversifikation
- Laterale Diversifikation

Vertikale Diversifikation bedeutet, dass unter prozessorientierter Betrachtungsweise auf vor- oder nachgelagerten Wertschöpfungs- oder Leistungsstufen neue Nutzenangebote entstehen. Ein Engagement im Bereich vorgelagerter Prozesse wird auch als Rückwärtsintegration, eines in nachgelagerte als Vorwärtsintegration bezeichnet. Ein Beispiel: Eine Metzgerei, die üblicherweise Fleisch und Wurstwaren herstellt und verkauft, bereitet auch Fertiggerichte für spezifische Personengruppen zu. Dieses Dienstleistungsangebot stellt eine Ausweitung des bisherigen Angebots dar, dass bis dato mit dem Verkauf der nicht zubereiteten Waren endete und stellt somit eine Vorwärtsintegration dar.

Horizontale Diversifikation kennzeichnet eine Vorgehensweise der Ausweitung, die sich thematisch inhaltlich an den bereits bestehenden Leistungen orientiert bzw. in einem Sinnzusammenhang mit diesen steht. Auch hier ein Beispiel: Ein Fahrradproduzent, der sein Produktpalette auf Tretroller ausweitet, bewegt sich nach wie vor im Bereich körperangetriebener Mobilität, die sich jedoch in der anzuwendenden „Antriebstechnik" unterscheidet (direktes Treten mit den Füssen im Fall des Rollers und daher begrenzte Reichweite gegenüber dem Fahrrad, das durch Pedaltreten angetrieben wird).

Im Gegensatz zur vertikalen und zur horizontalen Diversifikation stellt die laterale Diversifikation eine Ausweitung des Leistungsangebots dar, das mit den bisherigen Nutzenangeboten nicht in einem Zusammenhang zu sehen ist; demnach ein Vorstoß in neue Produkt- und Leistungsdimensionen. So stellt beispielsweise das Engagement des ehemaligen Stahlunternehmens Preussag AG in die Bereiche Tourismus und Logistik durch den Einstieg bei der TUI und bei der Hapag Lloyd AG einen klassischen Fall von lateraler Diversifikation dar.

Eine Einengung des Produktportfolios bzw. des Leistungsangebots findet ebenfalls über die Sortimentsbreite- bzw. tiefe statt. Eine Reduzierung des Angebots in der Breite bedeutet eine Spezialisierung von Leistungen, so können ursprünglich differenzierte Einzelleistungen in spezifischen Situationen in ihrer Nutzenfunktion auf das Wesentliche reduziert und zusammengefasst werden. Analog gilt dies für die Einengung der Sortimentstiefe, die als Standardisierung bezeichnet wird. Grundsätzlich geht es bei der Einengung darum, ein differenziertes Angebot zu „entdifferenzieren" oder zu „teilentdifferenzieren". So könnte beispielsweise ein PKW Volumenhersteller unterschiedliche Modellvarianten von Kleinfahrzeugen (Zwei- Vier- und Fünftürer) auf ausschließlich Viertürervarianten einengen.

Grundsätzlich sollten sämtliche Unternehmen ihre Leistungsangebote hinsichtlich der programmpolitischen Entscheidungsnotwendigkeiten kontinuierlich hinterfragen. Diese notwendige Managementleistung erfolgt häufig in Abstimmung mit der strategischen Gesamtausrichtung eines Unternehmens; steht die allgemeine unternehmerische Ausrichtung auf Wachstum, werden in der Tendenz eher Ausweitungsaspekte von Relevanz sein; in Zeiten einer Krise werden grundsätzlich eher Einengungstendenzen diskutiert werden. Je nach Branche, Produktionsbedingungen und anderen Einflussfaktoren wie Aufwand für Forschung & Entwicklung (F&E) können diese produktpolitischen Entscheidungsalternativen nicht kurzfristig verändert werden. In der Automobilbranche mit komplexen Entwicklungsprozessen und aufwendigen Logistik- und Fertigungsstrukturen erfolgen produktpolitische Maßnahmen mit mittelfristiger Umsetzungsperspektive; wohingegen eine lokal ansässige und tätige Bäckerei derartige Entscheidungen in deutlich kürzeren Zeitzyklen umsetzen kann. Auch müssen die leistungspolitischen Maßnahmen nicht notwendigerweise organisch, dass heißt durch unternehmenseigene Wertschöpfungsprozesse organisiert werden. So kann eine Großwäscherei eine Kooperation mit einem Unternehmen eingehen, das die gereinigten Wäschestücke abholt und wieder ausliefert, ohne dass dieses Transportunternehmen eigentumsrechtlich zu dem Wäschereibetrieb gehört, was einer Ausweitung des Leistungsprogramms entspricht. Im Gegensatz dazu kann eine Veräußerung von Betriebsteilen zu einer Einengung der Sortimentsbereite oder –tiefe führen.

Beide Entscheidungsvarianten, sowohl die Ausweitung als auch die Einengung des Leistungsprogramms müssen kommunikationspolitisch adäquat begleitet werden. Im Fall der Ausweitung ist es wichtig, die Zielgruppe über die neuen Produkte zu informieren, im Fall der Einengung muss den Kunden der subjektive Nutzenverlust argumentativ nahegebracht werden, um negative Folgen wie z. B. einen Imageschaden nach Möglichkeit zu vermeiden.

Die Entscheidungen, die hinsichtlich einer Beibehaltung oder Änderung des Produkt- und Leistungsangebots gefällt werden, können für ein Unternehmen von immenser Tragweite sein, daher sind im Idealfall sämtliche notwendigen Kompetenzen durch das Management zu bündeln; vielfach wird die Produktpolitik daher als das Herzstück des Marketing-Mixes bezeichnet.

5.3 Prozessstufen des Produktmanagements

Ähnlich wie bei anderen betriebswirtschaftlichen Planungsvorhaben erfolgt auch die Produktpolitik in einzelnen Prozessschritten, die je nach Unternehmen, Branche und anderen Einflussgrößen variieren können. Die grundsätzlichen Schritte sollen hier exemplarisch aufgezeigt werden:

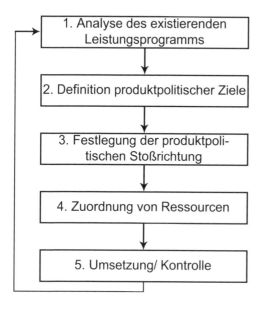

Abbildung 5.4: Prozessschritte des Produktmanagements

Analyse des existierenden Leistungsprogramms

Da die meisten der existierenden Unternehmen bereits über eine Produktpallette verfügen, ist deren Evaluation vor dem Hintergrund existierender Marketingziele eine der Daueraufgaben des Marketings. Die Evaluation des Leistungsangebots kann mit Hilfe unterschiedlicher Methoden angestellt werden wie z. B. durch die Produktlebenszyklusanalyse, durch die Wettbewerbsanalyse oder durch die Kundenanalyse. Ergänzend zur marktorientierten Betrachtung können unternehmensinterne Daten wie Deckungsbeiträge, Kundenbefragungen oder Befragungen des eigenen Vertriebs zur Analyse herangezogen werden.

Definition produktpolitischer Ziele

In Anlehnung an die marketingpolitischen Zielsetzungen sind auf der Produktebene die produktpolitischen Zielsetzungen festzulegen. Diese können je nach Unternehmen und Unternehmensbereichen variieren bzw. unterschiedlich gewichtet werden. Die möglichen produktpolitischen Ziele können nach Meffert (2005) ökonomischer oder psychographischer Natur sein. Zu den ökonomischen Zielen zählen Gewinn- bzw. Rentabilitätsziele, Marktanteilsziele

5.3 Prozessstufen des Produktmanagements

sowie Rationalisierungs- und Kapazitätsziele, während Einstellungen der Zielgruppe und Imagebildung den psychographischen Zielen zugeordnet werden.

Festlegung der produktpolitischen Stoßrichtung

Die Festlegung der produktpolitischen Stoßrichtung erstreckt sich auf die folgenden Bereiche:

- Produktqualität
- Markenpolitik
- Sortimentspolitik und
- Servicepolitik

Im Rahmen der Produktqualität wird das aus Kundensicht wahrzunehmende Qualitätsniveau festgelegt, was sich auch an den Vergleichsprodukten oder –leistungen im Markt orientiert. Grundsätzlich kann hierbei in hochwertige Qualität, auch Premiumprodukte genannt, und Produkten mit einer Standardqualität unterschieden werden.

Das (neue) Produkt muss sich in die Gesamtmarkenpolitik des Unternehmens einfügen; existieren bereits Markenprodukte des Unternehmens, ist zu prüfen, ob und wenn ja inwieweit sich die neuen Produkte harmonisch in die existierende Markenlandschaft einfügen können. Ein Beispiel: Als die Daimler Chrysler AG, die bekanntermaßen unterschiedliche Premiummarken im Automobilsektor führt, einen energiesparenden Kleinwagen auf den Markt zu bringen wollte, wurde zunächst intensiv geprüft, ob und inwieweit dieses neue Produkt Einfluss auf die bisherigen Marken ausüben könnte. Um keine Irritationen bzw. negativen Assoziationen auszulösen, entschied man sich, dass neue Produkt, den Smart, nicht als Produkt der Daimler Chrysler AG zu kennzeichnen. Darüber hinaus ist zu prüfen, ob das neue Produkt als Einzelmarke, als Familienmarke oder als Dachmarke auftreten soll.

Unter sortimentspolitischen Aspekten kann grundsätzlich zwischen einem breiten Sortiment bzw. einem engen Sortiment unterschieden werden. Je nach Einschätzung des Marktes bzw. der zukünftigen Entwicklung müssen dabei unterschiedliche Faktoren gegeneinander abgewogen werden; eine breite Sortimentsaufstellung führt in der Regel zu höheren Umsätzen, bedeutet aber auch tendenziell höhere Aufwendungen, bei einer geringeren Sortimentsbreite verhält es sich grundsätzlich umgekehrt.

In Verbindung mit der Servicepolitik muss vom Unternehmen festgelegt werden, welche Serviceleistungen grundsätzlich angeboten werden und auf welchem Qualitätsniveau diese angesiedelt sein sollen. Darüber hinaus ist zu klären, ob bestimmte Serviceleitungen zu einem Paket zusammengefasst werden können und/oder ob diese optional oder als Teil der Gesamtleistung angeboten werden. Viele Produkte bestehen aus einem Sachgutanteil und einem Dienstleistungs- bzw. Serviceanteil; in manchen Branchen ist dieser Service ein wichtiges Element, um den Absatz des physischen Produkts zu stimulieren.

Zuordnung von Ressourcen

Sämtliche Maßnahmen der Produktpolitik erfordern die Verfügbarkeit von Ressourcen wie z. B. Finanzmittel, Sachmittel oder Personal. Nachdem der Umfang der geplanten Maßnahmen definiert wurde, sind die für die Umsetzung benötigten Mittel zunächst zu quantifizieren bzw. zu budgetieren. Die Budgetierung muss während der Dauer der Produktmaßnahmen kontinuierlich überwacht werden und ggf., je nach Situationsverlauf, angepasst werden. In einigen Branchen können die Budgets relativ umfangreich sein; so sind für die Produktentwicklung in der Luftfahrtindustrie oder in der Pharmaindustrie erhebliche Forschungs- und Entwicklungsaufwendungen notwendig, die bisweilen Milliardenbeträge erreichen können.

Umsetzung/Kontrolle

Nachdem die Maßnahmen sowohl entwickelt, definiert und budgetiert wurden, erfolgt die Umsetzungsphase. Das bedeutet in der Regel eine hohe Koordination vielfältiger Einzelmaßnahmen, die aufeinander abgestimmt werden müssen. In vielen Fällen wird dies durch eine Projektorganisation gemanagt.

5.4 Die Bedeutung der Produktpolitik

In diesem Abschnitt soll die Bedeutung der Produktpolitik sowohl für die Unternehmen als auch für den Instrumenteneinsatz (Marketing-Mix) skizziert werden.

Die Produktpolitik ist von elementarer Bedeutung für die Unternehmen, da sie ihren originären Unternehmenszweck, die Gewinnerwirtschaftung, nur über die positiven Zahlungsströme, die durch den Verkauf der Leistungen erwirtschaftet werden, realisieren kann. Ohne ein Leistungsprogramm kann es auf den Märkten nicht zu einem Austausch von Waren oder Dienstleistungen gegen Geld kommen, insofern kann man die Produktpolitik als Kernaktivität unternehmerischen Handelns bezeichnen. An dieser Stelle sei auch noch einmal auf das Modell des Produktlebenszyklus verwiesen.

Über die finanzielle Kerndimension hinaus können Produkte auch einen Einfluss auf die öffentliche Wahrnehmung von Unternehmen ausüben. Ein Beispiel: Produkte, die entweder durch ihre Zusammensetzung oder durch ihre Herstellungsweise als umweltschonend gelten, verhelfen dem Unternehmen insgesamt zu einem umweltfreundlichen Image, was sich grundsätzlich positiv auf das Kaufverhalten einiger Kundengruppen auswirken kann. Im Umkehrschluss bedeutet dies allerdings auch, dass Leistungen, die als negativ angesehen werden, sich dementsprechend negativ auf die Unternehmenspositionierung auswirken. Auch hier ein Beispiel: Als das Unternehmen Mercedes Benz AG 1997 die A-Klasse auf den Markt brachte und dieses neue Produkt durch den so genannten „Elchtest" fiel, hatte das Unternehmen zunächst einen schmerzlichen Imageverlust zu verkraften. Ähnlich verhielt es sich 2001 mit dem Cholesterin senkenden Produkt „Lipobay" des Pharmaherstellers Bayer AG, das nach der Markteinführung bei einigen Patienten zu Komplikationen führte.

Ein positives Beispiel: Das Unternehmen Toyota stellt seit einigen Jahren Fahrzeuge mit Hybridantrieb her, was in der öffentlichen Diskussion um die Begrenzung von Schadstoffen sogar dazu führte, dass eine deutsche Spitzenpolitikerin dazu aufrief, in Zukunft Produkte des Unternehmens Toyota zu kaufen. Obwohl Toyota die Mehrzahl seiner Fahrzeuge ohne Hybridantrieb vermarktet, gilt das Unternehmen als eines das sich engagiert mit seinen Produkten den Herausforderungen des Umweltschutzes stellt. Im Gegenzug dazu stehen Hersteller anderer Nationen im Ruf, so genannte „Spritfresser" zu produzieren.

Die angeführten Beispiele verdeutlichen, welche Wechselwirkung zwischen der Produktpolitik und dem Unternehmensimage bestehen kann, insofern ist die Produktpolitik nicht nur aus finanzwirtschaftlicher Perspektive von hoher Bedeutung.

Für das Marketing-Mix stellt die Produktpolitik den Kern des Instrumenteneinsatzes dar. Ohne Produkt oder Leistung fehlt jede Legitimation, sowohl kommunikations-, distributions- oder preispolitisch tätig zu werden. Anders ausgedrückt: Ohne einen Nutzen für den Kunden erscheint der Einsatz der drei weiteren Marketinginstrumente wenig sinnvoll.

Aus dieser Perspektive betrachtet ergibt sich die hohe Bedeutung, die der leistungspolitischen Gestaltung auch im Rahmen des Marketing-Mix zukommt. Da der Instrumenteneinsatz insgesamt aufeinander abgestimmt werden muss und da das Produkt bzw. die angebotene Leistung den Kern darstellt, ist es häufig so, dass das Marketing-Mix die produktpolitischen Aspekte besonders zu berücksichtigen hat, was die Bedeutung der anderen Instrumente nicht schmälert.

5.5 Produktentwicklungspolitik

Die Entwicklungspolitik von Neuprodukten ist bisher nicht ausreichend angesprochen worden, obwohl sie sowohl für das Unternehmen als auch für das Marketing von elementarer Bedeutung ist. Nach Bruhn (2007) können drei unterschiedliche Ansätze unterschieden werden: Die Produktdifferenzierung, die Produktmodifikation oder Produktverbesserung und die Produktinnovation.

Die *Produktdifferenzierung* zielt auf die Erweiterung bzw. auf die Einführung neuer Produktvarianten. In der Regel werden durch die Differenzierung kleinere Veränderungen vorgenommen, wie z.B. die Veränderung der Verpackungsgröße. Aus einer segmentspezifischen Betrachtung ist dies wie einer weitere Segmentierung innerhalb eines bestehenden Segments, weshalb einige Experten auch von einer Subsegmentierung sprechen. Die ursprünglich angebotenen Leistungen ändern sich nicht. Auslöser für eine Produktdifferenzierung können z.B. Markterhebungen oder Kundenanalysen sein. Ein Beispiel: Eine bestehende Kleinwagenserie wird um ein baugleiches, aber durch die Farbgebung jugendlich wirkendes Modell ergänzt.

Die *Produktverbesserung* ist eine Veränderung der Eigenschaften bisher angebotener Produkte. Dies kann sowohl Verbesserungen der Produktqualität als auch Verbesserungen der Serviceleistungen umfassen. Die Ursprungsprodukte werden dabei in der Regel sukzessive durch die modifizierten und weiterentwickelten Produkte ersetzt. Auch hier ein Beispiel: Ein Handyhersteller überarbeitet eines seiner Produkte und bietet diese ansonsten gleiche Handys fortan mit einer höheren Speicherkapazität an.

Die *Produktinnovation* bedeutet die Entwicklung neuer Produkte bzw. die Schaffung eines neuen Nutzenangebots für spezifische Kundengruppen. Die Einführung des Photohandys oder die des Potenzmittels „Viagra" stellen klassische Produktneuheiten dar.

Die Veränderungen der Eigenschaften von Produkten oder die Neuschaffung von Produkten sind in der Praxis nicht immer auf einen geplanten und strukturierten Prozess zurückzuführen. Viele Ideen entwickeln sich oft außerhalb der Unternehmensgrenzen, und manche Ideen werden intuitiv z. B. durch ein Gespräch mit einem Kunden, geboren. Grundsätzlich lassen sich die Faktoren, die den Produktentwicklungsprozess anstoßen, in unternehmensexterne und unternehmensinterne Faktoren differenzieren.

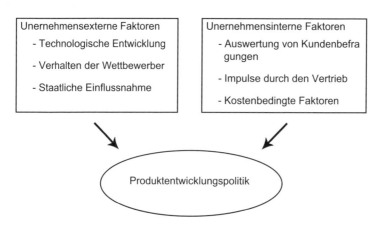

Abbildung 5.5: Einflussfaktoren auf die Produktentwicklungspolitik

Unternehmensexterne Faktoren wie die Technologische Entwicklung oder Gesetzesänderungen können in der Regel kaum vom Unternehmen beeinflusst werden. Wichtig ist jedoch, dass diese Einflussfaktoren frühzeitig erkannt und in Ihrer Bedeutung für das Unternehmen entsprechend interpretiert werden. So kann beispielsweise die langfristige Tendenz steigender Energiepreise dazu führen, dass Unternehmen der Bauzuliefererindustrie effektivere Dämmstoffe entwickeln oder dass Fenster und Türen mit einer verbesserten Isolierung auf den Markt gebracht werden.

Die internen Faktoren, die auf die Produktentwicklungspolitik einwirken, können und müssen vom Unternehmen aktiv gesteuert werden. Dabei können je nach Branche, Unternehmenstyp und anderen Aspekten wie Unternehmenskultur unterschiedliche Akzente gesetzt werden. Auch bei Anwendung geplanter und strukturierter Prozesse können diese in Einzelfällen stark voneinander abweichen, insofern stellen die hier vorgestellten Prozessstufen nur eine Grundform dar sind daher den unternehmensspezifischen Anforderungen jeweils anzupassen.

5.5 Produktentwicklungspolitik

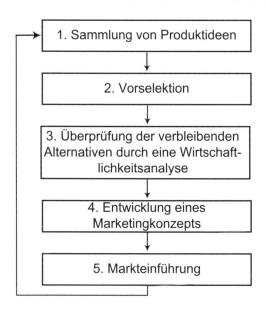

Abbildung 5.6 Typische Schritte der Produktentwicklungspolitik

Die *Sammlung von Produktideen* ist eine Daueraufgabe für Unternehmen. Unabhängig davon, ob der auslösende Impuls für eine Idee durch einen strukturierten Prozess initiiert wurde oder durch eine nicht geplante Aktivität entstand, geht es hierbei zunächst um eine Dokumentation der Ideen und um eine Strukturierung dieser. Wichtig ist neben einer Systematisierung des Sammlungsprozesses auch eine zeitnahe Organisation der Verarbeitung dieser Informationen. So sind zunächst die Ideen, die häufig in verbaler Form kommuniziert werden, in schriftlicher Form festzuhalten. Darüber hinaus ist eine entsprechende Kommunikationsplattform festzulegen, wo sowohl die die Teilnehmer als auch die grundsätzlichen Kommunikationsfrequenzen definiert werden. Ein Beispiel aus der Praxis: Ein Softwareunternehmen erhält über den eigenen Vertrieb Hinweise für eine notwendige Veränderung eines ihrer Produkte. Nachdem diese Informationen den Produktmanager erreichen, setzt er sich mit dem Kunden in Verbindung und klärt diesen Kundenwunsch auf. Anschließend kontaktiert er den Vertrieb und initiiert ein Gespräch zischen dem Vertrieb, der Entwicklungsabteilung und ihm, um die Notwendigkeit für diesen, aber auch den Nutzen für andere Kunden abzuklären und um die Höhe des Entwicklungsaufwands zu eruieren. Die weiteren Schritte werden in Abhängigkeit der erzielten Gesprächserkenntnisse festgelegt.

Auch das betriebliche Vorschlagswesen kann bei entsprechendem Einsatz einen wesentlichen Beitrag zur Sammlung von Produktideen leisten. In einem innovativen und offenen Umfeld kann das Kreativitätspotenzial der Mitarbeiter des Unternehmens sehr gut dazu genutzt werden, um durch Produktentwicklungsideen einen Mehrwert für den Kunden zu schaffen. Hier gilt es für Unternehmen, sämtliches Know-how zu bündeln.

Im Rahmen eines strukturierten Ideensuchprozesses wird häufig externe Expertise wie z.B. durch Marktforschungsinstitute, hinzugezogen. Der Einsatz externer Experten kann aus vielfältiger Hinsicht sinnvoll erscheinen; ein häufiges Defizit in vielen Unternehmen ist der schlichte Mangel an zusätzlichen Kapazitäten bzw. an zusätzlicher Zeit, da die meisten Mitarbeiter in der Regel durch das Tagesgeschäft voll ausgelastet sind und für weitere Aufgaben nicht in notwendigem Umfang zur Verfügung stehen können. Darüber hinaus wird einer externen Analyse tendenziell ein höheres Maß an Objektivität unterstellt; ein Umstand, der gelegentlich auch bei vorhandenen eigenen Kapazitäten den Motivhintergrund für eine externe Auftragsvergabe bildet.

Eine kontinuierliche Beobachtung der Umweltfaktoren wie der technologischen, der rechtlichen oder der wettbewerbspolitischen Entwicklung sollte ebenfalls Teil des strukturierten Ideensammlungsverfahrens sein. Als hilfreich erweist sich dabei aktive Netzwerkarbeit, wie z.B. in Berufs- oder Branchenverbänden. Häufig bieten diese Institution Serviceleistungen wie Informationsveranstaltungen und Seminare für ihre Mitglieder zu den jeweiligen Themenstellungen an, um ihnen den Anschluss an aktuelle Entwicklungen zu ermöglichen.

Nach der ungeprüften Ideensammlung erfolgt eine *Vorselektion* der Produktideen. Die Vorselektion dient dazu, eine Auswahl von Ideen herauszufiltern, um zeit- und kostenaufwendige Produktentwicklungsmaßnahmen auf ein notwendiges Niveau zu begrenzen. Die Vorauswahl sollte auf der Basis vorher definierter Kriterien erfolgen, um ein möglichst hohes Maß an Objektivität zu erzielen; allerdings kann bereits die Definition spezifischer Kriterien dazu führen, dass mache Ideen von den Mitgliedern dieser Kommission verworfen werden. Die folgenden Kriterien könnten in der Praxis Anwendung finden:

- Ergänzung bzw. ein harmonisches Einfügen in das bisherige Leistungsangebot
- Rechtliche Unbedenklichkeit
- Höhe des notwendigen Investitionsvolumen
- Höhe des zusätzlichen Nutzenpotenzials für die Kunden
- Höhe der zu erwartenden zusätzlichen Absatzmenge
- Höhe der zu erwartenden zusätzlichen Mehreinnahmen
- Vergleich des monetären Nettowertbeitrags in Relation zu Investitionsalternativen

Obwohl eine derartige strukturierte Vorgehensweise quasi objektiv erscheint, kann sie dennoch Probleme in sich bergen, was mit der unterschiedlichen Prognosesicherheit einiger Kriterien zusammenhängt. In der Regel ist die Höhe des Ressourceneinsatzes für eine überschaubare Produktentwicklungsaufgabe bei entsprechend konkreten Vorgaben relativ gut zu planen, während das Absatzvolumen deutlich schwieriger zu prognostizieren ist.

Am Ende dieser Prozessstufe sollte eine Auflistung der Produktideen stehen, die in unterschiedlicher Dringlichkeit und Intensität weiter verfolgt werden sollten. Diese könnten beispielsweise folgendermaßen priorisiert werden:

- Erste Priorität, unverzüglich weiter prüfen
- Zweite Priorität, mittelfristig weiter prüfen
- Dritte Priorität, nicht oder erst nach Modifikation weiter prüfen

Im Anschluss an die Vorselektion erfolgt die *Wirtschaftlichkeitsprüfung* der verbleibenden Produktideen. Die Wirtschaftlichkeitsanalyse für Produktentwicklungsvorhaben basiert auf klassischen Investitionsrechnungsansätzen.

In Großunternehmen haben Geschäftsbereiche oder Profit-Center oftmals klare Renditevorgaben, die sie zum Gesamtergebnis beizusteuern haben. Insofern treten auf den Geschäftsbereichs- oder Profit-Center-Ebenen die Investitionsalternativen im Hinblick auf ihren jeweiligen Wertbeitrag zur Erfüllung der Konzernvorgaben miteinander in Wettbewerb. Ein Beispiel: In einem Mischkonzern der in drei Geschäftsbereiche aufgeteilt ist (Automobil-, Elektronik- und Sicherheitssysteme) existiert eine Renditevorgabe der Konzernführung von mindestens 6% des eingesetzten Kapitals (Return on Investment – ROI). In der Sicherheitssparte ergibt sich, gestützt auf den eigenen Vertrieb und durch eine nichtrepräsentative Marktuntersuchung, die Notwendigkeit zur Modifikation eines Gebäudezutrittssystems. Vor diesem Hintergrund ist zu prüfen, welcher wirtschaftliche Aufwand (Investitionsvolumen) für diese Produktentwicklungsmaßnahme entsteht und welche Kundengruppen davon profitieren können, d.h. mit welchen monetären Rückflüssen zu rechnen ist. Gleichzeitig wird der Geschäftsführung der Sicherheitssparte bekannt, dass einer ihrer Wettbewerber ein innovatives Finanzierungsinstrument zum Absatz seiner elektronischen Personenüberprüfungsprodukte anbietet. Im vorliegenden Fall muss das Management des Geschäftsbereichs Sicherheitssysteme folgende Aspekte prüfen:

Produkt „Gebäudezutrittssystem"

- Wie ist diese Modifikation exakt zu definieren?
- Wie hoch ist der wirtschaftliche Aufwand, diese Modifikationen umzusetzen (z.B. Anzahl der Programmierstunden bzw. so genannte Manntage)?
- Wie hoch ist der Mehrwert beim Kunden und wie hoch ist die zusätzliche Zahlungsbereitschaft
- Vergleich Mitteleinsatz und Mittelrückflüsse
- Vergleichbare Ergebnisdarstellung z.B. „7% ROI im Geschäftsjahr 2009, 8% ROI im Geschäftsjahr 2010 und 2011."

Produkt Finanzierung für elektronisches Personenüberprüfungssystem

- Welches Leistungsangebot bietet der Wettbewerber an?
- Welchen Aufwand würde es bedeuten, ein vergleichbares Leistungsprofil anzubieten?
- Welcher mögliche Umsatzrückgang würde eine Ignoranz gegenüber dem Wettbewerbsangebot bedeuten?
- Welche zusätzlichen Umsätze könnten durch die Schaffung dieses Finanzierungsangebots generiert werden?
- Vergleich Mitteleinsatz und Mittelrückflüsse
- Vergleichbare Ergebnisdarstellung z.B. „4% ROI im Geschäftsjahr 2009, 1 2% ROI im Geschäftsjahr 2010 und 2011."

Abbildung 5.7: Typische Prüfschritte bei einer Wirtschaftlichkeitsprüfung für einzelne Produktentwicklungsmaß nahmen

Nach der Einzelprüfung der jeweiligen Produktentwicklungsprojekte müssen die verbleibenden Handlungsoptionen miteinander verglichen werden, um auch hier eine Prioritätenliste aufstellen zu können.

Dies kann auf der Basis der Barwertmethode geschehen, bei der die saldierten Zahlungsströme der (Zahlungsausgang + Zahlungseingang) über einen Zeitraum X bei einem entsprechenden Zinssatz i auf ihren Gegenwartswert abgezinst werden.

Hier gilt ebenfalls: Auch wenn Zahlenkolonnen und Graphiken häufig Objektivität suggerieren, ist diese Berechnung nicht frei von Problemen. So sind sowohl die zukünftige Absätze als auch die zukünftigen Aufwendungen, die ihren Niederschlag in den positiven und negativen Zahlungsströmen finden, nur begrenzt über einen längeren Zeitraum prognostizierbar, wie z.B. die gegenwärtige Finanz- und Wirtschaftskrise aufzeigt. Umsatzeinbrüche von nahezu 50% in einigen Branchen wie im Maschinen- und Anlagenbau wären noch ein Jahr vor Ausbruch der Krise unvorstellbar gewesen. Derartige Schwankungen können einen wesentlichen Einfluss auf die Wirtschaftlichkeit einzelner Produkt- und Leistungsentwicklungen haben, daher werden diese Berechnungen häufig auf der Basis von Annahmen erstellt. Auch eine Veränderung des Zinssatzes kann gerade über längere Zeiträume zu erheblichen Unterschieden bei den erwarteten Renditeergebnissen führen.

Trotz möglicher Probleme, die mit diesen Verfahren verbunden sein können, ist eine Wirtschaftlichkeitsprüfung alternativlos. Gerade in Großunternehmen mit komplexen Strukturen müssen Vergleichsmaßstäbe existieren, damit die zahlreichen Produktentwicklungsmaßnahmen nach einheitlichen Kriterien gesteuert werden können. Diese ständig weiterzuentwickeln und zu verbessern, ist ebenfalls eine Daueraufgabe des Managements.

Die *Entwicklung eines Marketingkonzepts* ist die konsequente Weiterentwicklung einiger Elemente der Wirtschaftlichkeitsuntersuchung. Das zu erstellende Marketingkonzept integriert Teile der Wirtschaftlichkeitsanalyse und stellt die Produktentwicklungsmaßnahme in einen größeren Zusammenhang. Beispielsweise ist es notwendig, die Produkte oder die Leistungen im Kontext mit den bereits angebotenen Leistungen zu betrachten, die strategischen Ziele, die mit dieser Entwicklung verfolgt werden, deutlich herauszustellen und den gesamten Instrumenteneinsatz zu definieren. Die Elemente und die Ansätze, die zur Erstellung eines Marketingkonzepts führen, werden in unterschiedlichen Kapiteln und Abschnitten in diesem Buch dargestellt, insofern wird auf eine Wiederholung an dieser Stelle verzichtet.

Sämtliche Schritte der Produktentwicklung münden in die *Markteinführung*. Vor allem Konsumgüterunternehmen schalten der Markteinführung häufig eine Markttestphase vor. Ziel dieser Testphase ist es, ein letztes Mal vor der Einführung wichtige Informationen der zukünftigen Zielgruppen über das beabsichtigte Leistungsangebot einzuholen und diese ggf. noch bei der Einführung zu berücksichtigen. Vor dem Hintergrund einer relativ hohen Floprate bei Produktneueinführungen von bis zu 70% können diese Testverfahren einen Beitrag zur Risikoreduktion leisten. In diesen Tests werden die für die Zielgruppen repräsentativen Regionalmärkte ausgewählt und eine Markteinführung quasi simuliert. Die Ergebnisse dieser Konsumentenuntersuchung werden anschließend ausgewertet; im Fall signifikanter

Abweichungen von der Markteinführungsplanung besteht dadurch die Möglichkeit, evtl. notwendige Korrekturmaßnahmen durchzuführen.

In den letzten Jahren ist allerdings ein Trend zu beobachten, der aus einer Marketingperspektive bedenklich erscheint. Aufgrund der stetig steigenden Aufwendungen für Produktentwicklungen und den zunehmend kürzer werdenden Innovationszyklen neigen einige Unternehmen dazu, einen Teil ihrer Entwicklungsaktivitäten in die Phase nach der Markteinführung zu verlegen, sodass der Kunde einen Teil des Entwicklungsaufwandes trägt. Gerade aus der IT-Branche existieren einige Beispiele, dass teilweise nicht ausgereifte Produkte auf den Markt gebracht und die notwendigen Korrekturen erst nach zahlreichen Kundenbeschwerden vorgenommen wurden. Auch aus der Automobilwirtschaft hört man gelegentlich von so genannten „Rückrufaktionen", wo an neu eingeführten Modellen technische Nachrüstungen erforderlich sind. Auch wenn dies aus Kostengründen kurzfristig sinnvoll erscheinen mag, wird hier auf den möglicherweise entstehenden Imageschaden und den möglichen Vertrauensverlust hingewiesen. Im Prinzip funktioniert dies nach den Verhaltensmustern in menschlichen Beziehungen, löst ein Unternehmen sein Leistungsversprechen nicht oder nicht vollumfänglich ein, kann es zu bedeutsamen Vertrauensverlusten kommen, deren „Reparatur" ggf. die eingesparten Kosten bei der Produktentwicklung übersteigen.

Die Markteinführung ist die erste Phase im Modell des Produktlebenszyklus und wurde in diesem Zusammenhang auch bereits in Abschnitt 4.2.1 angesprochen. In dieser Phase ist die Koordination sämtlicher Marketinginstrumente von enormer Bedeutung. Ohne Kenntnis von der Existenz des neuen Produkts wird sich der Absatz nur sub-optimal entwickeln können, daher kommt der Kommunikationspolitik, vor allem bei Konsumgütern, eine besondere Bedeutung zu. Aber auch distributionslogistische Aspekte spielen in der Einführungsphase eine besonders wichtige Rolle; wenn die neuen Produkte in nur unzureichender Quantität verfügbar sind, können Irritationen bei den Kunden auftreten. Wenn man zusätzlich die Floprate bei der Einführungsphase bedenkt, ist es verständlich, dass gut geführte Unternehmen alle erforderlichen und verfügbaren Kräfte bündeln, um in dieser Phase einen „guten Start hinzulegen". Auch unter der Annahme, dass die Unternehmen hier ein Höchstmaß an Professionalität walten lassen, erreicht das neue Leistungsangebot die Konsumenten nicht zeitgleich, was auf unterschiedliche Ursachen zurückzuführen ist.

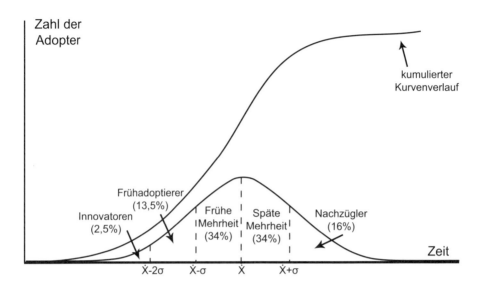

Abbildung 5.8.: Kategorien von Adoptern
Quelle: Bruhn 2007, S. 143

Das von Rogers (1962, S. 162) entwickelte Modell beschreibt dies aus der Perspektive unterschiedlicher Käufertypologien. Demnach existieren die folgenden Käufertypen: Innovatoren (innovators), Frühadoptierer (early adopters), die frühe Mehrheit (early majority), die späte Mehrheit (late majority) und die Nachzügler (laggards) .

Innovatoren sind Innovationen und Neuem grundsätzlich sehr aufgeschlossen und besitzen eine entsprechend relativ hohe Risikoneigung.

Die Frühadoptierer stehen neuen Entwicklungen ebenfalls positiv gegenüber, jedoch nicht in dem hohen Maß wie die Innovatoren.

Die frühe Mehrheit tendiert zu einer geringeren Innovations- und Risikofreudigkeit, ist aber, gemessen am Durchschnitt aller Konsumenten, Neuem immer noch relativ stark aufgeschlossen.

Die späte Mehrheit ist tendenziell eher abwartend und risikoavers. Sie verhält sich bei Neuentwicklungen zunächst abwartend und kauft erst in dem Moment, wenn sich diese Neuerungen bewährt haben.

Die Nachzügler bilden die Gruppe von Konsumenten, die Neuentwicklungen mit der größten Skepsis begegnen.

Analog zur Chemie wird bei der Durchdringung und Akzeptanz neuer Leistungsangebote im Markt von Diffusion gesprochen; demzufolge ergibt sich nach Rogers (1962) auch eine Diffusionskurve. Grundsätzlich wird von einer Normalverteilung der Produktakzeptanz (Adoptionszeit) ausgegangen; auf deren Basis sich die gruppenspezifischen Adoptionszeiten zuordnen lassen.

Kuß (2001), nennt weitere Einflussfaktoren, die die Adoptionsgeschwindigkeit beeinflussen können:

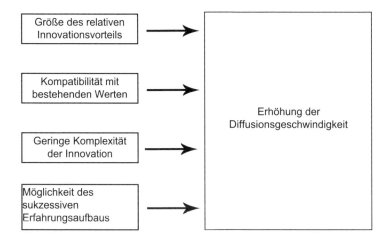

Abbildung 5.9 Einflussfaktoren auf die Diffusionsgeschwindigkeit in Anlehnung an Kuß 2001, S. 196

Die aufgezeigten Einflussfaktoren können je nach Kontext variieren und erheben keinen Anspruch auf Vollständigkeit. An dieser Stelle geht es um ein grundsätzliches Verständnis möglicher Mechanismen bei der Verbreitung und der Akzeptanz neuer Produkte im Markt bei unterschiedlichen Käufergruppen. Für die Unternehmen können diese Informationen im Vorfeld wichtig sein, um ihre Absatzplanungen auf diesen Erfahrungswerten möglichst realitätsnah zu gestalten.

Die Markteinführung beendet die Produktentwicklung im ersten Zyklus. Es ist nachvollziehbar, dass nach einer Produkteinführung die Aufgaben der Produktentwicklung nicht enden, sondern dass das Unternehmen nach dieser Phase in einen neuen Zyklus tritt, bei der tendenziell eher Produktverbesserung oder Produktdifferenzierung dominiert.

5.6 Produktpolitik in der Bauwirtschaft

Eine Betrachtung der Produktpolitik in der Bauwirtschaft erscheint ohne Berücksichtigung der branchenspezifischen Charakteristika wenig sinnvoll. Die Besonderheiten der Bauwirtschaft wurden bereits in Abschnitt 1.5 skizziert, daher wird an dieser Stelle auf eine Wiederholung verzichtet.

In diesem Abschnitt wird ergänzend zur Bezeichnung „Produkt" bzw. „Produkte" für die Leistungen der Bauunternehmen der Begriff der „Bauleistung" bzw. der „Bauleistungen" verwendet. Der Terminus „Bauleistung" entspricht eher dem branchentypischen Vokabular, allerdings wird Bauleistung auch als bilanzieller Begriff verwendet, der die Summe aller erstellten Wertschöpfungsaktivitäten eines Bauunternehmens in einer Geschäftsperiode ausdrückt.

Traditionell entwickelten sich die Bauleistungen der Bauunternehmungen aus den unterschiedlichen Kompetenzen, die ein Unternehmen sich im Laufe der Zeit aufgebaut hat. Aufgrund der hohen Komplexität und vor allem auch der hohen Spezifität besitzen die erstellten Bauleistungen grundsätzlich einen Unikatcharakter. Dennoch lassen sich oftmals große Teile der in einem Projekt erworbenen Kompetenzen generalisieren und auf andere, grundsätzlich vergleichbare Bauleistungen, überragen. Ein Beispiel: Ein mittelständisches Bauunternehmen, dass zum wiederholten Mal Hochbauarbeiten zur Sanierung öffentlicher Schulgebäude in einer Kommune ausführt, kennt die rechtlichen Rahmenbedingungen, die Erwartungen der Akteure wie Planer und Bauherrn, die logistisch-infrastrukturelle Situation, die ortsansässigen Zuliefererbetriebe und die möglichen Risiken. Dieser Kompetenzaufbau, der auch bei Angebotsverfahren vom Bauherrn eine gewichtige Rolle spielen kann (Referenzprojekte), motivierte die meisten der Bauunternehmen, auf dieser Basis ihr Leistungsangebot zu erstellen und zu etablieren. Darüber hinaus war der zu erwartende Gewinn eine weitere Einflussgröße in Bezug auf das Leistungsprogramm. Für den Fall, dass ein Bauunternehmen in Bereiche vordringen wollte, in denen es keine ausreichende Expertise besaß, wird häufig der Weg als Juniorpartner in einer Arbeitsgemeinschaft (ARGE) mit anderen Bauunternehmen beschritten, die über die benötigten Kompetenzen verfügte. Durch die Beteiligung an einem derartigen Projekt kann die benötigte Kompetenz belegbar sukzessive aufgebaut werden.

Diese zugegebenermaßen eher reaktive Angebotspolitik reichte in den Boomjahren der Bauindustrie jedoch aus, um vielen der Marktteilnehmer ein auskömmliches wirtschaftliches Ergebnis zu ermöglichen. Wenn man bedenkt, dass der Großteil der Baubetriebe klein- und mittelständisch geprägt sind, erscheint das Verhalten, auch aufgrund der Branchenkultur insgesamt, nachvollziehbar.

Die fast zehnjährige Baukrise in Deutschland, die von Mitte der 1990er Jahre bis ca. Mitte dieses Jahrzehnts andauerte, zwang viele Unternehmen schon aus einem Selbsterhaltungsdrang zu einer radikalen Abkehr von dieser Politik. Seitdem entwickelten viele Unternehmen ein neues Selbstverständnis, das sich auch in ihrem Verhältnis zu ihren Kunden niederschlägt. Seit dieser Zeit ist eine weitgehende Akzentverlagerung von einer innenbezogenen zu einer eher marktbezogenen Angebotspolitik der Bauleistungen zu beobachten.

Dieser marktorientierte Ansatz führte bei vielen Bauunternehmen dazu, zunächst die bisherigen Grenzen der angebotenen Bauleistungen zu überprüfen und sämtliche erforderliche Prozessschritte aus einer Gesamtperspektive zu betrachten. Verstand sich die Mehrheit der Unternehmen ursprünglich als „Bau"-Unternehmen, deren Leistungen überwiegend im unmittelbaren Bereich der Errichtung eines Bauwerks angesiedelt waren, boten sich durch diese Perspektivenerweiterung zahlreiche neue Ansatzpunkte für eine Verbreiterung der Leistungsangebotsbasis an.

5.6 Produktpolitik in der Bauwirtschaft

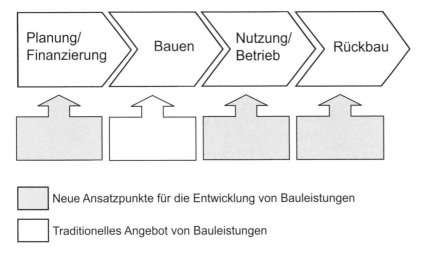

Abbildung 5.10 Traditionelles und neues Spektrum von Baudienstleistungen

Die neue Sichtweise führte zur Schaffung neuer Wertschöpfungspotenziale für die Kunden, die den Produktlebenszyklus des Bauwerks bereits in der Planungsphase berücksichtigten und somit einen Mehrwert für den Kunden ermöglichten.

Aber nicht nur die Wertschöpfungsbreite bietet neue Gestaltungsmöglichkeiten, sondern auch die Wertschöpfungstiefe des Bauleistungsangebots. Die Entscheidung der Bauunternehmen hinsichtlich ihres Bauleistungsspektrums hängt von unterschiedlichen Faktoren ab. Grundsätzlich stehen den Unternehmen sechs Optionen zur Verfügung:

Option 1: Bauunternehmen bieten ihre Bauleistungen über die gesamte Wertschöpfungskette mit einer hohen Wertschöpfungstiefe an.

Option 2: Bauunternehmen bieten ihre Bauleistungen über die gesamte Wertschöpfungskette mit einer geringen Wertschöpfungstiefe an.

Option 3: Bauunternehmen bieten ihre Bauleistungen über die gesamte Wertschöpfungskette mit einer unterschiedlich hohen bzw. geringen Tiefe in den einzelnen Phasen (Planen/ Finanzieren/Bauen/Nutzen/Rückbau) an.

Option 4: Bauunternehmen bieten selektive Segmente der Wertschöpfungsbreite mit einer hohen Wertschöpfungstiefe an.

Option 5: Bauunternehmen bieten selektive Segmente der Wertschöpfungsbreite mit einer geringen Wertschöpfungstiefe an.

Option 6: Bauunternehmen bieten selektive Segmente der Wertschöpfungsbreite mit einer unterschiedlich hohen bzw. geringen Tiefe in den einzelnen Phasen (Planen/ Finanzieren/Bauen/Nutzen/Rückbau) an.

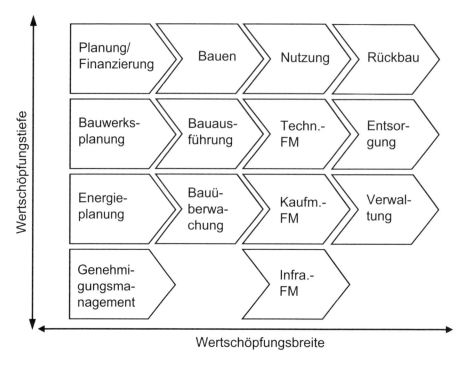

Abbildung 5.11 Beispiele für wertschöpfungsorientierte Baudienstleistungen

Die Entscheidung, nach welchen der oben aufgezeigten Optionen ein Unternehmen sich orientiert, hängt von unterschiedlichen unternehmensinternen und -externen Faktoren ab. Zu den wesentlichen internen Faktoren zählen die bisherige Angebotspositionierung, die technische Expertise sowie die finanzielle Situation des Unternehmens. Neben der aktuellen Marktgröße zählen vor allem auch das zukünftige Entwicklungspotenzial des Marktes, die Wettbewerbssituation, die zu erzielenden Gewinnmargen und die rechtlichen Rahmenbedingungen zu den externen Faktoren.

5.6 Produktpolitik in der Bauwirtschaft

Abbildung 5.12: Enflussfaktoren auf die Angebotspolitik von Bauunternehmen

Wie in anderen Industriezweigen auch verläuft der Prozess zur Bestimmung des Bauleistungsangebots je nach Unternehmen unterschiedlich. Analog zur Beschreibung typischer Prozessschritte bei der Entwicklung eines neuen Leistungsportfolios wird auch den meisten Bauunternehmen, zumindest den marktorientierten, eine strukturierte Vorgehensweise unterstellt, daher wird auf diesen hier nur in Kürze eingegangen. Üblicherweise erarbeitet die Abteilung für Unternehmensentwicklung Konzepte und Vorlagen, die anschließend vom Management diskutiert werden. Die Initiative für derartige Themenfelder kann dabei sowohl von der Unternehmensleitung als auch von der Unternehmensentwicklung ausgehen; unter Umständen wird bei den weiteren Schritten auf externen Sachverstand zurückgegriffen. Ein Beispiel: Ein großer deutscher Baukonzern prüfte Anfang der 2001 den Einstieg in das Geschäftsfeld Telekommunikation, da hier enorme Wachstumsraten prognostiziert wurden. Die Abteilung Unternehmensentwicklung und die Internationale Abteilung verständigten sich auf eine gemeinsame Vorgehensweise und zogen zur Unterstützung eine externe Unternehmensberatung mit der Branchenexpertise Telekom hinzu. Nachdem die ersten Untersuchungsergebnisse vorlagen, fand eine gemeinsame Besprechung der beiden Abteilungen mit den operativen Einheiten und dem Vorstand statt. Aufgrund der relativ hohen finanziellen Aufwendungen für einen Einstieg in diese Leistungen wurde das Projekt nicht weiter verfolgt.

Die Entwicklung baunaher Dienstleistungen bzw. neuer Leistungsbündel erfolgte allerdings nicht ausschließlich aufgrund geplanter strategischer Überlegungen. Trotz der hohen Komplexität von Bauleistungen in Verbindung mit dem Unikatcharakter ergeben sich für die Bauunternehmen aufgrund der vielfältigen Herausforderungen zunehmend Lösungsansätze, die zumindest prinzipiell auch für weitere Kundengruppen einen Mehrwert darstellen können. Nicht immer ist dies jedoch zu Beginn der Erstellung einer Dienstleistung deutlich erkennbar. Häufig agieren die Bauunternehmen daher in der Form, dass sie die Politik ihrer

Leistungsangebote nach einem absehbaren Trend für eine Nachfrage überprüfen, um eventuelle Zusatzleistungen am Markt anzubieten.

Ein Blick in die Geschäftsberichte der führenden Baukonzerne dokumentiert das Anwachsen des Angebots so genannter „baunaher Dienstleistungen" in den letzten Jahren. Mit baunahen Dienstleistungen werden neue Dienstleistungen beschrieben, die sich um das klassische Kerngeschäft des „Bauens" entwickelten und die viele der Bauunternehmen heute in ihr Bauleistungsangebot integrieren. So zählten weder das Betreiben kompletter Anlagen im Rahmen des Facility Managements noch die Finanzierung von Bauvorhaben zu den traditionellen Aufgabenfeldern deutscher Bauunternehmen.

Die führenden deutschen Baukonzerne verabschieden sich zunehmend von ihrem ursprünglichen Bauleistungsportfolio; beispielsweise kündigte das Unternehmen Bilfinger Berger AG im September 2009 an, aus den wiederkehrenden Risiken des traditionellen Projektgeschäfts die Konsequenzen zu ziehen und das Baugeschäft grundsätzlich einer strategischen Überprüfung zu unterziehen. Ohnehin verteilt sich die Jahresbauleistung des Baukonzerns im 1. Halbjahr 2009 zu 21,7% auf den Ingenieurbau, zu 21,4% auf den Hoch- und Industriebau und zu 51,2% auf unterschiedliche Dienstleistungen. Auch Deutschlands größter Baukonzern, die Hochtief AG, baut das Dienstleistungsgeschäft zulasten des klassischen Baugeschäfts kräftig aus. Gegenüber den Medien äußerte der Vorstandsvorsitzende des Unternehmens (Handelsblatt 09/10/11./10.2009), dass sich das „normale Baugeschäft" in Deutschland nicht mehr lohne. Im Ergebnis wird daher tendenziell nicht nur der relative, sondern auch der absolute Anteil klassischer Bauprodukte weiter schwinden.

Dienstleistung	Unternehmen
Flughafen Management	Hochtief AG
Energie Management	Hochtief AG
Industrial Services	Bilfinger Berger AG
Gebäudedienstleistungen	Bilfinger Berger AG
Offshore Wind Dienstleistungen	Ed. Züblin AG
Versicherung- und Finanzdienstleistungen	Max Bögl GmbH & Co. KG
Baubeschaffung	Wolff & Müller GmbH
Immobilienentwicklung	Goldbeck GmbH

Abbildung 5.13 Ausgewählte Beispiele baunaher Dienstleistungen

Der Trend, zusätzliche bzw. neue Dienstleistungen zum herkömmlichen Leistungsangebot zu entwickeln und anzubieten, fügt sich in eine gesamtwirtschaftliche Entwicklung ein. So ist seit Jahren vor allem in der Investitionsgüterindustrie eine deutliche Zunahme produktbegleitender Dienstleistungen zu erkennen, die teilweise einen wesentlichen Einfluss auf die Kaufentscheidung des Kunden haben. Ein Beispiel: Ein Druckmaschinenhersteller bietet mittlerweile zusätzlich zur Lieferung der Druckmaschine häufig Finanzierungsleistungen, Schulungen für die Mitarbeiter des Kunden bei Inbetriebnahme und Reparatur und Wartungsleistungen an.

Als Ergebnis dieses Abschnitts kann festgehalten werden, dass die Angebotspolitik der meisten Bauunternehmen in den letzten Jahren deutlich an Innovationskraft gewonnen hat. Die traditionell eher reaktive Angebotspolitik wurde in vielen Fällen zugunsten einer marktorientierten und aktiven Produkt- bzw. Bauleistungspolitik abgelöst. Aufgrund der grundsätzlich steigenden Innovationsdynamik in vielen gesellschaftlichen Bereichen ist davon auszugehen, dass dieser Trend sich verstetigen wird und dass eine nachhaltige Wettbewerbsposition sich im Wesentlichen durch eine innovative und marktorientierte Leistungsangebotspolitik erschließen lässt.

6 Preispolitik

6.1 Teilbereiche der Preispolitik

Der Preispolitik kommt im Rahmen des Marketing-Mix eine wichtige Rolle zu, da die meisten Konsumenten relativ stark und zeitnah auf preispolitische Maßnahmen wie z.B. auf Sonderangebote reagieren. Nach Bruhn beschäftigt sich die Preispolitik „... mit der Festlegung der Art von Gegenleistungen, die die Kunden für die Inanspruchnahme der Leistungen des Unternehmens zu entrichten haben." (Bruhn 2007, S. 165). Nach dieser Definition kommt dem Preis die Funktion zu, einen (subjektiv) adäquaten Gegenwert zum Angebot auf der Nachfrageseite zu schaffen, ohne den der Austauschprozess vermutlich nicht zustande käme.

Allerdings ist nicht nur die Höhe des Angebotspreises Gegenstand der Preispolitik. Unter Preispolitik werden sämtliche Aspekte zusammengefasst, die die Konditionen oder die weiteren Vertragsbedingungen eines Kaufs betreffen. Hierzu zählen u.a. die Zahlungs- und Lieferbedingungen sowie die Rabattbedingungen. Preispolitische Maßnahmen wirken in der Regel in ihrer Gesamtheit auf die Kaufentscheidung des Konsumenten ein, wobei die unterschiedlichen Teilbereiche je nach Kundengruppe einen unterschiedlichen Anteil an der Entscheidung ausmachen können.

Die wesentlichen Elemente der Preispolitik umfassen:

- Einflussfaktoren auf die Preispolitik
- die Instrumente der Preispolitik
- die unterschiedlichen Verfahren zur Preisfestsetzung
- die preispolitischen Strategien.

Die einzelnen Teilbereiche der Preispolitik stehen in einer engen Wechselbeziehung zueinander, die die Unternehmen bei ihren preispolitischen Entscheidungen zu berücksichtigen haben. Darüber hinaus existieren weitere Wechselwirkungen zwischen der Preispolitik und den Instrumenten des Marketing-Mix, die ebenfalls im Hinblick auf ihre Auswirkungen im Vorfeld produktpolitischer Entscheidungen bedacht werden müssen. Ein Beispiel: Aufgrund der aktuellen Finanz- und Wirtschaftskrise senkten einige deutsche Premiumhersteller von Automobilen ihre Preise um teilweise mehr als 30%, um den Absatz entweder zu stabilisieren oder zu stimulieren. Da der Preis für die Konsumenten auch als ein Signal für die Qualität der angebotenen Leistung fungiert, können Preissenkungen in dem beschriebenen Maß möglicherweise die Wahrnehmung der Produktqualität negativ beeinflussen. Darüber hinaus ergeben sich bei derartigen Preissenkungen grundsätzlich Schwierigkeiten, das ehemalige Preisniveau zu einem späteren Zeitpunkt erneut zu legitimieren.

6.2 Einflussfaktoren auf die Preispolitik

Die Preispolitik bewegt sich in einem Spannungsfeld unterschiedlicher Einflussfaktoren, die man in unternehmensinterne und unternehmensexterne Faktoren unterscheiden kann. Unternehmensintern bedeutet in diesem Zusammenhang, dass das Unternehmen auf diese grundsätzlich einen großen Einfluss ausübt, während als externe Faktoren jene bezeichnet werden, die sich der Einflussnahme des Unternehmens weitgehend entziehen.

Abbildung 6.1: Einflussfaktoren auf preispolitische Entscheidungen

Preispolitischen Maßnahmen wird in der Regel ein Botschaftsinhalt unterstellt, auch wenn dies nicht explizit von den Unternehmen beabsichtigt ist. So werden die aktuellen Preissenkungen und „Rabattschlachten" des Einzelhandels als eine „Notmaßnahme" interpretiert, um die Kunden in ihre Häuser zu locken.

6.2 Einflussfaktoren auf die Preispolitik

Die *bisherige Positionierung* des Unternehmens am Markt wirkt teilweise als Begrenzung des preispolitischen Spielraums der Unternehmen. Ein bisher im Markt als qualitativ hochwertig positioniertes Unternehmen, das auch preispolitisch im oberen Segment angesiedelt ist, kann sich von dieser Festlegung nur in wohlüberlegten Schritten entfernen, ohne Irritationen auf der Konsumentenseite auszulösen. Umgekehrt gilt dies genauso: Ein Unternehmen, dass aus der Kundensicht im mittleren Qualitätssegment wahrgenommen wird, wird sich nur in seltenen Fällen in einem Schritt glaubwürdig in einem höheren Segment etablieren können. Die Grundzüge dieser Wirkungsweise kann auch weitgehend auf die *bisherige Produktpolitik* übertragen werden.

Eine weitere interne Orientierungsgröße bildet die *Kostensituation*. Da die Unternehmen im Kern eine Gewinnerzielungsabsicht verfolgen, ist die Preispolitik gehalten, zumindest kostendeckende Preise festzusetzen, langfristig müssen die Gesamtkonditionen jedoch derart gestaltet werden, dass Unternehmen einen auskömmlichen Gewinn erwirtschaften können. Die folgenden zwei Formeln zeigen den Grundzusammenhang zwischen Gewinn, Umsatzerlösen und Kosten auf:

| Umsatzerlöse = Absatzpreis x Absatzmenge | Gewinn = Umsatzerlöse - Kosten |

Abbildung 6.2 Formeln für die Zusammensetzung von Umsatzerlösen und Gewinn

Die Kosten werden in den Unternehmen durch unterschiedliche Kalkulationsverfahren ermittelt, die jedoch im Abschnitt 7.4 Preissetzungsverfahren vorgestellt werden. An dieser Stelle nur soviel: Aus der zweiten Formel, die den Gewinn definiert, wird klar ersichtlich, dass eine Veränderung der Kosten bei einer gleich bleibenden Erlössituation einen unmittelbaren Einfluss auf die Gewinnsituation hat, weshalb viele Unternehmen teilweise einen relativ hohen Anteil ihrer Kapazitäten in ihr Kostenmanagement investieren. Ein Beispiel soll den Zusammenhang zwischen Kosten und Preispolitik veranschaulichen: Im Maschinen- und Anlagenbau ist Stahl ein wichtiger Grundstoff, aus dem die meisten Produkte dieser Branche hergestellt werden. In Folge der stark gestiegenen Stahlnachfrage großer Schwellenländer wie der VR China stiegen die Weltmarktpreise für Stahl in den letzten Jahren bis 2008 derartig stark an, dass sich viele Unternehmen der Stahl- und Metallverarbeitenden Industrie gezwungen sahen, daraufhin ihre Preise anzupassen bzw. zu erhöhen. In anderen arbeitsintensiven Industriezweigen wie z.B. der Automobilindustrie haben Kostenaspekte häufig dazu geführt, dass diese Unternehmen ihre gesamten Wertschöpfungsketten analysierten und ihre Standort- und Beschaffungspolitik dementsprechend ausrichteten. Eine große Anzahl von Produktionsverlagerungen in die Mittel- und Osteuropäischen Staaten nach der Grenzöffnung wurde häufig mit Faktorkostenunterschieden begründet.

Im Gegensatz zu den internen Einflussfaktoren, die auf die preispolitischen Entscheidungen einwirken, entziehen sich die externen Faktoren weitgehend der Einflussnahme durch einzelne Unternehmen. So wird das *Nachfrageverhalten* der Konsumenten durch unterschiedliche Kenngrößen beeinflusst. In Zeiten, in denen die Konsumenten einen Anstieg der Arbeitslosigkeit erwarteten, tendieren sie grundsätzlich zu einer erhöhten Kaufzurückhaltung, während sie bei Vollbeschäftigung grundsätzlich eine höhere Konsumneigung entwickeln. Auch technologische Neuentwicklungen wirken sich relativ schnell auf die Nachfrage aus. So hat die Einführung der ersten Photohandys zu einem Nachfragerückgang bei preisgünstigen traditionellen Photoapparaten geführt, während die neuen digitalisierten Formen der Musikspeichermedien zu einem deutlichen Rückgang nach mobilen CD Playern (Disc-Man) führte.

Die *Wettbewerbssituation* kann nur sehr begrenzt beeinflusst werden. In polypolistischen Anbietermärkten (viele Anbieter) haben die Unternehmen praktisch keine Möglichkeit, die Wettbewerbsstrukturen zu verändern, während in oligopolistisch strukturierten Anbietermärkten (wenige Anbieter) grundsätzlich die Möglichkeit besteht, z.B. durch Kooperationen oder durch Übernahmen und Fusion, die Wettbewerbslandschaft zu beeinflussen. Allerdings unterliegen viele dieser Aktivitäten der Zustimmungspflicht der Kartellbehörden, die sehr kritisch darüber wachen, marktbeherrschenden Tendenzen entgegenzuwirken. Die Gestaltung der Preispolitik ist für einige Unternehmen in oligopolistischen Märkten von einer derartig großen Bedeutung, dass es von Zeit zu Zeit trotz relativ hoher Strafen und einem negativen Echo in der Öffentlichkeit zu verbotenen Preisabsprachen kommt. Grundsätzlich können die Unternehmen ihr Wettbewerbsumfeld nur sehr begrenzt beeinflussen.

Die *rechtlichen Rahmenbedingungen* können von den meisten Unternehmen ebenfalls nur sehr begrenzt verändert werden. Grundsätzlich gilt, je kleiner ein Unternehmen, desto geringer ist der Einfluss auf mögliche Gesetzgebungsvorhaben im Vorfeld. Während die Großunternehmen einer Branche, wie die Siemens AG oder die Deutsche Bank AG, in einem ständigen Austausch mit den Zirkeln der Politik stehen, ist dieser direkte Kontakt für Klein- und Mittelständische Unternehmen (KMU) tendenziell so gut wie ausgeschlossen. Dennoch können diese Unternehmen über ihre Interessenverbände versuchen, ihre Vorstellungen den politischen Entscheidungsträgern gegenüber zu artikulieren. Beispiele für Interessenverbände, deren Mitglieder weitgehend aus KMU bestehen und die unter anderem politische Lobbyarbeit leisten sind der Zentralverband des Deutschen Handwerks (ZDH), der nicht zufällig in Berlin ansässig ist oder der Bundesverband mittelständische Wirtschaft – Unternehmerverband Deutschland e.V. (BVMW).

Für die Unternehmen ist es wichtig, sich des Orientierungsrahmens zunächst bewusst zu sein, um die Preispolitik gezielt in Abstimmung der Einzelfaktoren zu organisieren. Die überwiegende Zahl der Unternehmen orientiert sich bei der Preisfindung oder Preisfestsetzung sowohl an internen als auch an externen Parametern. Beispielsweise ließe ein Unternehmen ohne eine ausreichende Einbeziehung der Wettbewerbspreise eine wichtige Informationsquelle unberücksichtigt und würde dadurch sein Risiko erhöhen, den Preis entweder zu hoch oder zu niedrig anzusetzen. Ein zu hoher Preis wirkt tendenziell nachfragehemmend, während ein zu niedriger Preis Ertragspotenziale ungenutzt lässt. Gleichwohl kann es die eigene Kostensituation nicht außer Acht lassen, da dies möglicherweise ebenfalls Ertragsprobleme zur Folge haben könnte.

Die dargestellten Einflussgrößen müssen sowohl einzeln vor allem aber auch in ihrem Zusammenwirken auf die Kaufentscheidung durch die Unternehmen adäquat bewertet werden. Das erfordert, dass bei der Preisfindung eine sorgfältige Prüfung der benötigten Informationen vorgenommen wird, um dadurch für das Unternehmen den optimalen Preis unter den gegebenen Rahmenbedingungen zu ermitteln.

6.3 Instrumente der Preispolitik

Im Zusammenhang mit der Preispolitik können die Unternehmen auf ein Set unterschiedlicher Instrumente zurückgreifen, die Ihnen eine spezifische Preisgestaltung für ein jeweiliges Produkt ermöglicht. Die üblichen preispolitischen Instrumente sind:

- Preishöhe
- Preisnachlässe
- Absatzfinanzierung
- Zugaben

Die *Preishöhe* charakterisiert den monetären Gegenwert der Leistung, den ein Kunde zu zahlen bereit ist. Bei Konsumgütern entspricht dies üblicherweise dem Listenpreis inklusive der Mehrwertsteuer.

Preisnachlässe finden in unterschiedlicher Form Anwendung. Rabatte sind eine häufige Variante der Preisdifferenzierung, die in der Regel mit bestimmten Bedingungen verknüpft sind. So existieren Preisdifferenzierungen, die erst bei einer definierten Abnahmemenge angewandt werden (Mengenrabatt), oder zeitliche Preisdifferenzierungen, wie beispielsweise bei so genannten „Frühbucherrabatten" oder bei einer „Happy Hour", die nur während eines bestimmten Zeitraums gewährt werden. Darüber hinaus ergänzen personale Preisdifferenzierungen (Seniorenrabatte oder Studentenrabatte) und räumliche Preisdifferenzierungen (nach Ländern oder Regionen) den Gestaltungsspielraum.

Eine weitere Erscheinungsform von Preisnachlässen sind Boni, die am Ende einer definierten Periode eine Rückvergütung bedeuten. Häufig werden Boni über die Umsatzhöhe gesteuert, d.h. wenn beispielsweise eine Boutique für Damenbekleidung im Laufe des Geschäftsjahres mit einem Hersteller von Strickwaren einen vorher vereinbarten Jahresumsatz von 100.000€ erzielt, erhält die Boutique eine Rückvergütung, entweder in Form eines Warengutscheins oder als Geldrückfluss.

Skonti stellen ein weiteres Element der Preisnachlässe dar. Hierbei handelt es sich um eine vereinbarten Abzug, wenn die Zahlung des belieferten Kunden innerhalb einer definierten Frist erfolgt; üblich sind zwei bis drei Prozent vom Warenwert (Kaufpreis) innerhalb der ersten zwei Wochen nach Rechnungseingang.

Absatzfinanzierungen sind das dritte Element der preispolitischen Instrumente. Im Wesentlichen wird dem Kunden durch eine finanzielle Unterstützungsform der Kauf der Leistung erleichtert. Absatzfinanzierungen können vielfältig ausgestaltet sein; häufig sind es klassische Lieferantenkredite, bei denen der Lieferant seinen Kunden ein Zahlungsziel einräumt, das zeitlich später liegt als der Liefertermin. Auch manche Leasingformen werden den Lieferantenkrediten zugerechnet, wenn sie eine spezielle Mietvariante darstellen.

Zugaben durch Geld und Sachwerte kommen gelegentlich zur Anwendung. So ist es beim Automobilkauf durchaus üblich, dass die Kunden bestimmte Leistungen zusätzlich erhalten. Je nach Marktsituation sind dies beispielsweise Fußmatten oder ein Radio, in der gegenwärtigen Krise gehen manche Hersteller dazu über, Geldbeträge in bar beim Kauf eines Autos auszuzahlen.

Ein wesentliches Problem, dass sich vor allem bei Preisnachlässen und Zugaben einstellen kann, ist das die einmal etablierten Instrumente zur Absatzstimulierung sich nur schwer zurückführen lassen, ohne das die Kunden irritiert oder möglicherweise verärgert sind. Rabatte von teilweise 30% auf ein Neufahrzeug lassen sich üblicherweise nicht lange durchhalten, ohne die Rentabilität zu schmälern. Darüber hinaus ist davon auszugehen, dass eine Preisanhebung auf das vorherige Preisniveau auf der Kundenseite nicht nur auf Zustimmung stoßen wird.

Was für die Preispolitik als Instrument des Marketing-Mix gilt, ist auch für die Abstimmung der Instrumente innerhalb der Preispolitik relevant. Auch hier ist eine abgestimmte Vorgehensweise wichtig, um nicht widersprüchliche Signale an die Kundengruppen zu senden. Beispielsweise sind Preisnachlässe bei Premiumprodukten sorgfältig zu planen und zu gestalten, um eine Beschädigung der Produktqualität zu vermeiden. Da der Preis aus der Konsumentenperspektive stets eine Qualitätsbotschaft enthält, können Preissenkungen im Premiumsegment zwar kurzfristig zu Absatzsteigerungen führen, jedoch gleichzeitig die Marke und damit den Markenwert langfristig beschädigen. Der optimale Einsatz der preispolitischen Instrumente setzt nicht nur ein umsichtiges Vorgehen voraus, er erfordert auch ein hohes Maß an Erfahrung und Verständnis im Umgang mit der eigenen Kundschaft.

6.4 Die Verfahren zur Preisfestsetzung

6.4.1 Überblick

Im Folgenden werden die grundsätzlichen Ansätze zur Preisfestsetzung aufgezeigt. Bei diesen Betrachtungen wird implizit von einer polypolistischen Anbieter- und Nachfragestruktur ausgegangen. In einem Angebotsmonopol setzt der einzige Anbieter entweder den Preis oder die Menge fest, in einem Angebotsoligopol führt eine Preisänderung eines Anbieters erfahrungsgemäß zu Reaktionen der wenigen Wettbewerber. Unternehmen, die in oligopolistischen Anbietermärkten Preisveränderungen anstreben, müssen die möglichen Reaktionen ihrer Konkurrenz antizipieren, da diese mitunter schnell zu signifikanten Marktanteilsverlusten führen können. In den Ausführungen der folgenden Abschnitte wird jedoch sowohl auf der Nachfrage- als auch auf der Anbieterseite von einer polypolistischen Struktur ausgegangen.

6.4.2 Statisch orientierte Verfahren

Statisch orientierte Preisfestlegungen zeichnen sich dadurch aus, dass der Preis ohne einen zeitlichen Einfluss festgelegt wird, d.h. zum Zeitpunkt der Preisentscheidung spielen Preisveränderungen über einen Zeithorizont keine Rolle. Statisch orientierte Verfahren können auf unterschiedlichen Ansätzen basieren, häufig sind es kostenbasierte, nachfrage- oder wettbewerbsbasierte Preisbestimmungsverfahren.

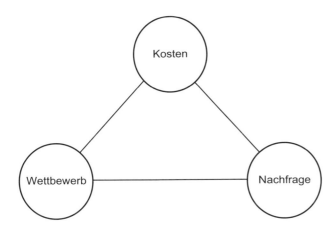

Abbildung 6.3 Dreieck Kosten Nachfrage Wettbewerb

Kostenbasierte Preisfestsetzungen

Kostenbasierte Preisfestsetzungen kommen in der betrieblichen Praxis häufig zur Anwendung. Hierbei können wiederum zwei grundsätzliche Ansätze verfolgt werden:

- Vollkostenrechnung
- Teilkostenrechnung

Beim Vollkostenansatz werden sämtliche Kosten, d.h. die fixen und die variablen Kosten, auf das Produkt umgelegt. Dieser Kalkulationsansatz beinhaltet die anfallenden Einzelkosten (z.B. Materialeinzelkosten wie Stahl) für das jeweilige Produkt zuzüglich der Gemeinkosten (z.B. Verwaltungsgemeinkosten wie Miete, Strom, Versicherungsprämien). Eine systemimmanente Schwierigkeit ergibt sich bei dieser Methodik durch die Schlüsselung der Gemeinkosten, die eine direkte Auswirkung auf den Preis haben. Dabei führt ein steigender Produktionsausstoß zu zunehmend geringeren Gemeinkostenanteilen an den Gesamtstückkosten, was zu Verzerrungen des Preises im Verhältnis zum Marktpreis führen kann. Bei geringeren Stückzahlen schlagen die Gemeinkosten überproportional zu Buche, da sich der Gemeinkostenblock auf weniger Stückzahlen verteilt.

Im Gegensatz dazu verwendet die Teilkostenrechnung lediglich die Anteile der variablen Kosten, die dem Produkt durch die Wertschöpfungsaktivitäten direkt zugerechnet werden können. Eine derartige Kalkulationsbasis ermöglicht es dem Unternehmen, preislich aggressiver auf dem Markt zu agieren, allerdings ist dieses Verfahren langfristig nicht kostendeckend, da nur ein Teil der Gesamtkosten durch die Verkaufserlöse gedeckt ist.

Nachfrageorientierte Preisefestsetzungen

Nachfrageorientierte Preisermittlungen stellen das Nachfrageverhalten in Bezug auf Preisänderungen in den Vordergrund der Betrachtung. Die Kernfrage hierbei ist: In welchem Verhältnis verändert sich Nachfrage (Abnahmemenge), wenn sich der Preis verändert. Dieses Verhältnis wird auch als Preiselastizität der Nachfrage bezeichnet:

> Preiselastizität = relative Absatzmengenänderung/ relative Preisänderung

Die Beziehung, die zwischen dem Auslöser der Preisänderung und dem Resultat der Mengenänderung besteht, kann auch in einer Preis-Absatzfunktion dargestellt werden. Dabei existieren drei Beziehungsgrundmuster:

Ein *proportionales bzw. lineares Verhältnis* zwischen Preis- und Mengenänderung bedeutet, dass ein ausgewogenes Verhältnis zwischen beiden Variablen existiert. Werden beispielsweise die Preise um 10% angehoben, verringert sich die Nachfrage um ebenfalls um 10%.

Ein *elastisches bzw. überproportionales Preis-Absatzverhältnis* beschreibt eine relativ starke Reaktion der Nachfrage auf eine relativ kleine Preisänderung; ein Beispiel: Ein Anbieter von Urlaubsreisen senkt seine Preise um 5%, wodurch sich die Nachfrage im Ergebnis um 8% erhöht.

Eine *unelastische Beziehung* zwischen beiden Größen liegt vor, wenn eine relativ hohe Preisänderung zu unterproportionalen Absatzmengenreaktionen führt. Auch hier ein Beispiel: Ein Preisanstieg der Heizölpreise um 5% führt zu Nachfragerückgängen um 1,5%.

6.4 Die Verfahren zur Preisfestsetzung   103

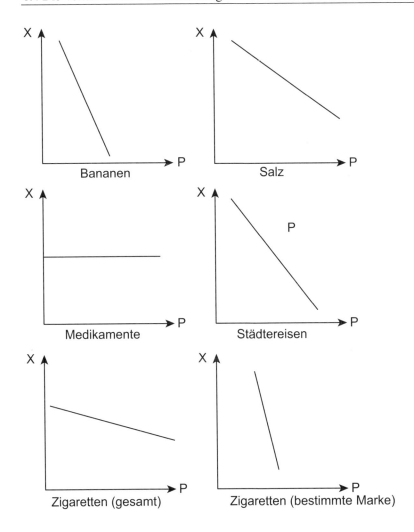

Abbildung 6.4 Lineare/elastische/unelastische Preis-Absatzfunktionen nach Kuß 2001, S.217

Eine Erklärung für diese unterschiedlichen Reaktionen der Nachfrager liegt zum überwiegenden Teil in den folgenden Faktoren begründet:

- Grundsätzliche Notwendigkeit des Produkts
- Substituierbarkeit des Produkts
- Relativer Geldwert des Produkts

Die *grundsätzliche Notwendigkeit des Produkts* drückt das zu Grunde liegende Nachfragemotiv aus. Je größer die Notwendigkeit ist, desto höher ist die Bereitschaft der Kunden, die höheren Preise zu akzeptieren, was einem unelastischen Nachfrageverhalten entspricht. Ein Beispiel für eine grundsätzliche Notwendigkeit: Wenn die Brotpreise insgesamt in Folge einer schlechten Ernte stark ansteigen, werden die Verbraucher diese zunächst zahlen müssen, da sie wenig Alternativen haben. Ein Beispiel für eine situative Notwendigkeit: Ein Wanderer, der nach einer beschwerlichen und langen Wegstrecke zu einem Kiosk gelangt, wird tendenziell eine höhere Zahlungsbereitschaft für eine Flasche Mineralwasser aufbieten als in üblichen Einkaufssituationen.

Die *Substituierbarkeit des Produkts* wirkt sich ebenfalls auf das Nachfrageverhalten aus. Je leichter ein Produkt zu substituieren ist, desto geringer ist die Zahlungsbereitschaft bei Preiserhöhungen; umgekehrt, je schwieriger die Substituierbarkeit zu organisieren ist, desto höher ist grundsätzlich die Bereitschaft, höhere Preise zu bezahlen. Ein Beispiel aus dem Alltag: Wenn die Deutsche Bahn AG die Preise signifikant erhöht, prüfen viele Kunden, ob sie diese Leistung durch Flugangebote oder durch die Nutzung des eigenen PKW oder durch Mitfahrgelegenheiten ersetzen und so der notwendigen Preiserhöhung ausweichen können.

Der *relative Geldwert des Produkts* beeinflusst das Nachfrageverhalten insofern, als dass Käufe teurer Produkte (aus der subjektiven Kundenperspektive) in der Tendenz deutlich mehr Aufmerksamkeit erfahren als jene, die sich auf relativ geringwertige Produkte beziehen. Dieses Phänomen wird auch als Involvement-Konzept bezeichnet; Waren oder Dienstleistungen, die aufgrund ihrer relativ hohen Preise einen relativ hohen Aufmerksamkeitsgrad erhalten, werden dementsprechend „High-Involvement-Produkte" genannt; während preislich geringwertige Produkte als „Low-Involvement-Produkte" charakterisiert werden. Das Involvement-Konzept fußt auf der Annahme, dass für die Nachfrager auch das Risiko, sich zu „verkaufen" im Kaufentscheidungsprozess reflektiert wird. Ein Beispiel: Wenn ein Raucher sich ausschließlich, um sich Zigaretten anstecken zu können, ein Einwegfeuerzeug kauft, liegt der Preis üblicherweise zwischen 50 Euro Cent und einem Euro. Selbst wenn das Feuerzeug nicht über die erwartete Nutzungsdauer verfügt, liegt das wirtschaftliche Risiko bei jenem Geldbetrag vom maximal einem Euro. Anders verhält es sich beispielsweise bei einem Autokauf, wo das Risiko, eine Fehlentscheidung getroffen zu haben, deutlich höher liegt.

Wettbewerbsbasierte Preisfestsetzungen

Häufig orientieren sich die Unternehmen an den Preisen ihrer Wettbewerber oder ihres Hauptwettbewerbers. Diese angepasste Vorgehensweise birgt gleichermaßen Chancen und Risiken; wenn Kunden ihre Kaufentscheidung überwiegend an Preisen ausrichten, wird das Produkt austauschbar; es erfolgt somit keine Differenzierung über das Produkt, andererseits wird durch die Preisangleichung suggeriert, dass die Produkte auch qualitativ vergleichbar sind. Eine Orientierung eines Unternehmens an den Preisstrukturen der Wettbewerber verschafft zudem eine Sicherheit, sich preislich nicht zu exponieren und sich stattdessen im allgemeinen Preisgefüge zu bewegen.

6.4.3 Dynamisch orientierte Verfahren

Eine dynamisch orientierte Preisfestlegung integriert die Zeitdimension in die Preisgestaltung. Durch die Einbeziehung mehrerer Zeitperioden bei der Preisgestaltung können die Faktoren, die während dieses Zeitraums möglicherweise verändern und die ebenfalls auf die

Preise einwirken, in ihrer Wirkung realitätsnäher berücksichtigt werden. Hier besteht eine Verbindung zum Erfahrungskurvenkonzept, das sich mit zunehmender Ausbringungsmenge (Zeitdimension) grundsätzlich ein Stückkostensenkungspotenzial ergibt. Dieses Kostensenkungspotenzial könnte bei einer Realisation genutzt werden, um die eingesparten Kosten an den Kunden weiterzugeben und somit den Wettbewerb durch die Preispolitik unter Druck zu setzten.

Darüber hinaus können sich während eines Produktlebenszyklus technologische Entwicklungen verändern, die sich möglicherweise auf die Preise auswirken. Neue Technologien können sowohl zu Kostensteigerungen als auch zu Kostensenkungen führen. Der Vorteil bei dynamischen Preisfestlegungen liegt in der tendenziell realistischeren Abbildung zukünftiger Einflüsse, was in einer von zunehmender Veränderungsdynamik geprägten Zeit ein höheres Maß an Flexibilität erlaubt. Nachteilig wirkt sich die höhere Komplexität aus, die mit der Einbeziehung zukünftiger Zeitperioden einhergeht.

6.4.4 Strategien der Preispolitik

Die bisherigen Ausführungen zeigten die unterschiedlichen Methoden zur Preisfestsetzung auf. Für die Unternehmen ergibt sich auf der Basis der unterschiedlichen Ansätze letztendlich die Notwendigkeit, eine Preisstrategie zu entwickeln. Da der Preis nicht losgelöst von der Art und Qualität der Leistung gesehen werden kann, muss das Management demnach eine Preis/Leistungsstrategie entwickeln, die an der Wahrnehmung der Zielgruppen auszurichten ist. Simon/Fassnacht (2009) unterscheiden drei grundsätzliche, dauerhafte strategische Preispositionierungen:

- Niedrigpreisposition
- Mittelpreisposition
- Premiumpreisposition

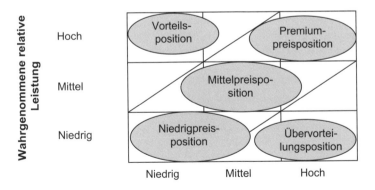

Abbildung 6.5: Idealtypische Preispositionen
Quelle: Simon/Fassnacht 2009, S. 34

Niedrigpreisposition

Eine Niedrigpreisposition soll aus der Kundenperspektive eine relativ niedrige Leistung mit einem relativ niedrigen Preis verbinden. Kunden, die sich aufgrund ihrer Präferenzen bewusst für eine niedrigere Preis-Leistungsbündelung entscheiden, erwarten zwar grundsätzlich eine Mindestqualität des Produkts, entscheidend für den Kauf ist jedoch der Preis. Beispiele für eine Niedrigpreisstrategie sind vor allem die Lebensmitteldiscounter wie Aldi oder Lidl, die oftmals ihre Waren in ihren Filialen in einem relativ schmucklosen Umfeld anbieten. Auch in der Luftfahrtindustrie existieren Niedrigpreisanbieter, so genannte „Billigflieger" wie Ryanair oder Air Berlin, die ein sehr begrenztes bzw. niedriges Leistungsspektrum (keine kostenlosen Speisen und Getränke) anbieten.

Um sich nachhaltig als Niedrigpreisanbieter im Markt etablieren zu können, muss ein Unternehmen trotz dieser niedrigen Preise eine auskömmliche Rendite erwirtschaften. Dies ist nur unter gewissen Voraussetzungen möglich: Erstens, der Markt muss eine Mindestgröße besitzen, damit die geringere Gewinnmarge über entsprechend hohe Stückzahlen kompensiert werden kann. Zweitens, das Unternehmen mit einer Niedrigpreisstrategie muss über signifikante Kostenvorteile verfügen, d.h. es muss sowohl seine Beschaffungs- als auch seine Produktions- Vertriebs- und Verwaltungsprozesse kosteneffektiver organisieren als die Wettbewerber. Eine dauerhafte Kostenführerschaft ist nur durch eine kontinuierliche Überprüfung und Optimierung sämtlicher Prozesse entlang der Wertschöpfungskette möglich, insofern erfordert diese preispolitische Ausrichtung eine hohe Kostenmanagementkompetenz. Darüber hinaus sind Produkte bzw. Leistungen nach Möglichkeit zu standardisieren, um über diese Vereinfachung in Verbindung mit hohen Stückzahlen skalenökonomische Effekte zu generieren.

Mittelpreisposition

Nach Simon/Fassnacht (2009) verfolgt eine Mittelpreisposition das Ziel, beim Konsumenten eine marktdurchschnittliche Leistung zu einem entsprechendem marktdurchschnittlichen Preis anzubieten. Allerdings ist eine gute und nachhaltige Produktqualität erforderlich, um sich auf einem Mindestniveau von Wettbewerbsleistungen zu differenzieren. Simon/Fassnacht (2009) zeigen einige der positiven und negativen Besonderheiten von Mittelpreispositionen auf:

- Klassische und bekannte Mittelpreisprodukte sind tendenziell positiv beim Verbraucher positioniert und lösen dementsprechende Assoziationen aus
- Viele Menschen tendieren bei ihrem Kaufverhalten zu ausgewogenen und weniger polarisierenden Produkten, d.h. sie möchten keine „Billigprodukte" oder „Angeberprodukte" erwerben
- Leistungen in der Mittelpreislage sind Angriffen sowohl von Niedrigpreisanbietern als auch von Premiumleistungsanbietern ausgesetzt.

Beispiele für Leistungen in diesem Segment sind Nivea-Produkte, Fahrzeuge von Opel oder VW; im Gegensatz dazu grenzen sich nach unten die Marken und Leistungen der Discounter oder die Produkte koreanischer Fahrzeughersteller ab. Die Position als Mittelpreisanbieter ist in der Praxis und Theorie nicht unumstritten. So wird von einigen Autoren die Ansicht vertreten, dass eine mittlere Positionierung nicht dauerhaft zu erhalten sei, wie sie auch von Michael Porter vertreten wird. Sicherlich muss eine Marke oder eine Leistung im mittleren Segment in einem dynamischen Markt stets überprüft und ggf. an die Veränderungen angepasst werden, dies trifft jedoch grundsätzlich für sämtliche Preispositionierungen zu. Eine Leistungsverbesserung von Niedrigpreisprodukten kann ebenso eine Gefährdung darstellen wie eine ausgedünnte Leistung eines Premiumanbieters, entscheidend für den Markterfolg ist jedoch die aktive Pflege und Weiterentwicklung der Produkte sowie der Marken in diesem Preissegment. Gerade Marken wie Nivea, Schwartzkopf, Dr. Oetker, VW, Opel u.a. verdeutlichen, dass eine Mittelpreisposition durchaus über mehrere Generationen eine erfolgreiche Preisstrategie sein kann.

Premiumpreisposition

In diesem Segment werden qualitativ hochwertige Leistungen zu hochwertigen Preisen angeboten. Als Klassiker einer Premiumpreisposition zählt Mercedes, ein Produkt, das für seine Qualität weltweit einen sehr guten Ruf genießt, gleichzeitig müssen die Kunden einen deutlich höheren Preis als bei einem qualitativ geringwertigem Produkt bezahlen. Premiumpreis- bzw. Premiumpreisleistungspositionen existieren nicht nur bei Fahrzeugherstellern sondern nahezu in jeder Branche. So bietet der Baumaschinenhersteller Hilti im Bereich Bohrhämmer (Bohrmaschinen) ein hochwertiges Leistungsprogramm an, während sich Miele auf hochwertige Wasch- und Geschirrspülmaschinen (so genannte „weiße Ware") spezialisiert hat; hochwertige Mode- und Kosmetikartikel werden z.B. von Boss und Gucci entwickelt und vertrieben. Die gezeigten Beispiele zeigen darüber hinaus, dass Premiumpreisstrategien sich nicht auf den Konsumgüterbereich beschränken, sondern dass auch Investitionsgüterhersteller ebenfalls Hochpreispositionen einnehmen können.

Im Vordergrund bei Premiumsegmenten steht die Differenzierung gegenüber Wettbewerbern durch die hohe Leistungsqualität. Ein Porsche wird beispielsweise an seiner Motorleistung, seinem individuellen Design und seiner extravaganten Ausstattung gemessen, die preisliche Dimension hat für die Kunden nicht die hohe Bedeutung wie für Kunden der anderen Preisleistungssegmente. Ein wichtiger Aspekt bei Premiumprodukten ist die emotionale und psychologische Bedeutung für die Konsumenten. Ein Jaguar signalisiert z.B. Souveränität, Exklusivität und Erfolg, während eine Harley Davidson ebenfalls Exklusivität, jedoch mit Freiheitsassoziationen gepaart, vermittelt. Für viele Kunden sind es spezifisch die mit den Produkten verbundenen Botschaften und Assoziationen, die kaufrelevant sind.

Premiumprodukte heben sich nicht nur hinsichtlich ihrer Eigenschaften, sondern auch durch ihren hohen Preis von den Produkten anderer Segmente ab. Der Eigentümer oder Nutzer dieser exklusiven Produkte signalisiert seiner Umwelt gleichzeitig, dass er/sie es sich leisten kann, diese hochpreisigen Produkte zu kaufen; insofern kommt der Kontinuität preispolitischer Maßnahmen eine sehr hohe Bedeutung zu. Preissenkungen würden sich tendenziell negativ auf die Exklusivität und auf das Image auswirken, daher sollten diese grundsätzlich unterbleiben.

Dieser dreigliedrige Ansatz entspricht grundsätzlich dem statisch orientierten Preissetzungsverfahren, darüber hinaus existieren weitere, dynamisch orientierte Preisstrategieansätze, die Abschöpfungs- und Penetrationspreisstrategie, die im Folgenden vorgestellt werden.

Abschöpfungs- und Penetrationspreisstrategie

Die Abschöpfungs- und die Penetrationsstrategie sind zwei unterschiedliche Ansätze, die mit der Einführung neuer Produkte und Leistungen preispolitisch angewandt werden können. Im Zeitverlauf des Produktlebenszyklus werden die Produktpreise von den Unternehmen verändert, unabhängig von einer Anreicherung oder Ausdünnung des Leistungsangebots.

Die *Abschöpfungspreisstrategie*, auch *Skimmingpreisstrategie* genannt, ist dadurch charakterisiert, dass zur Markteinführung zunächst ein hoher Preis gewählt wird, der im weiteren Zeitverlauf sukzessive gesenkt wird. Die Abschöpfungsstrategie erscheint am sinnvollsten, wenn Produkte in der Einführungsphase ein Alleinstellungsmerkmal besitzen, damit die Kunden das betreffende Produkt nicht durch ein Vergleichsprodukt eines Wettbewerbers substituieren können. Mit zunehmendem Angebot von ähnlichen oder vergleichbaren Leistungen durch den Wettbewerb passt das Unternehmen seine Preise an die Marktsituation an, d.h. die Preise werden in den Folgeperioden gesenkt. Diese Strategie wird v.a. in Branchen angewandt, die einer hohen Innovationsdynamik unterliegen wie der IT-Industrie, in der die Produktlebenszyklen trotz hoher Entwicklungsaufwendungen sich ständig weiter verkürzen. Die Skimmingpreisstrategie ermöglicht es, in einer relativ kurzen Zeit durch die hohen Preise tendenziell höhere Gewinnmargen zu erwirtschaften, damit die sinkenden Erträge, die durch die verkürzten Produktlebenszyklen entstehen, kompensiert werden können. Hier einige Beispiele: Sowohl bei der Einführung des so genannten i-phones von Apple als auch bei dem bekannten i-pod wurden zunächst relativ hohe Preise verlangt, im Zeitverlauf und dem verstärkten Auftreten von Wettbewerbsprodukten wurden diese zunehmend gesenkt. In extrem dynamischen Branchen kann die frühzeitige Amortisation der betreffenden Leistungen dazu genutzt werden, weitere Produkte und Lösungen zu entwickeln, insofern leistet diese Preisstrategie einen Beitrag zur Stärkung oder Stabilisierung der Innovationskraft der jeweiligen Unternehmen.

Die *Penetrationspreisstrategie* verfolgt den diametral entgegengesetzten Ansatz. Zunächst legt das Unternehmen für die neuen Produkte niedrige Preise fest, damit die Nachfrage besonders stimuliert wird und sich dadurch frühzeitig ein relativ hoher Marktanteil einstellt. Die starke Marktstellung kann das Unternehmen wiederum dazu nutzen, den preispolitisch bedingten Wettbewerbsvorteil weiter auszubauen, um dadurch sowohl skalenökonomische Effekte auszunutzen als auch Markteintrittshürden für potenzielle Wettbewerber auf- und auszubauen. Die Penetrationsstrategie kommt überwiegend in jenen Märkten zur Anwendung, wo ein Unternehmen nur schwierig ein Alleinstellungsmerkmal aufbauen kann und wo die Eintrittshürden für Wettbewerber grundsätzlich relativ gering sind. In Abb. 6.6 sind die Aspekte, die für die jeweiligen dynamischen Preisfestsetzungsverfahren sprechen, zusammengefasst.

Abschöpfungspreisstrategie	Penetrationspreisstrategie
• relativ kurze Amortisationszeiträume • durch schnellere Mittelrückflüsse höhere Liquidität zur (Re)Investition für neue Produktentwicklungen • effektives Abschöpfen der Preisbereitschaft möglich • Schaffung eines Preis-Senkungsspielraums • positive Qualitätssignale durch den relativ hohen Preis	• relativ kurzzeitige Marktanteilsteigerungen möglich • bei geschicktem Management können skalenökonomische Effekte erzielt werden • Schaffung potenzieller Markteintrittsbarrieren gegenüber Wettbewerbern • Aufgrund hoher Absatzvolumina trotz geringer Stückgewinne hohes Gesamtgewinnpotenzial

Abbildung 6.6 Positive Aspekte der Abschöpfungs- und Penetrationspreisstrategie

6.5 Preispolitik in der Bauwirtschaft

6.5.1 Traditionelle Preisangebotspolitik

Wie bei allen Märkten orientieren sich Preisbildungsprozesse an den Angebots- und Nachfragekonstellationen. In der Bauwirtschaft kann die Einzigartigkeit (Unikatcharakter) der Leistung bei der Preisbildung ebenfalls Berücksichtigung finden. In Anlehnung an Köster (2007) findet die Preisbildung in Bauunternehmen in einem Spannungsfeld unterschiedlicher Faktoren wie der Herstellkosten, den geschätzten Preisen der Wettbewerber und der Zahlungsbereitschaft der Kunden statt. Dies korrespondiert mit den in Abschnitt 7.4 bereits erwähnten kostenorientierten, nachfrageorientierten und wettbewerbsorientierten Preissetzungsverfahren. Traditionell wird ein Bauprojekt zunächst auf der Basis der Kosten durchkalkuliert, im weiteren Verlauf der Angebotsbearbeitung fließen in der Regel sowohl wettbewerbliche als auch nachfrageorientierte Aspekte mit ein.

Die kostenbasierte Preissetzung (Kalkulation nach Herstellkosten) ist in der Praxis der dominierende Ansatz, da Bauprojekte sehr unterschiedlich und komplex sind; gibt das Unternehmen einen Angebotspreis ab, ist es grundsätzlich verpflichtet, die vereinbarten Leistungen zu diesem Preis zu liefern. Die mit der Leistungserstellung verbundenen Aufwendungen erschließen sich dem Anbieter allerdings erst nach einer eingehenden Prüfung und Auswertung der Planungs- bzw. Ausschreibungsunterlagen, sodass die Kalkulation dem Unternehmen eine erste Orientierung für ein kostendeckendes Angebot liefert.

Die rechtlichen Grundlagen der Beschaffungsverfahren der Nachfrager üben einen starken Einfluss auf die Wettbewerbsintensität und somit auf die Preisgestaltung aus. Die Entscheidung eines Kunden, einem Bauunternehmen einen Bauauftrag zu erteilen, nennt man Auftragsvergabe. Diese Auftragsvergabe bei öffentlichen Auftraggebern kann sehr stark von der Vergabe privater Investoren variieren. So steht bei öffentlichen Aufträgen (beispielsweise bei Schulgebäuden, Verkehrsinfrastruktur, Krankenhaus- oder Verwaltungseinrichtungen) der Wirtschaftlichkeitsaspekt bei der Auftragsvergabe im Vordergrund, was in der Praxis häufig dazu führt, dass die öffentlichen Auftraggeber dem preisgünstigsten Anbieter der Vorzug einräumt. In Abhängigkeit von der Wettbewerbsintensität kann dies teilweise zu ruinösen Preiskämpfen führen, wie in den zurückliegenden Jahren häufiger zu beobachten war.

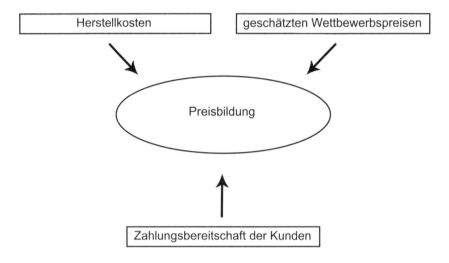

Abbildung 6.7 Einflussfaktoren auf die Preisbildung bei klassischen Bauunternehmen

Im Gegensatz zu öffentlichen Auftraggebern können sich Privatinvestoren, die prinzipiell nur ihren organisationsinternen Beschaffungs- bzw. Vergabekriterien unterliegen, ohne besondere Voraussetzungen direkt an wenige geeignete Bieter zu einer Angebotsabgabe wenden oder einem geeigneten Unternehmen direkt einen Auftrag erteilen, was im öffentlichen Sektor nur in besonderen Situationen möglich ist.

Bei öffentlichen Auftraggebern existieren drei klassische Vergabemodalitäten, die in der Verdingungsordnung für Bauleistungen (VOB), dem gesetzlichen Rahmen für die öffentliche Bauauftragsvergabe, geregelt sind:

- die öffentliche Ausschreibung
- die beschränkte Ausschreibung
- die direkte Vergabe

6.5 Preispolitik in der Bauwirtschaft

Bei einer *öffentlichen Ausschreibung* werden Bauleistungen nach einem vorgeschriebenen Verfahren öffentlich ausgeschrieben, um die sich eine unbegrenzte Anzahl von Bietern bewerben kann. Eine öffentliche Ausschreibung ist vorgeschrieben, wenn nicht die Eigenart der Leistung oder besondere Umstände dies erfordern.

Eine *beschränkte Ausschreibung* kann vorgenommen werden, wenn

- eine öffentliche Ausschreibung einen unzumutbaren Aufwand erfordern würde, der in einem deutlichen Missverhältnis zu einem möglichen Nutzen steht oder
- wenn andere Gründe (z. B. Dringlichkeit oder Geheimhaltung) keine öffentliche Ausschreibung als zweckmäßig erscheinen lassen
- eine öffentliche Ausschreibung kein akzeptables Ergebnis erbrachte.

Eine *direkte Vergabe* ist dann zulässig, wenn

- eine öffentliche und eine beschränkte Ausschreibung unzweckmäßig sind
- für eine Leistung aus besonderen Gründen (z. B. technische Expertise, Patentschutz) nur ein bestimmtes Unternehmen in Betracht kommt
- weil die auszuführende Leistung Geheimhaltungsvorschriften unterworfen ist.

Bei einer *öffentlichen Ausschreibung* verläuft das übliche Preissetzungsverfahren folgendermaßen:

Die zu erbringende Leistung wird technisch von der ausschreibenden Stelle, oftmals ein vom Auftraggeber beauftragtes spezialisiertes Ingenieurbüro, technisch definiert, was sich in einem so genannten Leistungsverzeichnis niederschlägt. In der Regel werden im Leistungsverzeichnis die Einzelleistungen detailliert nach Art, z.B. Erdbewegungen, Ausschachtungsarbeiten, und nach ihrem Umfang (Menge), z.B. 10.000 Kubikmeter, aufgeführt. Auf der Basis dieser Planungsunterlagen, die die Bauunternehmen von der ausschreibenden Stelle anfordern können, kalkulieren die Bauanbieter ihre Angebote. Je nach Vertragsgestaltung übernimmt das bietende Unternehmen das Risiko für mögliche Massenabweichungen (zu niedriger Ansatz der Mengen vom Auftraggeber oder einem Beauftragten) bzw. das Preisrisiko. Preisrisiko bedeutet, dass das Risiko bei steigenden Beschaffungspreisen von Baustoffen und Baumaterialien nach der Auftragsvergabe und nach Vertragsabschluss ausschließlich beim Auftragnehmer (Bauunternehmen) verbleibt. Das bedeutet, dass die Anbieter von Bauleistungen die zukünftige Preisentwicklung prognostizieren und diese Preisprognosen in ihre Kalkulation dementsprechend einbauen müssen.

Darüber hinaus existiert ein weiteres Risikopotenzial für Bauunternehmen, das sie in ihrer Preiskalkulation berücksichtigen müssen, das so genannte Vollständigkeitsrisiko. Das Vollständigkeitsrisiko bezieht sich auf die Vollständigkeit der Positionen im LV; ist das LV unvollständig, stellt sich die Frage der Haftung, wer für die dennoch notwendige Leistung finanziell aufkommen soll. Nach Girmscheidt (2007) ist das Vollständigkeitsrisiko in Detail-Pauschalverträgen nicht, in Global-Pauschalverträgen jedoch sehr wohl enthalten.

Aus dieser Perspektive ergeben sich drei Hauptrisiken für die Kalkulation bzw. für die Festsetzung der Angebotspreise der Bauunternehmen auf der Basis des LV, die in Abb. 6.8 dargestellt werden:

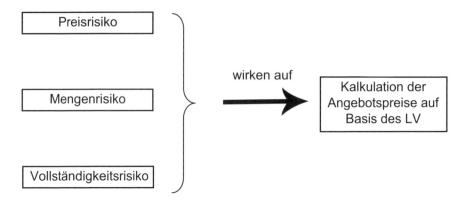

Abbildung 6.8 Hauptrisiken bei der Kalkulation und Festsetzung von Angebotspreisen

In den seltener vorkommenden Vergabeformen der *beschränkten Ausschreibungen* bzw. bei der *Direkten Vergabe* ändert sich zunächst lediglich nur die Wettbewerberanzahl, d.h. die Wettbewerbsintensität, die strukturellen Risiken bei der Bepreisung der Positionen des LV bleiben je nach Vertragsform grundsätzlich erhalten.

Nachdem die Bauunternehmen die Bepreisung der Einzelpositionen sowie der Mengenangaben des LV vorgenommen haben, müssen weitere Aufwendungen in der Preiskalkulation berücksichtigt werden.

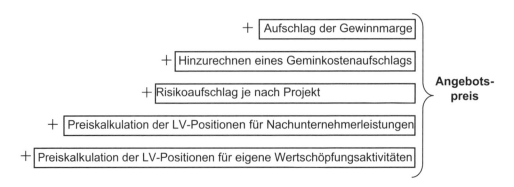

Abbildung 6.9 Mögliche Zusammensetzung der Preiskalkulation zur Erstellung eines Angebotspreises

6.5 Preispolitik in der Bauwirtschaft

In Abb. 6.9 wird eine mögliche Zusammensetzung der Kalkulation zur Ermittlung des Angebotspreises aufgezeigt. Zunächst erfolgt eine Bepreisung der Positionen des LV, die das Unternehmen in Eigenleistung erstellen will. Parallel dazu werden für die LV-Positionen, die durch Nachunternehmer erbracht werden sollen, Preisangebote eingeholt. In der Regel kennt das bauausführende Unternehmen eine ausreichende Anzahl geeigneter Nachunternehmer (NU) aus vorangegangenen Projekten, die für das zu bearbeitende Projekt angefragt werden. Je nach der Angebotspolitik des Bauunternehmens werden zu diesen Preisen der NU unterschiedlich hohe Aufschläge hinzugerechnet, die in der Praxis nach Realisation als Vergabegewinne bezeichnet werden. In Abhängigkeit von der Risikobewertung werden unterschiedliche Risikoaufschläge berücksichtigt, bevor der Gemeinkostenaufschlag einkalkuliert wird. Die Notwendigkeit für einen Gemeinkostenaufschlag ergibt sich aus der Vorhaltung der Unternehmensinfrastruktur zur Akquisition, Bearbeitung, Unterstützung und Steuerung von Projekten.

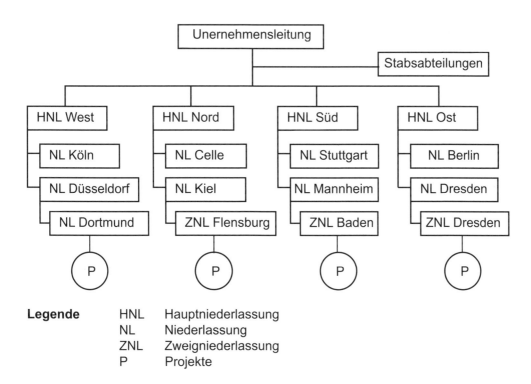

Abbildung 6.10: Übliche Organisationsform deutscher Bauunternehmen in den 1990er Jahren

Aus Abb. 6.10 wird ersichtlich, dass die typische Organisationsstruktur der Bauunternehmen mit den unterschiedlichen Hierarchieebenen nicht nur mehrstufig, sondern auch relativ komplex, personal- und somit kostenintensiv ist. In der Regel werden die Projekte von der Zweigliederlassung oder von der Niederlassung akquiriert, bei umfangreichen Projekten wird auf die Unterstützung der Hauptniederlassung bzw. benachbarter Niederlassungen oder

Zweigniederlassungen zurückgegriffen. Eine detailliertere Betrachtung der Organisation der Bauunternehmen erfolgt im Kapitel Distributionspolitik.

Die Höhe der Gemeinkosten (GK) bzw. der Gemeinkostenaufschläge, die grundsätzlich durch die Projekterlöse erwirtschaftet werden müssen, führen in der Praxis immer wieder zu Differenzen zwischen den einzelnen Organisationseinheiten. Da die Höhe des Aufschlages der GK tendenziell die häufig preisbasierte Wettbewerbsfähigkeit bzw. die Ertragspotenziale verringert, sind derartige Konflikte vorprogrammiert.

Ein entscheidender Faktor bei der Preisbildung ist die Absicht oder die Strategie, die das Unternehmen mit der Akquisition eines Projekts verfolgt. Beispielsweise kann es durchaus Sinn machen, wenn ein Unternehmen kurzfristig einen Bauauftrag annimmt, der lediglich die Kosten deckt, aber keinen Gewinn erwirtschaftet, wenn ansonsten keine Auslastung der existierenden Kapazitäten zu erreichen wäre. Ein weiteres Beispiel: Wenn ein Bauunternehmen sich ein neues Geschäftsfeld erschließen möchte, stößt es häufig an die Hürde, das es seine technische Kompetenz nicht durch ein bereits realisiertes Referenzprojekt dokumentieren kann. In diesen Fällen versuchen die Unternehmen, sich in einer Bietergemeinschaft mit anderen, die bereits über die erforderlichen Projekterfahrungen verfügen, um das Projekt zu bewerben. Sollte die Mehrheit der Bietergemeinschaft beabsichtigen, zu einem Preis anbieten, der für das Unternehmen nicht kostendeckend ist, könnte es dennoch aus strategischen Erwägungen (Gewinnung eines Referenzprojekts und Aufbau einer spezifischen Kompetenz) eine Preispolitik verfolgen, die es ansonsten ablehnt. Insofern können strategische oder taktische Erwägungen jenseits von üblichen preispolitischen Verfahren eine gewichtige Rolle spielen. Einige der Gründe, warum die Bauunternehmen gelegentlich eine Preisangebotspolitik verfolgen, die nicht kostendeckend oder nicht gewinnerwirtschaftend ist, werden hier kurz skizziert:

- Erstens, zunächst sind die Bauanbieter grundsätzlich bemüht, ihre Kapazitäten auszulasten, da eine Kapazitätsanpassung in der Bauwirtschaft häufig nicht zeitnah organisiert werden kann
- Zweitens verfolgen viele Bauunternehmen die Politik, über niedrige „Einstiegspreise" zunächst den Zuschlag zu erhalten, um zu einem späteren Zeitpunkt über so genannte Nachtragsverhandlungen für bestimmte Einzelleistungen deutlich höhere Preise zu erzielen, was im Ergebnis zu verbesserten Durchschnittspreisen und zu einer verbesserten Ertragssituation führen soll
- Drittens versuchen einige Unternehmen, ihre schwierige Finanzsituation durch die Erwirtschaftung auch geringfügiger Deckungsbeiträge zu stabilisieren.

Die Preispolitik der meisten Bauunternehmen steht demnach in einem Zielkonflikt zwischen der Notwendigkeit der Gewinnwirtschaftung, der Berücksichtigung der Wettbewerbspreise und der Bereitschaft der Kunden, in Abhängigkeit von der erwarteten Qualität der Leistung auch dementsprechende Preise zu zahlen.

Eine derartige Rahmensituation führt sowohl unternehmensintern als auch -extern zu multiplen Konfliktsituationen bzw. intensiviert bestehende Konfliktpotenziale. Innerhalb des Unternehmens existiert ein Grundkonflikt zwischen einer kurzfristig orientierten Preispolitik, die ggf. zu nicht kostendeckenden Preisangeboten führt, deren Fortsetzung jedoch langfristig die Substanz des Unternehmens schädigt. Zwischen den Bauherren und den Bauunternehmen führen die niedrigen Angebotspreise ebenfalls zu Konflikten, vor allem, wenn die Bauunternehmen versuchen, über Nachtragsverhandlungen die niedrigen Angebotspreise während der Bauphase zu optimieren. Auch unter den verschiedenen Anbietern können grundsätzlich Konflikte entstehen, die durch die spezifischen Umfeldbedingungen weiter an Bedeutung gewinnen: Bei vielen komplexen Projekten schließen sich unterschiedliche Unternehmen zusammen; während der Angebotsphase wird dies als Bietergemeinschaft, nach der Auftragserteilung als Arbeitsgemeinschaft (ARGE) bezeichnet. Im Rahmen dieser projektbezogenen Kooperationen ist es grundsätzlich wichtig, dass die Partner innerhalb der Bietergemeinschaft eine abgestimmte Preispolitik vornehmen, dies kann jedoch stark von der jeweiligen übergeordneten Interessenlage der Bieter abhängen. So könnte einer der Bieter durch dieses spezifische Projekt einen Einstieg in ein neues Geschäftsfeld beabsichtigen, ein Nachweis über ein erfolgreiches Projekt würde für diesen Bieter einen wirtschaftlichen Vorteil darstellen, weshalb dieses Unternehmen eher eine geringere Gewinnmarge akzeptieren würde als ein Anbieter mit einer anderen Interessenlage.

Die bisherigen Ausführungen verdeutlichen, dass die Preispolitik der Bauunternehmen in einer komplexen Umfeldsituation stattfinden und das jedes Bauprojekt ein Unikat ist, dessen spezifische Risiken vertraglich und preispolitisch individuell gemanagt werden müssen. Die häufig ungleiche Risikoverteilung zwischen Auftraggeber und Auftragnehmer zulasten der Bauunternehmen und die damit verbundenen wirtschaftlichen Risiken fanden aufgrund des relativ hohen Wettbewerbs der letzten Jahre nicht immer eine angemessene Berücksichtigung in der Preispolitik. Aus dieser Umfeldsituation suchten viele der Bauunternehmen unterschiedliche Lösungsansätze, hier nur zwei, die preisangebotspolitische Relevanz besitzen:

- Erschließen renditestarker Marktsegmente bzw. Ausstieg aus renditeschwachen Marktsegmenten
- Selektive, Risiko reduzierende Angebotspolitik und eine stärker gewinnorientierte Preisangebotspolitik

Die Umsetzung dieser preispolitischen Ansätze wird im nächsten Abschnitt in Kürze aufgezeigt.

6.5.2 Neue Ansätze der Angebots – und Preispolitik

Die traditionelle Angebotspolitik der Bauunternehmen führte in den letzten Jahren zu Konstellationen, die preispolitisch häufig nur Gewinner oder Verlierer zuließ, wobei viele Bauunternehmen unfreiwillig in die Rolle des Verlierers gerieten. Durch die relativ hohe Wettbewerbsintensität übernahmen die Unternehmen Risiken, die in der Preisangebotspolitik nicht angemessen berücksichtigt wurden; insofern sind angebots- und preispolitische Maßnahmen nicht ohne das damit verknüpfte Risikoprofil zu sehen.

Die konfliktäre Kultur zwischen den Akteuren verzögerte viele innovative preispolitische Ansätze, die bei einer Realisierung zu wirtschaftlichen Vorteilen für sämtliche Beteiligten hätten führen können, erst nach den teilweise ruinösen Preiswettbewerben überdachten viele der Bauunternehmen ihre Preispolitik. Neben der Erschließung neuer renditestärkerer Marktsegmente wie beispielsweise im Bereich höherwertiger technischer Dienstleistungen versuchten die Unternehmen, ihr Angebotsverhalten deutlich selektiver auszurichten. Das Risikomanagement der meisten Bauunternehmen wurde im Zuge dieser Politik weiter professionalisiert, und viele Bauunternehmen nahmen an extrem wettbewerbsintensiven Ausschreibungen nicht mehr teil. Manche Bauunternehmen verlagerten einen Teil ihrer Aktivitäten ins Ausland, wo sie, je nach Markt und Projekt, teilweise deutlich höhere Preise als in Deutschland erzielen konnten.

Risikooptimierte Ansätze

Ein Ansatz, die Preispolitik im Sinne der Bauunternehmen zu modernisieren, ist das Preisrisiko nicht mehr zu übernehmen und dieses beim Auftraggeber zu belassen. Im Fall steigender Baumaterialpreise können derartige Preisgleitklauseln ein Bauunternehmen in die Lage versetzen, dem Bauherrn die zusätzlichen Kosten ohne weitere Verhandlungen in Rechnung zu stellen. Diese Vertrags- und Preispolitik ordnet einen Teil des Gesamtrisikos dem Auftraggeber zu, allerdings setzt eine derartige Preispolitik ein relativ hohes Maß an Transparenz und Vertrauen zwischen Anbietern (Auftragnehmer) und Nachfragern (Auftraggebern) voraus. Diese Transparenz kann u.a. dadurch geschaffen werden, dass die Bauunternehmen eine „Politik der offenen Bücher" leben und dem Bauherrn gegenüber ihre Beschaffungsprozesse transparent inklusive der Beschaffungspreise aufzeigen.

In einem Artikel des Handelsblatts vom 09.10.2009 wird der Finanzvorstand der Hochtief AG mit den Worten zitiert, dass der Baukonzern mittlerweile nur noch Verträge mit Eskalationsklauseln (Preisgleitklauseln) abschließt. Wenn ein Kunde nicht bereit ist, dieses Preisrisiko zu übernehmen, lehnt das Unternehmen den Auftrag ab. Die Folge dieser neuen Angebots- und Preisphilosophie: Viele Kunden verweigern die Übernahme des Risikos und wählen andere Bauunternehmen für den Bau ihrer Projekte aus. Dazu bezieht der Vorstandsvorsitzende des Unternehmens im gleichen Artikel folgende Position: Risikomanagement gehöre zu den wichtigsten Aufgaben im Baugeschäft und unkalkulierbare Risiken gehe man nicht mehr ein, auch wenn sich dadurch das Geschäft halbiere. Diese klare Preispositionierung bedeutet eine Abkehr von der bisherigen Angebotspolitik und stellt einen Versuch dar, neue Ansätze in der preispolitischen Landschaft der Bauwirtschaft zu etablieren.

Lebenszyklusansätze

Ein weiterer Ansatz für eine innovative Preispolitik wird durch die Einbeziehung des gesamten Lebenszyklus des Bauprojekts erschlossen. Bis dato orientieren sich die Preisangebote in der Regel an den Leistungsverzeichnissen der Kunden oder ihrer Vertreter (Ingenieurbüros). Das bedeutet, dass sämtliche Planungsüberlegungen nicht durch das Bauunternehmen übernommen werden und es somit lediglich operative Umsetzungsplanungen zu erbringen hat, wodurch die gesamte Erfahrungs- und Planungskompetenz des Bauunternehmens weitgehend ungenutzt bleibt. Im Fokus der Preisbetrachtung steht somit lediglich der Preis für die Errichtung des Bauwerks, was aus der Beschaffungsperspektive (Auftraggeberperspektive) dem Herstellungs- oder Anschaffungskostenprinzip entspricht. Unterteilt man den Lebenszyklus einer Immobilie jedoch in Bau- und Betriebsphasen, verteilen sich die Gesamtkosten für den Eigentümer oder Nutzer generell im Verhältnis 30% (Bau) zu 70% (Betrieb).

Bei einer Lebenszyklusbetrachtung wird schnell deutlich, dass ein Großteil der Kosten für den Nutzer *nach* der Bauphase entsteht, insofern erscheint die Fokussierung der Preisverhandlungen auf die Baukosten verkürzt und betriebswirtschaftlich unverständlich. Ein Beispiel mag dies verdeutlichen: Bei Verwendung spezieller hochwertiger Dämmstoffe während der Bauphase kann der Gebäudekörper insgesamt besser isoliert werden, was zwar zu einer Erhöhung der Baukosten führt; über die Gesamtnutzungsdauer können jedoch durch die verbesserte Wärmeisolierung Heizkosten eingespart werden, die die anfänglichen Mehrausgaben um ein mehrfaches übersteigen. Ein weiteres Beispiel: In Zeiten stetiger und starker Veränderungszyklen unterliegen die ursprünglichen Nutzungskonzepte, z.B. für ein Bürogebäude, in manchen Fällen bereits nach einigen Jahren ebenfalls veränderten Anforderungen; teure Umbaumaßnahmen sind dann die häufige Folge. Auch hier könnte durch eine Berücksichtigung möglicher zukünftiger Nutzungsalternativen während der Planungsphase der mögliche spätere Aufwand teilweise erheblich reduziert werden.

Ein Unternehmen dem es gelingt, die Kunden von den langfristigen wirtschaftlichen Vorteilen einer Lebenszyklusbetrachtung zu überzeugen, kann sukzessive eine veränderte Preis- und Angebotspolitik im Markt etablieren. Bei dieser Betrachtung wird ein Perspektivenwechsel von der ursprünglichen Anschaffungskostenorientierung zu einer (über die voraussichtliche Lebensdauer) Gesamtkostenperspektive vorgenommen. Dieser Ansatz führt zu einer veränderten Ausrichtung, in der Regel zu einer Ausweitung der Leistungsangebotspolitik.

PPP-Ansatz

Eine weitere Option preispolitisches Neuland zu erschließen ist die Beteiligung an neuen Kooperationen zwischen öffentlicher Hand und privaten Anbietern, so genannte Public Private Partnership Projekte (PPP Projekte). Auch wenn diese Projekte überwiegend in den Medien und Fachzeitschriften als eine neue Beschaffungsvariante öffentlicher Institutionen dargestellt wird, bieten Beteiligungen an PPP-Projektausschreibungen zumindest grundsätzlich die Möglichkeit, ähnlich wie beim Lebenszyklusansatz, aufgrund der im Vergleich zum klassischen Baugeschäft deutlich erweiterten Wertschöpfungsaktivitäten eine neue Preispolitik entlang einer neuen Wertschöpfungskette zu gestalten. Je nachdem, in welcher Phase (Bau- und/oder Betriebsphase) oder in welchen Phasen das bietende Unternehmen tätig wird, kann es durch unterschiedliche Teilleistungspreispolitiken gesamtpreispolitisch erfolgreich sein: Beispielsweise kann ein Baudienstleister, der ein Bauprojekt plant, finanziert, baut und betreibt für diese jeweiligen Teilleistungen unterschiedliche preispolitische Akzente setzen, auch weil mit den einzelnen Teilleistungen unterschiedliche Risikostrukturen verbunden sind.

Partnering

Zeitlich versetzt zu den USA und Großbritannien, wo die Baurezession bereits Ende der 1980er Jahre spürbar einsetzte, entwickelten sich in Deutschland erst ab Mitte der 1990er Jahre die ersten Tendenzen, die Konfliktkultur in der Baubranche zu überwinden und stattdessen partnerschaftliche Ansätze zu verfolgen und auszubauen (Eschenbruch/Racky 2009, S. 8 ff.). Seit Anfang des nachfolgenden Jahrzehnts wurde Partnering als neuer Managementansatz vermehrt in Wissenschaftszirkeln diskutiert. Grundsätzlich handelt es sich bei Partnering um einen kooperativen Ansatz, den zwei oder mehr Organisationen verfolgen, um durch eine Effektivitätssteigerung der eingesetzten Partnerressourcen ihre spezifischen Ziele zu erreichen. Partnering stellt insofern einen Paradigmenwechsel dar, als das Instrumente entwickelt und etabliert werden, die die jeweiligen Projektbeteiligten eindeutig als Partner positionieren, die unter transparenten Rahmenbedingungen gemeinsam bei einer ausgewogenen Risiko- und Chancenverteilung ihre gewinnbringenden Ziele verfolgen. Diese Abkehr von der durch eine unterschiedliche Interessenlage genährten Fokussierung ermöglicht es sämtlichen Beteiligten, ihre Energien auf das gemeinsam vereinbarte Ziel auszurichten und weniger Aufwand für die Austragung von Konflikten (wie beispielsweise durch umfangreiche Rechtsverfahren) aufwenden zu können. Diese Bestrebungen wurden durch einige der großen deutschen Baukonzerne als eigenes „Produkt" etabliert; so vermarktet die Hochtief AG ihr „Prefair"-Modell, die Bilfinger Berger AG ihren „GMP"-Ansatz und die Strabag AG ihre Version „teamconcept".

Die Unternehmen legen bei ihren unterschiedlichen Konzepten neue Vertragsmodelle zugrunde, die das Bauunternehmen tendenziell in einer Frühphase der Bauproduktionsprozessplanung einbinden. Dadurch können beispielsweise mögliche Änderungserfordernisse, die sich bereits in der Planungsphase abzeichnen, mit einem geringeren Aufwand als zu einem späteren Zeitpunkt aufgefangen und umgesetzt werden. Im Folgenden werden die in Deutschland üblichen Vertragsmodelle skizziert:

Klassische Vertragsmodelle

Einheitspreisvertrag: Diese Vertragsform ist derart gestaltet, dass sich die Vergütung nach der erbrachten Leistung auf der Basis eines Einheitspreises ergibt. Die zu erbringenden Leistungen werden als Einzelpositionen in einem Leistungsverzeichnis erfasst. Der prognostizierte Leistungsumfang fungiert demnach lediglich als Planungsgrundlage, die exakte Abrechnung kann erst nach Baufertigstellung vorgenommen werden. Der Vorteil dieses Vertragswerks liegt in der relativ leichten Überprüfbarkeit, für den Auftraggeber ergibt sich ein gravierender Nachteil: Die tatsächlichen Baukosten (Gesamtpreis) werden erst Beendigung des Projekts transparent.

Detail-Pauschalvertrag: Der Detail-Pauschalvertrag führt wie der Einheitspreisvertrag die zu erbringende Leistung detailliert auf, allerdings wird der Preis auf der Grundlage sämtlicher aufgeführten Leistungen pauschal festgelegt. Die Vergütung erfolgt somit abgekoppelt von den tatsächlichen Mengen bzw. von den Einzelpreisen. Der Gewinn für das bauausführende Unternehmen ergibt sich demnach aus der Differenz zwischen dem kalkulierten Preis abzüglich der tatsächlich anfallenden Kosten, sodass das Bauunternehmen seinen Gewinn erst nach Abschluss der Arbeiten exakt bemessen kann. Für den Auftraggeber bietet der Detail-Pauschalvertrag Vorteile wegen der hohen Planungssicherheit des Preises, für den Auftragnehmer steigt das Risiko bei einer derartigen Vertragsgestaltung enorm an.

Einfacher Global-Pauschalvertrag: Im Gegensatz zum Detail-Pauschalvertrag ist die zu erbringende Leistung zwar auch teilweise detailliert aufgeführt, jedoch wird sie durch globale Funktionsbeschreibungen ergänzt. Übliche Formulierungen sind dabei „komplett" oder „voll funktionsfähig".

Komplexer Global-Pauschalvertrag: Bei dieser Vertragsvariante werden die Leistungen lediglich pauschal beschrieben, was für den Bauherrn oder Auftraggeber sämtliche Risiken in Richtung Bauunternehmer (Auftragnehmer) verlagert.

Innovative Vertragsmodelle

GMP-Vertrag (guaranteed maximum price) bedeutet sinngemäß garantierter Maximalpreis und kennzeichnet so die Kostenobergrenze für den Auftraggeber. Diese Vertragstypen stammen aus dem britischen bzw. aus dem amerikanischen Markt, wo sie seit mehreren Dekaden erfolgreich angewendet werden. Die Ausgestaltung dieses Vertragstyps kann sehr unterschiedlich erfolgen, teilweise kommen GMP-Verträge mit detaillierter und teilweise mit pauschaler Leistungsbeschreibung zum Einsatz.

Kennzeichnend ist jedoch, dass im Vorfeld eine preisliche Obergrenze festgelegt wird, in vielen Fällen finden zusätzliche Anreizsysteme zur Kostenreduktion Eingang in diese Vertragswerke. Beispielsweise können die eingesparten Finanzmittel im Fall einer Kostenunterschreitung nach einem vorher vereinbarten Verteilungsschlüssel zwischen Auftraggeber und Auftragnehmer aufgeteilt werden. Um auch bei GMP-Modellen einen größtmöglichen Nutzen für die Vertragspartner zu generieren, ist ein kooperatives und vorausschauendes Verhalten der Akteure notwendig; so ist es v.a. wichtig, dass der Bauherr bereits in der Planungsphase die Expertise des Bauunternehmens nutzt, um notwendige Abstimmungen bereits vor den später folgenden Prozessschritten vornehmen zu können.

Cost plus Fee Verträge haben den Charakter von Selbstkostenerstattungsverträgen; die Vergütung setzt sich aus den jeweiligen Herstellkosten der Auftragnehmer sowie einer zusätzlichen Gebühr (Fee) zusammen. In der Gebühr sind die Gemeinkosten sowie ein Gewinnanteil; grundsätzlich existieren drei Varianten zur Festlegung der Cost plus Fee Verträge:

- Percentage Fee (prozentualer Aufschlag auf den Auftragwert)
- Fixed Fee (ein Pauschalbetrag)
- Incentive Fee (ein variabler prozentualer Aufschlag, je nach Vertragsgestaltung)

Die beiden kurz vorgestellten Vertragsformen GMP und Cost plus Fee finden indes in Deutschland wenig Anwendung, allerdings bemühen sich die Bauunternehmen, diese partnerschaftlichen Modelle zunehmend zur Geschäftsgrundlage zu machen.

Viele Bauunternehmen überdenken mittlerweile in regelmäßigen Zeitabständen sowohl ihre Leistungsangebotspolitik (Produktpolitik) als auch ihre Preisangebotspolitik. Dies ist erforderlich, da klassische Preissetzungsverfahren, in der Regel kostenbasierte Preisangebote, in vielen Fällen nicht mehr ausreichten, langfristig eine ausreichende Rendite zu erwirtschaften. Aus den Ausführungen sollte auch deutlich geworden sein, dass eine Preis- oder Angebotspolitik nicht losgelöst vom Risikoprofil, die mit der Leistungserstellung verbunden ist, betrachtet und gemanagt werden kann.

7 Kommunikationspolitik

7.1 Grundlagen und Aufgabenfelder der Kommunikationspolitik

Kommunikation ist zu einem wesentlichen Charakteristikum unserer Gesellschaft geworden. Neue Medien wie das Internet oder das Handy schaffen unabhängig von Ort und Zeit nahezu unbegrenzte Möglichkeiten, dass Menschen miteinander in Kontakt treten und sich beruflich oder persönlich motiviert austauschen. Kommunikation spielt sich in sämtlichen Lebensbereichen der Menschen ab, in diesem Kapitel steht jedoch die Kommunikation der Unternehmen im Fokus der Betrachtung.

Nach Bruhn (2007, S. 199) wird als Kommunikationspolitik „die Gesamtheit der Kommunikationsinstrumente und –maßnahmen eines Unternehmens bezeichnet, die eingesetzt werden, um das Unternehmen und seine Leistungen den relevanten Zielgruppen der Kommunikation darzustellen und/oder mit den Anspruchsgruppen des Unternehmens in Interaktion zu treten."

Nach dieser Definition ist der Rahmen kommunikationspolitischer Ziele des Unternehmens relativ weit abgesteckt und geht deutlich über den häufig mit Kommunikation gleichgesetzten Begriff der Werbung hinaus. Unternehmenskommunikation ist demnach eine Aktivität, die auch als zielgerichteter Prozess beschrieben werden kann. Grundsätzliche Kommunikationsmodelle verweisen häufig auf die Sender/Empfängerstruktur von Kommunikation, wobei diese Rollen in einem interaktiven Kommunikationsprozess durchaus mehrfach wechseln können, sodass aus dem ursprünglichen Sender ein Empfänger und umgekehrt werden kann.

Abbildung 7.1 Klassisches Sender/Empfänger-Kommunikationsmodell in Anlehnung an Schweiger/Schrattenecker 2005, S.12

Gelegentlich wird in der betriebswirtschaftlichen Literatur die Zielsetzung, die als Grundlage jeder kommunikationspolitischen Maßnahme definiert werden sollte, nicht ausreichend stark herausgehoben. Häufig soll die Kommunikationspolitik einen wesentlichen Beitrag dazu leisten, dass das Verhalten oder die Einstellungen der Empfänger im Sinne des Unternehmens beeinflusst werden. Die Beeinflussung kann grundsätzlich in zwei Zielrichtungen weisen, in Richtung Veränderung oder in Richtung Bestätigung bzw. Stabilisierung.

In Abb. 7.2 sind zwei mögliche Zieldimensionen und zwei Zielrichtungen der Kommunikationspolitik dargestellt. Beide Zieldimensionen, Verhalten und Einstellungen, können durch Kommunikationsmaßnahmen verändert oder bestätigt werden, je nach Zielsetzung des Unternehmens. Manche Autoren verweisen auf weitere Zielsetzungen wie Bekanntheitsgrad und Imageaufbau (Kuß 2001), allerdings wird hier die Auffassung vertreten, dass es sich bei diesen Zielen lediglich um Zwischenziele handelt, die konsequenterweise zu einer Einstellungs- oder Verhaltensbeeinflussung führen sollen.

Fuchs (2003, S. 41) verweist auf drei Anforderungen, denen die Kommunikationsziele entsprechen sollen; demnach müssen sie

- in die unternehmerische Zielhierarchie integriert sein
- funktionsadäquate Inhalte umfassen
- ausreichend präzise und operational definiert sein und

Integration in die unternehmerische Zielhierarchie

Kommunikationsziele stehen in einem engen Zusammenhang mit anderen Zielen, so können sie beispielsweise einen Beitrag zu den strategischen Unternehmenszielen oder zu den Marketingzielen leisten, die den Kommunikationszielen grundsätzlich übergeordnet sind, insofern kann man auch von abgeleiteten Zielen sprechen.

Funktionsadäquate Zielinhalte

Die in er Literatur häufig genannte Zielorientierung an ökonomischen Parametern (z.B. Marktanteil, Umsatz) kann nur teilweise durch kommunikationspolitische Maßnahmen erreicht werden, da die weiteren Marketing-Mix Instrumente ebenfalls einen signifikanten Einfluss auf diese Zieldimension haben. Es empfiehlt sich daher, eher Ziele, die zu einem deutlich höheren Anteil durch die Kommunikationspolitik beeinflusst werden, auszuwählen. Ziele, die für dieses spezifische Instrument funktionsadäquat und somit geeigneter erscheinen sollten, sich dementsprechend auf die Wahrnehmung und auf die Verankerung von Informationen beziehen.

Ausreichende Präzisierung und Operationalisierung von Kommunikationszielen

Um eine möglicht einheitliche Vorstellung der Zielvorgaben erreichen zu können, ist es unentbehrlich, dass die Kommunikationsziele eindeutig und ausreichend präzise formuliert und darüber hinaus operationalisiert werden. Während die Zielpräzisierung der Steuerungsfähigkeit dient, ist die Operationalisierung für die Umsetzung und Messbarkeit der kommunikationsziele unerlässlich.

In Anlehnung an Fuchs (2003, S. 42) sollten die Kommunikationsziele die folgenden Dimensionen berücksichtigen:

- Eindeutige Nennung der Zieldimensionen (z.B. Bekanntheitsgraderhöhung in einer spezifischen Zielgruppe)
- Quantifizierbarkeit der Zieldimension (z.B. Erhöhung des Bekanntheitsgrades in der jeweiligen Zielgruppe von derzeit 15% auf 20%)
- Definition des Zeitraumes, innerhalb dessen die Ziele greifen sollten (z.B. Erhöhung des Bekanntheitsgrades in der jeweiligen Zielgruppe von derzeit 15% auf 20% innerhalb der nächsten 12 Monate ab Januar 2010)
- Definition des Objektbezugs (z.B. spezifisches Produkt, eine Produktlinie, ein Unternehmensbereich oder das Unternehmen)
- Definition des räumlichen Bezugs (z.B. in einem Bundesland oder in einer Region, in Deutschland oder in spezifischen Ländergruppen wie den Benelux-Staaten)

Die Berücksichtigung dieser Dimensionen kann wesentlich dazu beitragen, dass die beabsichtigten Wirkungen der Kommunikationsmaßnahmen möglichst weitgehend erreicht werden. Dennoch können trotz einer detaillierten Zieldefinition in der Kommunikation zwischen dem Unternehmen (Sender) und den Kunden (Empfängern) Störungen auftreten, wie aus Abb. 7.1 ersichtlich wird.

Demnach sind im Kommunikationsprozess zwischen Sender und Empfänger zwei grundsätzliche Störquellen verortet; in der Kodierung und in der Dekodierung der Botschaft. Ein Beispiel: Die gegenwärtige Krise eines renommierten Automobilherstellers führt zu einer relativ hohen Medienpräsenz des Unternehmens, die nicht in jedem Einzelfall der Berichterstattung die Unternehmensinteressen widerspiegeln. Um den teilweise negativen Assoziationen, die daraus für das Unternehmen entstehen können, zu begegnen, initierte die Unternehmensleitung eine Kommunikationskampagne mit der folgenden Botschaft: „Wir lieben Autos." Der Botschaftsinhalt erscheint derartig allgemein, dass der Empfänger diesen nicht eindeutig dekodieren kann, sodass unterschiedliche Interpretationen möglich sind.

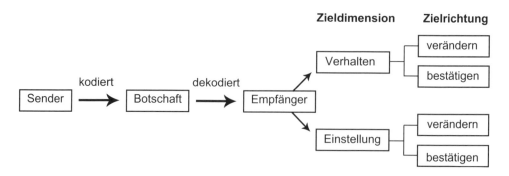

Abbildung 7.2: Modifiziertes Kommunikationsmodell

Um vergleichbare Situationen zu vermeiden und um die Kommunikationspolitik insgesamt professionell zu gestalten empfiehlt es sich, diese im Rahmen eines strukturierten Prozesses zu organisieren.

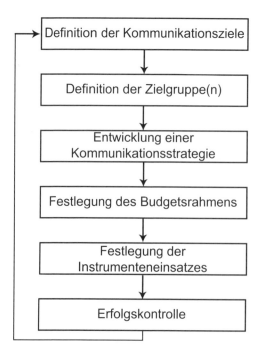

Abbildung 7.3 Typische Prozessabfolge bei kommunikationspolitischen Maßnahmen

In einem ersten Schritt sind die *Ziele*, die durch eine kommunikationspolitische Maßnahme erreicht werden sollen, zu definieren. Hierbei können unterschiedliche Zielkategorien wie z.B. ökonomische Ziele (Absatzsteigerung oder Erhöhung des Marktanteils) oder psychologische Ziele (Positionierungen) entweder einzeln oder kombiniert verfolgt werden. Wichtig ist jedoch, dass das Kommunikationsziel für die an den Kommunikationsmaßnahmen beteiligten Mitarbeiter klar und eindeutig ist.

Die *Zielgruppendefinition* schließt sich an die Zielfestlegung an. Nach der Zielfestlegung ist die Zielgruppe bzw. sind die Zielgruppen zu definieren. Erst nach einer Abgrenzung und Definition der Zielgruppe können die weiteren Schritte festgelegt werden, da unterschiedlichen Zielgruppen in der Regel kommunikationspolitisch differenziert angesprochen werden müssen, um eine möglichst hohe Akzeptanz bei den jeweiligen Gruppen zu erreichen.

In einem nächsten Schritt ist die *Kommunikationsstrategie* zu definieren; hierbei werden vor allem die Schwerpunkte der kommunikationspolitischen Maßnahmen und der Instrumenteneinsatz fixiert.

Nachdem die inhaltlichen, zielguppenspezifischen und strategischen Rahmenbedingungen festgelegt wurden, kann der Finanzrahmen, d.h. der *Budgetrahmen*, geplant werden. Dieser Rahmen wird üblicherweise sowohl für das Gesamtprojekt als auch für die einzelnen Teilmaßnahmen budgetiert. Im Anschluss daran werden die einzusetzenden Instrumente detailliert geplant und deren Einsatz aufeinander abgestimmt.

Wie bei jedem Projekt erfolgt grundsätzlich während der einzelnen Phasen oder Prozessschritte und am Ende des ersten Projektzyklus eine Erfolgskontrolle, deren Ergebnis bestimmt, ob und wenn ja inwieweit im Hinblick auf die Zielerreichung ein Nachsteuerungsbedarf entsteht.

Der dargestellte Prozessablauf kann in den jeweiligen Unternehmen in unterschiedlicher Form und in unterschiedlicher Reihenfolge umgesetzt werden. Wichtig ist, dass kommunikations-politische Maßnahmen strukturiert geplant und umgesetzt werden, damit sie ihre volle Wirkung entfalten können.

Die Unternehmenskommunikation kann sich sowohl an unternehmensinterne als auch – externe Adressatenkreise richten. Als externe Zielgruppen können unterschiedliche Anspruchsgruppen wie Lieferanten, Kunden, die Öffentlichkeit, Investoren, Studenten und Schüler oder die Politik adressiert werden, während sich die interne Kommunikation an die eigenen Mitarbeiter richtet. Bei beiden Adressatenkreisen sind die jeweiligen unterschiedlichen Ziele der Kommunikation entsprechend zu berücksichtigen.

7.2 Instrumente der Kommunikationspolitik

Im folgenden Abschnitt werden die üblichen Instrumente der Kommunikationspolitik skizziert und in ihren Wesenszügen erläutert. Neben den klassischen Instrumenten wie Werbung, Öffentlichkeitsarbeit und Verkaufsförderung werden auch jene Ansätze berücksichtigt, die sich erst in den letzten Jahren stärker herausbildeten, wie z.B. die Kommunikation über das Internet. Die Auswahl der Instrumente kann je nach Unternehmen und Branche variieren; beispielsweise spielt der kosten- und ressourcenintensive Persönliche Verkauf bei den häufig erklärungsbedürftigen Investitionsgütern eine stärkere Rolle als für traditionelle Konsumgüterhersteller. Ungeachtet dessen können Unternehmen ihr Instrumentenset im Zeitverlauf ändern; so können bisher nicht eingesetzte Instrumente in einer späteren Phase dennoch zum Einsatz kommen. Abb. 7.4 zeigt die typischen Instrumente der Kommunikationspolitik auf.

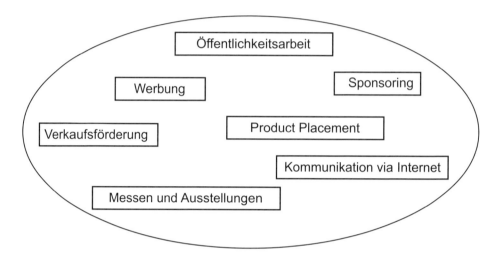

Abbildung 7.4 Typische Instrumente der Kommunikationspolitik

Werbung

Das klassische und sehr häufig genannte Instrument der Kommunikationspolitik ist die Werbung. In Anlehnung an Bruhn (2007, S. 204) ist Werbung

„... der Transport und die Verbreitung werblicher Informationen ... im Umfeld öffentlicher Kommunikation ... um eine Realisierung unternehmensspezifischer Kommunikationsziele zu erreichen."

Werbebotschaften können uns über unterschiedliche Medien (Werbeträgern) erreichen, die traditionellen Werbeträger sind Zeitungen und Illustrierte, die klassische „Leuchtreklame", Plakate, der Hörfunk sowie das Fernsehen. Durch technologische Innovationen erschließen sich neue Werbeträger wie die Bannerwerbung im Internet, gleichzeitig liefern andere technische Weiterentwicklungen wie der Mobilfunk weitere Anknüpfungspunkte für Werbung.

Der große Vorteil der heutigen Werbung liegt in der großen Reichweite, das bedeutet, dass die Werbebotschaften viele Menschen gleichzeitig erreichen, was den Aufwand pro Kontakt für die werbetreibenden Unternehmen grundsätzlich wirtschaftlicher erscheinen lässt. Das Phänomen der hohen Verbreitung wird als Massenkommunikation bezeichnet. Die Schattenseite der Massenkommunikation ist allerdings eine steigende Reiz- und Informationsüberflutung der Zielgruppen, was von vielen Konsumenten zunehmend als Belästigung empfunden wird. Untersuchungen von Fernsehzuschauern haben ergeben, dass diese nach einer relativ

7.2 Instrumente der Kommunikationspolitik

kurzen Zeit die zuvor gesehenen Werbespots nicht mehr aus ihrer Erinnerung abrufen können, ein Indikator, dass die Informationsverarbeitungskapazität der Konsumenten an Grenzen stößt.

Die Werbung kann unterschiedliche Ziele verfolgen; grundsätzlich werden ökonomische oder psychologische Ziele angestrebt. Bruhn (2007, S. 205) unterscheidet innerhalb der psychologischen Ziele drei Kategorien:

- Kognitive Ziele (Erkenntnisziele)
- Affektive Ziele (emotionale Ziele
- Konative Ziele (Aktivitätenziele)

Kognitive Ziele können sich u.a. auf die Wahrnehmung von Werbebotschaften, auf die Bekanntheit von Marken oder auf ein spezifisches Produktwissen beziehen.

Affektive Ziele hingegen zielen auf Einstellungen oder auf emotionales Erleben. Ein Beispiel: In Deutschland existiert ein intensiver Wettbewerb auf dem Biermarkt, weshalb viele Hersteller und Anbieter durch ihre Werbung die Emotionen anzusprechen versuchen, um sich vom Wettbewerb zu differenzieren. Ein relativ bekanntes Unternehmen nutzt in seinem Spot dazu das Ambiente und die Atmosphäre eines Segelschiffs auf hoher See, auf dem sich eine Crew von jungen und schönen Menschen miteinander amüsiert. Das diese Rahmensituation beim Bierkonsum nur in den seltensten Fällen vorkommt, ist offensichtlich. Vielmehr geht es jedoch darum, durch eine emotional aufgeladene Werbung Sympathie und einen hohen Wiedererkennungswert zu erreichen.

Konative Ziele stellen einen Bezug zum Informationsverhalten, zu den Kaufabsichten, den Probier- und Wiederholungskäufe der Konsumenten her.

Um die Werbewirksamkeit anhand der Ziele messen zu können, bieten sich auch andere Kategorien an wie z.B. die Nachhaltigkeit der Werbewirkung an.

Traditionell ist die Werbung bei klassischen Konsumgüterherstellern als Instrument der Kommunikationspolitik von zentraler Bedeutung; für den Investitionsgüterbereich gilt das grundsätzlich nicht, obwohl auch die Unternehmen der Investitionsgüterbranchen zunehmend in Werbung investieren.

Unabhängig von der Branche spielen die Medienplanung sowie die Werbeerfolgskontrolle eine wichtige Rolle für die werbetreibenden Unternehmen. Zwei Hauptfaktoren beeinflussen die Medienwahl (Medienplanung):

- die Eignung der Medien für die Zielgruppe und
- die Reichweite.

In der Regel nutzen die unterschiedlichen gesellschaftlichen Gruppen ihre zielgruppenspezifischen Medien; so ist die Nutzung des Internets bei Jugendlichen in einem Altersintervall von 14 bis 29 Jahren deutlich stärker ausgeprägt als bei der Altergruppe der Senioren über 65 Jahren. Umgekehrt nutzen die Senioren über 65 Jahre in einem deutlich höheren Maß als die Jugendlichen im Alter zwischen 14 und 29 Jahren Printmedien wie Tages- oder Wochenzeitungen, insofern sind die Werbemedien an den Präferenzen der Zielgruppen auszurichten. Selbst innerhalb einer Medienkategorie wie z.B. den Printmedien ist unter produkt- und preispolitischen Gesichtspunkten eine sorgfältige Auswahl notwendig. Ein Beispiel: Die führenden Lebendmitteldiscounter Aldi und Lidl bewerben ihre Leistungsangebote wöchentlich in der Bild-Zeitung; für hochwertige Markenhersteller wie z.B. für Prada wäre dieses Printmedium ungeeignet, da die Übereinstimmung der Gruppe der klassischen Bildleser mit der Zielgruppe für derartige Produkte tendenziell eher gering ist.

Die Medien, die in der Werbewirtschaft am häufigsten genutzt werden sind in Abb. 7.5 dargestellt.

Das *Fernsehen* eignet sich vor allem, um die Produkte in Farbe und Ton darzustellen; gleichzeitig bieten die „bewegten Bilder" die Möglichkeit, die Leistungen bzw. die Produkte während ihrer Nutzung darzustellen. Die große Reichweite ermöglicht eine hohe Verbreitung der Werbebotschaften in einer relativ kurzen Zeit. Ein Nachteil für die Unternehmen sind die relativ hohen Kosten, die für die Nutzung der Werbezeiträume entstehen. Als ebenfalls problematisch kann sich die relativ hohe Streubreite erweisen, eine zielgruppenspezifische Ansprache ist nur sehr eingeschränkt möglich.

Die Landschaft der *Printmedien* ist relativ heterogen. In diesem Mediensegment existieren nicht nur unterschiedliche Printmedientypen wie Tages- und Wochenzeitungen, Fachzeitschriften oder Illustrierte, auch die Qualität und die Positionierung dieser Medien kann stark variieren. Insofern muss einer Schaltung von Werbung in einem Printmedium eine sorgfältige Abstimmung und Prüfung der Eignung vorausgehen. Überregionale Tageszeitungen haben grundsätzlich den Vorteil einer großen Reichweite, allerdings sind die Werbemöglichkeiten auf Bild- und Textvarianten beschränkt, die Bildqualität ist ebenfalls begrenzt, während die Bild- und Papierqualität in Magazinen deutlich hochwertiger ist. Regionale Zeitschriften oder Fachzeitschriften haben den Vorteil, potenzielle Abnehmer relativ zielgruppenspezifisch bearbeiten zu können.

Hörfunkwerbung ist bezüglich der Reichweite begrenzter als das Fernsehen, zudem entfällt der visuelle Effekt. Hörfunkwerbung eignet sich v.a. bei regionalem Werbebezug und als unterstützendes Medium in einem breiter angelegten Medienmix.

Plakate können eine hohe Reichweite erreichen und sind im vergleich zur Fernsehwerbung relativ preisgünstig. Geschickte Plakatwerbung kann zu einer enormen Aufmerksamkeit führen, wie die Plakatwerbungen des italienischen Modeherstellers Benetton aus den 1990er Jahren eindrucksvoll belegen.

Die *Internetwerbung* hat in den letzten Jahren stetig zugenommen. Charakteristisch an der Internetwerbung ist, dass dieses Medium die technischen Möglichkeiten der unterschiedlichen aufgezeigten Medien kombinieren kann. So können sowohl bewegende Bilder in Farbe als auch klassische Anzeigen in Form so genannter Bannerwerbung dargestellt werden. Die Reichweite kann ebenfalls sehr hoch sein; allerdings wird das Internet je nach Altersgruppe unterschiedlich stark genutzt.

Viele Unternehmen setzen auf eine Kombination unterschiedlicher Medien in ihren Werbeauftritten, um insgesamt eine verbesserte Wirkung zu erreichen. So wirbt das Unternehmen

Daimler AG sowohl im Fernsehen als auch in Printmedien und im Internet für seine Produkte und Leistungen. Der Ansatz unterschiedliche Medien zu kombinieren wird als Medienmix bezeichnet.

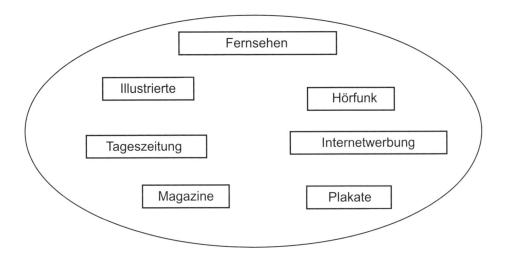

Abbildung 7.5: Medien, die in der Werbewirtschaft häufig benutzt werden

Die Reichweite eines Mediums zeigt auf, wie viele Personen ein Medium erreicht; ein lokaler Radiosender erreicht erwartungsgemäß weniger Personen als ein überregionaler Sender. Für ein lokal ansässiges und lokal tätiges Unternehmen wäre eine überregional angelegte Werbung grundsätzlich überdimensioniert, da dieses Unternehmen nicht beabsichtigt, die technisch erreichbare Zielgruppe bzw. die erreichbaren Märkte zu bedienen. In einer derartigen Situation wäre eine Werbung in den Medien, die lokal von den Zielgruppen genutzt werden, völlig ausreichend.

Ein weiterer Aspekt ist von Bedeutung: Die Auswahl geeigneter Medien findet, wie viele betriebswirtschaftliche Entscheidungen, im Spannungsfeld zwischen Eignung und wirtschaftlichem Aufwand statt. Das bedeutet, dass nicht nur ein aus marketingfachlicher Sicht geeignetes Medium ausgewählt werden muss, dieses Medium muss ebenfalls den Budgetanforderungen des Unternehmens entsprechen. Das dies in der Praxis häufig zu Zielkonflikten führt, ist leicht nachvollziehbar. Um den Zielerreichungsgrad der Werbemaßnahmen zu messen, führen viele Unternehmen eine Werbewirkungskontrolle durch. In der Regel wird auf der Basis von Umfragen vor und nach der Werbung ermittelt, inwieweit die Werbemaßnahmen einen Effekt auf Dimensionen wie Bekanntheitsgrad, Image sowie Wiedererkennung erzielen konnten.

Presse- und Öffentlichkeitsarbeit

Während die Werbemaßnahmen einen klaren Fokus auf die Absatzsteigerung legen, existiert bei der Presse- und Öffentlichkeitsarbeit (auch nach der englischen Abkürzung von Public

Relations kurz PR genannt) eine andere Zielsetzung. Hier geht es vielmehr darum, einen Kontakt zu den unterschiedlichen Anspruchsgruppen in der Öffentlichkeit aufzubauen und zu pflegen mit dem Ziel, eine Vertrauensbasis herzustellen und das Unternehmen als Ganzes positiv zu positionieren. Einige Autoren (Tomczak/Kuß/Reinecke 2009, S. 249) ordnen die Presse- und Öffentlichkeitsarbeit nicht dem Marketing zu, da sie im Vergleich zum üblichen Marketing ein erweitertes Öffentlichkeitsspektrum bedient. Der Autor vertritt im Gegensatz dazu die Ansicht, dass auch PR-Aktivitäten zum Teilbereich des Marketings zählen, u.a. weil eine positive Gesamtdarstellung des Unternehmens in vielen Fällen eine unabdingbare Voraussetzung für die Akzeptanz der Produkte und Leistungen durch die Kunden ist. Der Fall der Brent Spar Mitte der 1990er Jahre verdeutlicht, welche enorme Bedeutung eine professionelle Presse- und Öffentlichkeitsarbeit haben kann:

Im besagten Fall beabsichtigte das Niederländisch-Britische Unternehmen Royal Dutch Shell Plc, eine ausgediente Ölplattform im Meer zu entsorgen; alternativ hätte diese auch an Land entsorgt werden können. Greenpeace suggerierte der Öffentlichkeit in einer beispielhaften Kampagne, dass durch die Entsorgung im Meer erhebliche Umweltgefährdungen entstünden. Vor allem die Deutsche Shell geriet durch eine unzureichend adäquate Presse- und Öffentlichkeitsarbeit derartig in die Defensive, dass das Unternehmen in der Öffentlichkeit als „enttarnter Umweltsünder" wahrgenommen wurde; die Folge waren Boykottaufrufe und Anfeindungen, die bis zur Versendung von Briefbomben an Tankstellenpächter von Shell eskalierten. Obwohl die negativen Auswirkungen von Greenpeace seinerzeit deutlich überhöht waren, wie die Organisation später einräumte, musste Shell als Konsequenz dieses PR-Desasters Umsatzeinbußen bis zu 50% hinnehmen; insofern kann eine gute Presse- und Öffentlichkeitsarbeit durchaus einen direkten Ursache-Wirkungszusammenhang zum Absatz eines Unternehmens herstellen.

Die üblichen Instrumente der PR sind:

- Pressemitteilungen
- Durchführen von Pressekonferenzen
- Erstellen und adressieren von Unternehmenspublikationen wie Geschäftsberichten, Imagebroschüren etc.
- Organisation und kommunikationspolitische Begleitung von Fachvorträgen

Pressemitteilungen sind vom Unternehmen erstellte Informationen für die allgemeine Öffentlichkeit oder für eine Teilöffentlichkeit. Hierzu zählen u.a. Journalisten und Institutionen, die sich mit der Auswertung von Wirtschaftsinformationen befassen. Ein Beispiel: Ein großes deutsches Unternehmen gewinnt einen Großauftrag in der VR China, dann wird dies häufig in Form einer Pressemitteilung an die Öffentlichkeit weitergeleitet. Oder: Ein Konzern möchte sich strategisch neu ausrichten und beabsichtigt daher, einige Unternehmensbereiche zu veräußern. Um die Deutungshoheit nicht den Medien zu überlassen, ist es sinnvoll, nicht nur die damit verbundenen strategischen Vorteile zu erläutern, sondern sich der gesellschaftlich erwarteten sozialen Verantwortung zu stellen und eine Perspektive für die Beschäftigten aufzuzeigen.

Pressekonferenzen sind Veranstaltungen des Unternehmens, zu der Vertreter der Presse geladen werden. Bei börsennotierten Unternehmen sind die so genannten Bilanzpressekonferenzen relativ üblich, auf denen ein Unternehmen seinen Jahresabschluss präsentiert und sich den Fragen der Presse und der Anteilseigner stellt. Auch zu besonderen Anlässen können Pressekonferenzen einberufen werden; so hat die Adam Opel GmbH im Jahr 2009 anlässlich der Veräußerungsabsichten des Hauptaktionärs General Motors Inc. bzw. der möglichen Insolvenz mehrere Pressekonferenzen einberufen, um die Öffentlichkeit über die aktuellen Entwicklungen zu informieren.

Das Erstellen von *unternehmenseigenen Publikationen* gehört zum klassischen Geschäft von PR-Abteilungen. Die Erstellung von Geschäftsberichten ist je nach Rechtsform verpflichtend, darüber hinaus werden häufig Imagebroschüren erstellt, die es einem Unternehmen ermöglichen, sich gegenüber Interessenten darzustellen. In vielen Fällen werden regelmäßig hauseigene Publikationen erstellt, die sich an die Mitarbeiter richten und die über wichtige interne Entwicklungen informieren.

Viele PR-Abteilungen stellen für Pressevertreter gesonderte Pressemappen zusammen, um interessierten Journalisten die relevanten Unternehmens- und Brancheninformationen in komprimierter Form anbieten zu können.

Bei *Fachvorträgen* oder bei Fachtagungen unterstützen Mitarbeiter der Presse- und Öffentlichkeitsarbeit häufig durch ein Angebot von Unternehmenspublikationen, oder verteilen Positionspapiere zu dem relevanten Themenbereich. In vielen Fällen werden auch klassische „Give-aways" (Typische Geschenkartikel wie Kugelschreiber oder Notizblöcke mit Unternehmenslogo) verteilt.

Die Presse- und Öffentlichkeitsarbeit ist ein weites Feld und gewinnt in einer zunehmend durch Kommunikation geprägten Gesellschaft in der Zukunft eher an Bedeutung. Auch wenn Absatzaspekte nicht zu den Primärzielen der PR gezählt werden, kann eine professionelle Presse- und Öffentlichkeitsarbeit einen wesentlichen Beitrag zu einer positiven Positionierung des Unternehmens leisten, was sich zwar nicht direkt, aber mit hoher Wahrscheinlichkeit indirekt auf den Absatz eines Unternehmens auswirken kann.

Verkaufsförderung

Eine von der Fachwelt gemeinsam akzeptierte Definition von Verkaufsförderung existiert bislang nicht. Als Verkaufsförderung werden Maßnahmen mit Aktionscharakter umschrieben, die sich direkt auf den Verkauf von Produkten und Leistungen auswirken. Verkaufsförderung kann dabei an unterschiedlichen Zielgruppen ansetzen, in der Literatur werden dementsprechend drei Formen der Verkaufsförderung unterschieden:

- Verbraucher-Promotions
- Händler-Promotions
- Außendienst-Promotions

Als *Verbraucher-Promotions* werden Aktionen bezeichnet, die sich direkt an den Verbraucher wenden; häufige Formen sind hier Verkostungen bei Lebensmittelhändlern, Produktvorführungen oder eigene Displays. Diese Maßnahmen können zwei unterschiedliche Ziele verfolgen: In einer frühen Phase des Produktlebenszyklus kann das Produkt dadurch an Bekanntheit gewinnen; durch ein Probieren können zusätzlich Erfahrungen mit diesem neuen Produkt gesammelt werden, was die Wechselwilligkeit von einem anderen zum beworbenen Produkt tendenziell erhöht. In einer späteren Phase des Lebenszyklus können durch Verbraucher-Promotions Wiederholkäufe stimuliert werden.

Händler-Promotions-Aktivitäten zielen darauf ab, das Engagement der Händler, die die eigenen Produkte vertreiben, zu erhöhen. Dies kann z.B. in Form von Weiterbildungen und Schulungen, durch die Bereitstellung von Displays und anderen Werbematerialien, oder durch Maßnahmen zur Verbesserung des Regalplatzes geschehen. Darüber hinaus können zeitlich befristetet Sonderaktionen stattfinden, die für den Handel mit attraktiven Anreizen verbunden sind.

Durch *Außendienst-Promotions* soll die Kompetenz und die Motivation des Außendienstes erhöht werden, die Produkte des Unternehmens effektiv zu verkaufen. Hierzu sind besonders interne Schulungen bzw. Weiterbildungen, aber auch Sonderaktionen geeignet. Manche Unternehmen betreiben, speziell bei Produktneueinführungen, teilweise einen erheblichen Aufwand, um die Mitarbeiter des Außendienstes entsprechend zu motivieren.

Messen und Ausstellungen

Messen und Ausstellungen sind eine Leistungsschau von Unternehmen einer Branche, die periodisch wiederkehrend an einem Ort für eine zeitlich begrenzte Dauer stattfinden. Bekannte Beispiele sind die Internationale Automobilausstellung (IAA) in Frankfurt oder die „Boot" in Düsseldorf, eine international renommierte Messe für Boote und deren Zubehör, die jeweils in einem zweijährigen Turnus stattfinden. Im Wesentlichen verfolgen die ausstellenden Unternehmen das Ziel, Ihr Leistungsangebot, v.a. jedoch die neuesten und innovativen Entwicklungen einer breiteren Öffentlichkeit sowie der Fachwelt medienwirksam zu präsentieren.

Die Bedeutung von *Messen und Ausstellungen* variiert je nach Unternehmen und Branche. Tendenziell ist die Bedeutung von Messen für Unternehmen der Investitionsgüterhersteller höher, da diese Güter technisch komplexer sind und somit eine häufig stärkere Erklärungsbedürftigkeit vorliegt. Auch der strategische Netzwerkauf- bzw. -ausbau ist für viele Unternehmen ein wichtiges Entscheidungskriterium, an Messen und Ausstellungen teilzunehmen.

Sponsoring

Der Ansatz des Sponsorings basiert auf dem Konstrukt, dass ein Unternehmen (der Sponsor) einer Organisation oder einer Person Finanzmittel oder Sachleistungen zukommen lässt, als Gegenleistung erhält es die Möglichkeit, öffentlich werblich in Erscheinung zu treten. Sponsoring kann sich auf unterschiedliche Bereiche des öffentlichen Lebens beziehen, eine wichtige Rolle spielt Sponsoring im Sport, im kulturellen sowie im Wissenschafts-, aber auch im sozialen Bereich.

Dominierend ist Sponsoring allerdings im Sport. Eine Sponsoring Aktion der Puma AG von 1996 errang einen Kultstatus: Der Spitzensportler Linford Christie trat seinerzeit vor der Presse mit Kontaktlinsen auf, die deutlich das Logo des Unternehmens, einen springenden

Puma, in seinen Augen zeigten. Diese gelungene Sponsoring Aktion fand ein enormes mediales Echo, wovon das Unternehmen durch die öffentliche Wahrnehmung deutlich profitierten konnte.

Die Ziele, die durch das Sponsoring verfolgt werden, beziehen sich überwiegend auf die Erhöhung des Bekanntheitsgrades und auf die Verbesserung des Images. Allerdings birgt Sportsponsoring auch Risiken: Das Bekannt werden des Drogenkonsums von Christoph Daum im Jahr 2000, damals als Trainer von Bayer Leverkusen tätig, war für die betroffenen Sponsoren nicht zielführend. Ebenso wirkte sich der Dopingskandal im deutschen Radsport negativ für den Hauptsponsor, die Deutsche Telekom AG, aus.

Product Placement

Unter *Product Placement* wird die geschickte Platzierung eines Produkts in einem Spielfilm oder in einem Kinofilm bezeichnet. In der Regel bezahlt der Hersteller einen vertraglich vereinbarten Geldbetrag für die sichtbare Verwendung seines Produkts in diesem Film, um dadurch sämtliche Zuschauer erreichen zu können. Auch wenn die Streubreite des Product Placements relativ groß ist, birgt dieses Instrument einen wesentlichen Vorteil: Es wird durch die Einbindung in das Filmgeschehen nicht primär als Werbung wahrgenommen und wirkt somit authentischer. Besonders Automarken nutzen diese Kommunikationsform, um ihren Bekanntheitsgrad zu steigern oder ihr Image zu verbessern. In den 1980er Jahren wurden in der Fernsehserie „Dallas" immer wieder Fahrzeuge der Marke „Mercedes" gezeigt, während BMW sich einem breiten Publikum in einem „James Bond Film" präsentierte. Auch diese Form birgt Risiken: In den jeweiligen Ausstrahlungsländern gelten teilweise unterschiedliche gesetzliche Bedingungen oder Verhaltenskodizes; so kann Product Placement in den USA rechtlich unbedenklich sein, während es in anderen Ländern als Schleichwerbung und damit als gesetzeswidrig oder zumindest als nicht konform mit den Organisationsregeln gilt. Die öffentlich rechtlichen Fernsehanstalten in der Bundesrepublik Deutschland haben sich nach einigen negativen Erfahrungen derartige Verhaltensregeln auferlegt.

Internet

Das Internet bietet als Kommunikationsinstrument mannigfaltige Ansätze. So können auf Homepage eines Unternehmens sämtliche Produkte in anschaulicher Form, wie beim TV, präsentiert werden. Darüber hinaus können die Unternehmen die unterschiedlichen Foren und so genannten Weblogs (Blogs) für ihre Kommunikationsziele nutzen. Der große Vorteil des Internets ist die enorme Reichweite und die im Verhältnis dazu relativ geringen Kosten; gleichzeitig können je nach eingesetzter Technik interaktive Kommunikationskanäle etabliert werden. Aus einer heutigen Perspektive kann die technologische Entwicklung der letzten Jahre als sehr dynamisch bezeichnet werden, und niemand kann die weiteren Entwicklungen und die damit verbundenen Anwendungspotenziale mit ausreichender Präzision vorhersagen. Eines erscheint jedoch relativ sicher: Die Bedeutung des Internets als Kommunikationsinstrument wird in den nächsten Jahren weiterhin wachsen, insofern erscheint es für den großen Teil der Unternehmen unumgänglich, dieses Medium adäquat für die eigenen kommunikationspolitischen Ziele zu nuten.

Instrumenten-Mix

Die skizzierten Instrumente der Kommunikationspolitik bieten unterschiedlich geeignete Ansätze, die Kommunikationsaktivitäten je nach Zielsetzung und Ressourcenverfügbarkeit aus der Unternehmensperspektive zu gestalten. Beim Einsatz multipler Kommunikationsinstrumente empfiehlt sich eine Abstimmung der einzelnen Elemente; beispielsweise unterstützt ein einheitlicher Auftritt von Logo, Farbgebung und Schriftzug auf den Geschäftspapieren, im Internet und in Printmedien den Wiedererkennungswert und signalisiert Einheitlichkeit, Struktur und Professionalität (Corporate Design Ansatz). Dies gilt gleichermaßen für die inhaltliche Dimension; Positionen und Argumente, die in einem Medium vertreten werden, sollten sich sinngemäß auch in den anderen Instrumenten wieder finden, um die Glaubwürdigkeit zu erhöhen. Dieser Ansatz, der auch als integrierte Kommunikation bezeichnet wird, beinhaltet im Wesentlichen die Dimensionen: Inhalt, Zeit, und Design.

Eine abgestimmte Vorgehensweise erweist sich nicht nur unter kommunikationspolitischen Erwägungen als sinnvoll, auch unter Berücksichtigung ökonomischer Faktoren bietet der integrierte Ansatz Nutzenpotenziale. So können beispielsweise die Reichweite, die Kosten und die Wirkung bei den Adressaten unter Optimierungsgesichtspunkten aufeinander abgestimmt werden, und bei einem gegebenen Zielsetzungsbündel die wirtschaftlich günstigste Variante gewählt werden.

Der Einsatz kommunikationspolitischer Instrumente ist ebenfalls auf die Gesamtkommunikationsstrategie abzustimmen.

7.3 Kommunikationspolitik in der Bauwirtschaft

Das klassische Baugeschäft mit seinen oftmals technologisch anspruchsvollen und komplexen Projekten zählt zur Investitionsgüterbranche und folgt dementsprechend weitgehend den kommunikationspolitischen Pfaden der zu diesem Zweig zugehörigen Branchen. Das Instrumentenset der Kommunikationspolitik von Investitionsgüterherstellern unterscheidet sich teilweise signifikant von dem der Konsumgüterhersteller. Während die Werbung im Konsumgüterbereich in der Regel das Hauptinstrument darstellt, um den Absatz zu stimulieren, ist die Situation bei dem Gros der Investitionsgüterunternehmen völlig unterschiedlich. Werbung wirkt sich, wenn überhaupt, nur in sehr eingeschränktem Maß auf den Absatz aus, da die Nachfrage nach Investitionsgütern abgeleitet ist. Abgeleitet bedeutet in diesem Zusammenhang, dass sie sich von den organisationalen Zielen ableitet – konkret ausgedrückt: entweder das Unternehmen hat einen Investitionsbedarf und hat diesen in seiner Investitionsplanung berücksichtigt, oder es existiert kein Investitionsbedarf, dann würde vermutlich auch die professionellste Werbung keine Nachfrage auslösen.

Insofern agiert die Kommunikationspolitik von Bauunternehmen in einem anderen Rahmen als die der meisten Konsumgüterunternehmen. Die relativ hohe Bedeutung technischer Leistungsmerkmale und preiswettbewerblicher Aspekte suggeriert, dass die Kommunikationspolitik nur eine untergeordnete Rolle in der Bauwirtschaft spielt. Diese Annahme entspricht

7.3 Kommunikationspolitik in der Bauwirtschaft

nicht in allen Fällen den Tatsachen, da häufig emotionale und zwischenmenschliche Kriterien, auch bei Investitionsgüterherstellern, eine wichtige Rolle für Kaufentscheidungen spielen, auch wenn es den Beteiligten nicht vollumfänglich bewusst ist.

Die Kommunikationspolitik der Bauunternehmen kann ihre Leistungen an unterschiedliche Anspruchs- oder Zielgruppen anvisieren, je nachdem, welche Ziele verfolgt werden. Anspruchs- oder Zielgruppen der Bauwirtschaft sind u.a.:

- Investoren oder potenzielle Investoren
- Nachunternehmer
- Kunden und potenzielle Kunden
- Relevante Öffentlichkeit
- Potenzielle Auszubildende/Hochschulabsolventen/Bewerber
- Hochschulen/Universitäten/Forschungseinrichtungen
- Mitarbeiter und Mitarbeiterinnen

Die relevanten Zielgruppen der Kommunikationspolitik werden mit Hilfe der unterschiedlichen Instrumente bzw. durch ein abgestimmtes Instrumentenmix angesprochen. Die in der Bauindustrie üblichen Kommunikationsinstrumente sind in Abb. 8.6 aufgeführt:

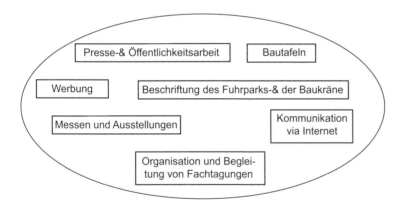

Abbildung 7.6 Übliche Kommunikationsinstrumente in der Buawirtschaft

Werbung

Im Gegensatz zu den Konsumgüterherstellern investieren die klassischen Bauunternehmen mit ihren Bausparten aus bereits erläuterten Gründen nur einen relativ geringen Anteil ihrer Mittel in Werbung. Viele Bauzulieferer hingegen nutzen die Möglichkeiten, die Werbung bietet, auch weil sie davon ausgehen, dass die Werbekampagnen sich entsprechend ihrer Zielsetzung (z.B. Bekanntheitsgrad erhöhen oder Image verbessern) positiv auf ihre Geschäftsaktivitäten auswirken.

Dennoch Beispiele von Werbung der klassischen Bauunternehmen, die im Folgenden kurz dargestellt werden:

Hochtief AG „Wir übernehmen das für Sie"

1999 schaltete die Hochtief AG mehrere ganzseitige Anzeigen in deutschen Magazinen und in einer US Fachzeitschrift. Die Kampagne sollte nach Aussage des damaligen Sprechers dazu beitragen, „Hochtief zu einer Dachmarke mit hohem Bekanntheitsgrad aufzubauen." Die Aktion, die das Unternehmen mit der Werbeagentur Ogilvy & Mather Spezial umsetzte, zeigte entspannte Kunden des Konzerns, die sich in bequemen Sesseln zurücklehnen. Die Kernbotschaft, die das Motiv explizit untertitelt, lautete: „Wir übernehmen das für Sie". Der damalige Vorstandsvorsitzende und heutige Präsident des Bundesverbands der Deutschen Industrie (BDI), Prof. Dr. Hans-Peter Keitel, beabsichtigte durch diese Imagewerbung, „das Profil des Unternehmens stärker zu konturieren." Die Zielgruppe der Anzeigenkampagne waren Meinungsbildner und Entscheidungsträger in Politik und Wirtschaft.

Der Hintergrund für diese Neupositionierung war die zwei Jahre zuvor entwickelte Ausrichtung des Unternehmens, Leistungen entlang der Wertschöpfungskette „Bauen" zu entwickeln und zu vermarkten. Durch diese signifikante Erweiterung des Leistungsspektrums über den gesamten Lebenszyklus des Bauwerks versuchte das Unternehmen, sich als so genannter „Systemführer" für sämtliche Baudienstleistungen zu etablieren. Die dazu gehörigen Kernbereiche der notwendigen Wertschöpfungsaktivitäten beinhalten „Planen, Finanzieren, Bauen und Betreiben".

Dieser neue Ansatz sollte durch die Kampagne „Wir übernehmen das für Sie." an die relevanten Zielgruppen kommuniziert werden mit der Zielsetzung, das Unternehmen bei diesem Personenkreis entsprechend (neu) zu positionieren.

7.3 Kommunikationspolitik in der Bauwirtschaft

Abbildung 7.7 Beispiele der Kampagne „Wir übernehmen das für Sie."
   Quelle: Hochtief AG

Neue GOLDBECK-Werbe-Anzeigen mit geändertem Text   Stand 2009-01-13

1.

2.

Abbildung 7.8 Beispiel von Printmedienwerbung der Goldbeck GmbH
Quelle: Goldbeck GmbH

7.3 Kommunikationspolitik in der Bauwirtschaft

Abbildung 7.9 Printwerbung von Leonhard Weiss
Quelle: Leonhard Weiss GmbH & Co. KG

Presse- und Öffentlichkeitsarbeit

Die Presse- und Öffentlichkeitsarbeit der Bauunternehmen ist, wenn überhaupt, nur relativ geringfügig durch branchenspezifische Besonderheiten geprägt. Allerdings ist es bei größeren und bedeutsameren Projektakquisitionen üblich, dass diese akquirierten Aufträge einer breiten Öffentlichkeit durch die Unternehmen zugänglich gemacht werden. Ein Beispiel:

Pressemitteilung

HOCHTIEF gewinnt ersten Teilauftrag für Planung neuer Stadt in Katar

Lusail City entsteht bis 2020 an der Golfküste - HOCHTIEF ViCon erstellt 4D-Modell für das Zukunftsprojekt

HOCHTIEF ist an einem der größten stadtplanerischen Projekte der Welt beteiligt: Die Konzerntochter HOCHTIEF ViCon wird den Einsatz von 3D-Technologien bei der Entwicklung der Stadt "Lusail City" koordinieren. Die neue Metropole für zirka 200.000 Bewohner soll bis zum Jahr 2020 in Katar verwirklicht werden. Bauherr und Auftraggeber ist Qatari Diar, ein staatlicher Immobilieninvestor und Stadtentwickler. Der zunächst bis 2011 laufende Vertrag hat eine Größenordnung im einstelligen Millionenbereich und ist für die noch junge HOCHTIEF-Tochtergesellschaft ein wichtiger Geschäftserfolg.

Lusail City wird an der Golfküste nördlich von Katars Hauptstadt Doha aus dem Wüstensand wachsen: Auf zirka 37 Quadratkilometern sollen zehn Stadtviertel mit Wohngebieten, Einkaufsstraßen, Freizeiteinrichtungen, Schulen, Arztzentren sowie zwei Häfen entstehen. Weltweit sind zahlreiche Unternehmen mit der Planung der Infrastruktur- und Versorgungswege beauftragt. HOCHTIEF ViCon koordiniert im Auftrag des Kunden diese Planungen mit Hilfe eines selbst entwickelteten 3D-Modells, anhand dessen sich die Projektbeteiligten abstimmen. In einem zweiten Schritt wird HOCHTIEF ViCon das Modell außerdem um einen Terminplan - quasi die 4. Dimension - für den Bau von Lusail City erweitern: Das Modell dient dann der Koordination der ausführenden Baufirmen zur Abstimmung des Bauablaufs und der Dokumentation des Baufortschritts. Spezialisten von HOCHTIEF Construction beraten zudem bei der Abwicklung des Gesamtprojekts. HOCHTIEF ViCon ist auch an anderen HOCHTIEF-Projekten am Golf beteiligt, so zum Beispiel dem Bau der acht Kilometer langen Einkaufsstraße Barwa Commercial Avenue in Doha/Katar.

Abbildung 7.10 Beispiel einer Pressemitteilung
Quelle: Hochtief AG

Bautafeln und Bauzaunwerbung

Bautafeln und Bauzaumwerbung sind eine Besonderheit der Bauindustrie. An vielen Baustellen werden sie angebracht, um der Umwelt transparent anzuzeigen, wer dieses Bauprojekt realisiert. In der Regel sind es genormte Schilder, die das Unternehmenslogo, häufig Kombinationen aus Wort- und Bildlogo, abbilden. Eine gut aufgebaute und gut sichtbare Absperrung der Baustellen durch entsprechend qualitativ hochwertige Bauzäune in Verbindung mit einer qualitativ guten Ausschilderung durch Bautafeln vermittelt unausgesprochen verschiedene positive Botschaften: Zunächst entsteht bei dem Betrachter der Eindruck, dass das verantwortliche Bauunternehmen gut und professionell organisiert ist. Diese positiv besetzen Assoziationen werden in vielen Fällen, häufig unbewusst, auf weitere Felder wie Kompetenz und Zuverlässigkeit des Bauunternehmens übertragen. Eine weitere positive Botschaft kann sich einem Betrachter durch ein mehrfaches Beobachten dieser Bautafeln an verschiedenen Örtlichkeiten bei unterschiedlichen Bauprojekten erschließen: Das Unternehmen ist erfolgreich, ansonsten würde es nicht „überall" seine Bauaktivitäten entfalten können. Ein Beispiel aus der Erfahrung des Autors: Als dieser vor einigen Jahren an der Pracht- und Geschäftsstraße der brasilianischen Wirtschaftsmetropole Sao Paulo, der Avenida Paulista entlang ging, sah er plötzlich Bautafeln der „Hochtief do Brazil", des brasilianischen Tochterunternehmens des Essener Baukonzerns. Damals war er sehr von der internationalen Präsenz des Unternehmens beeindruckt.

Bautafeln wirken allerdings auch nach innen. Die meisten Mitarbeiter in Deutschland identifizieren sich grundsätzlich mit ihrem Unternehmen. Wenn diese Mitarbeiter, die nicht auf einem spezifischen Bauprojekt eingesetzt sind und die die Bautafeln „ihres" Unternehmens an anderen Orten erblicken, sind sie häufig Stolz, dass „ihr" Unternehmen auch an jenem Ort tätig ist oder dass „ihr" Unternehmen bei jenem bedeutsamen Projekt eingebunden ist.

Bautafeln nehmen demnach eine wichtige Funktion nach innen und nach außen wahr, die weit über eine Informationsfunktion hinausgehen.

Abbildung 7.11 Beispiel einer Bautafel
Quelle: Leonhard Weiss GmbH & Co. KG

Beschriftung des Fuhrparks & der Baukräne

Die Kennzeichnung der Fahrzeuge und Maschinen durch das Unternehmenslogo bzw. durch den Unternehmensnamen wird von vielen Unternehmen unterschiedlicher Branchen angewandt. Grundsätzlich wird dadurch ein höherer Bekanntheitsgrad erreicht; gleichzeitig kann dieses Instrument einen Beitrag zum Markenaufbau bzw. -ausbau leisten. Den positiven Wirkungseffekten stehen potenziell auch entsprechende Risiken gegenüber: Ein stark verschmutztes Fahrzeug eines renommierten Investitionsgüterherstellers führt tendenziell eher zu negativen Assoziationen, ebenso wie beispielsweise eine unangemessene und aggressive Fahrweise. Die Fahrzeuge werden demnach in der Öffentlichkeit als „Botschafter" ihres Unternehmens wahrgenommen, sowohl in positiver als auch in negativer Hinsicht.

Baukräne sind technisch und auch kommunikationspolitisch eine bauspezifische Besonderheit. Kommunikationspolitisch eignen sich Baukräne durch ihre Symbolkraft besonders, da sie unterschiedliche positive Botschaftsinhalte gleichzeitig repräsentieren können, häufig werden sie z.B. in den Medien bei Konjunkturentwicklungsaspekten als Bild oder als kurze Filmsequenz eingeblendet. Baukräne symbolisieren u.a. Entwicklung bzw. Weiterentwicklung, Innovation, Dynamik, wirtschaftliche Prosperität, Bewegung und Neues. Die Bauunternehmen versuchen durch eine entsprechende Kennzeichnung ihrer Baukräne die positiven Grundassoziationen zu nutzen, um diese auf das eigene Unternehmen zu übertragen. Auf größeren Baustellen wirken viele gebrandete Kräne eines Unternehmens besonders eindrucksvoll, da die Massierung der Kräne die Symbolwirkung tendenziell verstärkt.

Abbildung 7.12 Beispiele für Logowerbung an Kränen
Quelle: Bilfinger Berger AG

7.3 Kommunikationspolitik in der Bauwirtschaft

*Abbildung 7.13 Beispiel für Logowerbung an Kränen und Baustellenschildern
Quelle: Wolff & Müller Holding GmbH& Co.KG*

Messen und Ausstellungen

Messen und Ausstellungen werden ebenfalls von den Bauunternehmen genutzt, wobei die Motive teilweise relativ unterschiedlich ausfallen: Teilweise nehmen die Unternehmen an Ausstellungen oder Messen teil, um ihren Bekanntheitsgrad zu steigern oder um ihr Image zu verbessern. Einige der führenden deutschen Baukonzerne beabsichtigen durch ihre Präsenz auf derartigen Veranstaltungen, dadurch aktive Kundenpflege zu betreiben und ihr Leistungsportfolio aktiv in den Markt zu kommunizieren. Darüber hinaus ermöglichen Messen und Ausstellungen nicht nur einen Leistungs- und Marktüberblick für die Besucher, sondern auch für die Aussteller. Gerade auch die zahlreichen informellen Gespräche und Kontakte des Ausstellungspersonals bieten viele Möglichkeiten, sich über neue Entwicklungen in der Baubranche zu informieren. Einige Unternehmen äußerten in einer Befragung gegenüber dem Autor, dass sie ganz bewusst an einigen Messen und Ausstellungen teilnehmen, um sich über aktuelle Wettbewerbsentwicklungen auszutauschen.

Abbildung 7.14 Beispiel eines Messestandes
Quelle: Goldbeck GmbH

Sponsoring

Das Instrument des Sponsorings wird von zahlreichen Unternehmen der Baubranche genutzt. Die Bereiche, die die großen Bauunternehmen überwiegend sponsern, sind soziale Einrichtungen, sowie kulturelle und sportliche Veranstaltungen. Die deutliche Mehrheit der Unternehmen führt Sponsoringaktivitäten durch, um ihr Image zu verbessern.

Abbildung 7.15 Beispiel einer Publikation zum Kultursponsoring
Quelle: Hochtief AG

Kommunikation via Internet

Das Internet wird heute ausnahmslos von jedem größeren Bauunternehmen als Kommunikationsplattform in Deutschland genutzt; die meisten Unternehmen präsentieren sich im weltweit erreichbaren Netz (world wide web) auf ihrer Homepage. Ein Blick auf verschiedene Homepages der Bauwirtschaft zeigt, dass dieses Medium in unterschiedlicher Akzentuierung genutzt wird. Die überwiegende Anzahl der Bauunternehmen nutzt das Internet für die folgenden Zwecke:

- Image verbessern/Bekanntheitsgrad erhöhen
- Zur Bearbeitung von Projektanfragen
- Zur Unterstützung des Einkaufs
- Für Personalmarketing/Bewerbermanagement

Im Rahmen einer Projektarbeit der Beuth Hochschule für Technik Berlin wurden die verschiedenen Homepages anhand eines entwickelten Usability-Modells für eine Anspruchsgruppe (Studenten) auf ihre Eignung hin untersucht. Usability ist dabei der Begriff, den die Fachwelt für die Bewertung aus der Nutzerperspektive verwendet. Usability kann dabei vielfältige Bedeutungsansätze vertreten, so kann Usability neben der nahe liegenden Benutzerfreundlichkeit auch Nutzbarkeit, Gebrauchstauglichkeit, Bedienbarkeit oder Verwendbarkeit bedeuten.

Eine internationale oder deutschlandweit einheitlich gültige Definition existiert bisher nicht, auch die ISO-Norm 9241 bietet ebenfalls nur einen relativ allgemein gehaltenen Definitionsansatz an:

„Usability bezeichnet das Ausmaß, in dem ein Produkt durch bestimmte Benutzer in einem bestimmten Nutzungskontext genutzt werden kann, um bestimmte Ziele effektiv, effizient und mit Kundenzufriedenheit zu erreichen." (DIN EN ISO 9242-11, S.7).

Das Ziel einer nutzerfreundlichen Website ist es demnach, es einem Nutzer zu ermöglichen, sein Ziel mit einem angemessenen Ressourceneinsatz zu erreichen. Die mangelnde Präzision der Definition verweist auch auf die Schwierigkeiten, die im Umgang mit der Messung und Bewertung der Usability von Homepages entstehen kann. In Anlehnung an Baier (2002) wurde das folgende Usability-Modell zur Bewertung der Homepages der Bauunternehmen herangezogen. In diesem Modell werden die definierten Messkriterien Effektivität, Effizienz und Zufriedenheit den Dimensionen Content (inhaltliche Ausgestaltung) Design (visuelle Gestaltung der einzelnen Seiten) und Struktur („roter Faden", logische Anordnung bzw. Verbindung der einzelnen inhaltlichen Elemente) gegenübergestellt und nach einem Schulnotensystem (von „sehr gut" bis „mangelhaft" bewertet.

	Content	Design	Struktur
Effektivität			
Effizienz			
Zufriedenheit			

Abbildung 7.16 Usability-Modell nach Baier 2002

Da sowohl die Messkriterien als auch die Bewertungsdimensionen nicht eindeutig zu definieren und somit schwer zu operationalisieren sind, ergeben sich zwangsläufig methodische Schwächen. Dennoch können die Ergebnisse als ein Versuch gewertet werden, die Kommunikationsarbeit der Bauunternehmen unter wissenschaftlichen Gesichtspunkten zu bewerten und zumindest grob zu kategorisieren.

Ein zweiter Ansatz wurde ebenfalls herangezogen, um eine zielgruppenspezifische Bewertung vornehmen zu können, der Stakeholder- bzw. der Anspruchsgruppenansatz. Die unterschiedlichen Anspruchsgruppen der Gesellschaft generieren unterschiedliche Erwartungshaltungen; beispielsweise erwarten Investoren überwiegend Finanzinformationen, während Studenten eher an Informationen über Berufseinstieg und Karriereentwicklungen interessiert sind.

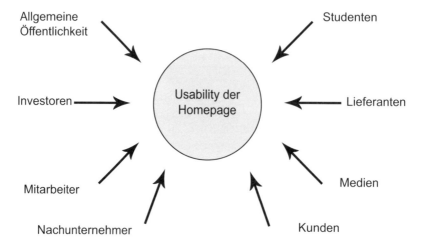

Abbildung 7.17: Übliche Anspruchsgruppen in der Bauwirtschaft

Die Ergebnisse zeigen teilweise ein relativ uneinheitliches Bild. Aus der Perspektive der Anspruchsgruppe der Studenten wurden die Contents überwiegend mit „Sehr gut" und „Gut" bewertet, in vielen Fällen gingen die angebotenen Informationen deutlich über den Erwartungshorizont hinaus.

7.3 Kommunikationspolitik in der Bauwirtschaft

Vor allem wurden die Informationsbedürfnisse über typische Karrierepfade und -erwartungen sehr gut umgesetzt. In diesem Themenkomplex wurden von den meisten Unternehmen moderne Gestaltungstechniken eingesetzt, die verwendeten Bilder, Graphiken und Farben erzielten eine positive emotionale Wirkung (Design). Auch die Menüführung (Struktur) wurde von den meisten Unternehmen weitgehend gut umgesetzt, sodass die Untersuchung im Ergebnis insgesamt ein relativ positives Bild über den Internetauftritt der führenden Bauunternehmen Deutschlands ergab.

Eine Zusammenstellung der untersuchten Unternehmen:

1. Hochtief AG — www.hochtief.de
2. Bilfinger Berger AG — www.bilfingerberger.de
3. Strabag AG — www.strabag.de
4. Ed. Züblin AG — www.zueblin.de
5. Bauer AG — www.bauer.de
6. Kaefer Isoliertechnik — www.kaefer.com
7. Max Bögl GmbH & Co. KG — www.max-boegl.de
8. Wolff & Müller GmbH & Co. KG — www.wolff-mueller.de
9. Goldbeck GmbH — www.goldbeck.de
10. Eurovia GmbH — www.eurovia.de
11. Lindner Holding KGaA — www.lindner-holding.de
12. Leonhard Weiss GmbH & Co. KG — www.leonhard-weiss.de
13. Köster GmbH — www.koester-bau.de

8 Distributionspolitik

8.1 Aufgaben und Teilbereiche der Distributionspolitik

Die Hauptaufgabe der Distributionspolitik, auch Vertriebspolitik genannt, liegt in der Organisation, die Produkte und Dienstleistungen der Unternehmen zeitgerecht an die Orte zu verbringen, an denen der Kunde sie erwerben oder konsumieren kann. In Anlehnung an Specht/Fritz (2005) verweisen Tomczak/Kuß/Reinecke (2009, S. 250) davon ausgehend auf zwei wichtige Teilbereiche der Distributionspolitik: die akquisitorische und die logistische bzw. physische Distribution:

Akquisitorische Distribution: Diese Dimension definiert die Metaebene und beinhaltet die zu beteiligenden Institutionen bei der Distribution, die rechtlichen relevanten Aspekte, die ökonomischen Bedingungen, die informationstechnischen Erfordernisse, sowie die sozialen Beziehungen zwischen den beteiligten Institutionen und Personen. Darüber hinaus spielen die Einbindung bzw. die Verfügbarkeit der unterschiedlichen benötigten Ressourcen der Akteure eine wichtige Rolle. Die Definition der Metaebene schafft die Voraussetzung für die operative Dimension der Distribution. Ein Beispiel: Ein Pharmahersteller mit einer Produktionsstätte in Deutschland beabsichtigt, seine Leistungen für brasilianische Verbraucher anzubieten. Hier stellen sich unterschiedliche Fragestellungen hinsichtlich der rechtlichen Bedingungen – beispielsweise welche Produkthaftungsaspekte in Brasilien berücksichtigt werden müssen – oder der beteiligten Institutionen – wer übernimmt die Produkte in Deutschland, welche Institutionen werden die Produkte auf welchen Wegen (per Luftfracht oder per Schiffsverkehr) nach Brasilien bringen – welche Institution ist in Brasilien für die Weiterverteilung zuständig – über welche Vertriebswege sollen die Produkte vertrieben werden etc.

Als *logistische Distribution* wird der Bereich bezeichnet, der sich überwiegend mit der operativen Umsetzung der Verbringung der Leistungen vom Produktionsort zum Ort des Verkaufs oder des Konsums beschäftigt. Hierbei ist der praktische logistische Umsetzungsprozess von zentraler Bedeutung, was sich im Wesentlichen auf den Transport, die Lagerung und die Auslieferung bezieht. Für einen Nahrungsmittelhersteller, beispielsweise einen Fischverarbeitungsbetrieb, ist es aufgrund der relativ geringen Haltbarkeit dieser Lebensmittel von enormer Bedeutung, dass die Ware zeitnah in Transportmitteln mit Kühlanlage zum Endverbraucher gelangt.

Das Distributionsmanagement muss sich demnach vor allem mit den folgenden Fragestellungen befassen:

- welche Distributionspolitischen Ziele des Unternehmens sollen primär verfolgt werden?
- welche Distributionskanäle kommen hierfür grundsätzlich in Frage (Grobselektion)?
- welche Distributionskanäle erscheinen unter Berücksichtigung sämtlicher unternehmensinterner und externer Anforderungen geeignet (Feinselektion)?
- welche externe Unterstützung ist dabei erforderlich; welche Spezialanbieter existieren, sind diese grundsätzlich für eine Zusammenarbeit zu gewinnen?
- wie kann das Unternehmen diese Logistikaufgaben managen (steuern und koordinieren)?

Aus diesen Fragestellungen wird leicht ersichtlich, dass distributionspolitische Entscheidungen in der Regel langfristig orientiert sind und das diese, sind sie einmal getroffen, nur mit einem relativ hohen Aufwand korrigiert werden können (Kapazitätsaspekt). Die jüngst bekannt gegebene Entscheidung des Modeunternehmens Espirit nach China zu expandieren ist auch unter einer distributionspolitischen Perspektive als eine Herausforderung für das Unternehmen anzusehen. Sobald die distributorischen Grundsatzentscheidungen, wie oben beschrieben, einmal gefällt wurden und der Distributionsprozess angelaufen ist, sind bei Änderungen der Prozessabläufe sämtliche Beteiligen im Hinblick auf diese Modifikationen zu koordinieren. Darüber hinaus erfordern manche Distributionsprozesse relativ hohe Kapitalinvestitionen, sodass diese logistischen Abläufe auch unter finanziellen Betrachtungen eher langfristiger Natur sind (Finanzaspekt).

Die zunehmende Verflechtung der Weltwirtschaft, das stetig steigende Warenangebot und neue technische Möglichkeiten wie das Internet führen zu steigenden Anforderungen an die Gestaltung und Organisation der Distributionspolitik, der die Unternehmen häufig nur durch geeignete Partner ausreichend beggenen können. In vielen Märkten sind die Hersteller aufgrund ihrer begrenzten Ressourcen nur in geringem Umfang in der Lage, ein unternehmensinternes Distributionssystem zu entwickeln, dass proportional zu ihrem Produktionsausstoß dimensioniert ist. Dadurch sind viele Unternehmen zunehmend auf den institutionalisierten Handel angewiesen, eine Tendenz, die auch aufgrund des gestiegenen Konzentrationsgrades des Handels in den letzten Jahren zu deutlichen Machtverschiebungen zwischen Herstellern und Handel führte. Da Handel und Hersteller teilweise divergierende Interessen haben, kann dies für die Herstellerunternehmen mitunter zu Problemen führen. Das Kapital des Handels ist, neben anderen Faktoren, seine Lage und v.a. seine Verkaufsfläche, die pro Zeiteinheit den höchsten Umsatz bringen soll. Der Handel agiert demnach im Spannungsfeld eines ausreichend breiten und tiefen Sortiments und der Umschlaggeschwindigkeit (Verweildauer der Waren in den Regalen). Beispielsweise können die Fertigsuppen des Lebensmittelherstellers Knorr einen schnelleren Absatz finden als die eines unbekannten Anbieters, was den Handel relativ schnell dazu veranlassen würde, das weniger nachgefragte Produkt zeitnah aus den

Regalen zu nehmen, da es „nicht gut läuft". Aus der Perspektive des Handels ist dieses Steuerungsverhalten durchaus nachvollziehbar, für die Hersteller birgt es jedoch vielfältige Probleme: Erstens, ohne eine Listung verzeichnet ein Hersteller grundsätzlich weniger Umsatz, da bei vielen Herstellern der Handel eine wichtige Umsatzsäule darstellt. Zweitens, gerade bei der Neueinführung von Produkten (Einführungsphase) birgt eine derartige Vorgehensweise besondere Risiken, da sich die Akzeptanz von Neuprodukten u.U. später als ursprünglich geplant einstellen kann; ein Handelsunternehmen, das „den schnellen Umsatz " favorisiert, setzt den Hersteller dadurch unter enormen Druck, die Herstellerunternehmen können hierdurch teilweise einen Kontrollverlust über ihre Marketingaktivitäten erleiden.

In einem Gespräch mit dem Autor äußerte sich ein Vertreter eines renommierten deutschen Backwaren- und Tiefkühlkostunternehmens dazu sinngemäß: „Wir müssen unseren Handelspartnern für diese Fälle Kompensationen anbieten, ansonsten werden wir ausgelistet." Möglicherweise wirkt sich die Machtverschiebung zwischen Hersteller und Händler auch in dieser Form (indirekt) negativ auf die ohnehin schon hohe Floprate von ca. 70% sämtlicher Produktneueinführungen aus.

8.2 Organe der Distribution

Die Aufgaben der Distribution der Produkte und Dienstleistungen können durch unterschiedliche Institutionen wahrgenommen werden. Die folgenden Organe sind nach Tomczak/Kuß/Reinecke (2009, S. 251) üblich:

- Organe des Anbieters
- Absatzmittler/Absatzhelfer
- Kooperationspartner des Herstellers

Distributionsorgane des Anbieters

Die Distributionsfunktion ist organisatorisch in den meisten Unternehmen in der Verkaufs- oder Vertriebsabteilung angesiedelt. In der Regel verfügen die Unternehmen über mehrere Vertriebskanäle; die Anzahl und die Formen dieser Absatzkanäle können je nach Branche, Unternehmen, Wettbewerbssituation und anderen Einflussfaktoren variieren. Abb. 8.1 fasst die wesentlichen Einflussfaktoren zusammen, die auf die Ausgestaltung von Absatzwegen einwirken.

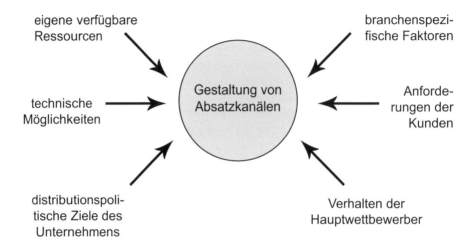

Abbildung 8.1 Einflussfaktoren auf die Gestaltung und Anzahl der Vertriebskanäle

Die *distributionspolitischen Ziele des Unternehmens* stellen eine wichtige Bestimmungsgröße zur Gestaltung des Vertriebskanals dar. Wenn ein Unternehmen beispielsweise eine bundesweit flächendeckende Präsenz mit eigenen Verkauflokalen und einer Erreichbarkeit innerhalb von 30 Minuten mit dem Auto für jeden Kunden beabsichtigt, erfordert dies eine andere distributorische Ausrichtung als wenn diese Parameter anders gesetzt würden. Ein weiteres Beispiel: Wenn ein Versandhaus seine Kunden innerhalb von 24 Stunden beliefern will sind andere logistische Maßnahmen erforderlich als wenn das Unternehmen eine Lieferfrist innerhalb von sieben Werktagen wählen würde.

Die distributionspolitischen Ziele können einen signifikanten Einfluss auf die Kaufentscheidung mancher Käufergruppen haben. Beispielsweise entscheiden sich nach einer Kundenbefragung besonders viele Kunden für das Internetunternehmen Amazon wegen der zeitnahen und zuverlässigen Auslieferfristen, insofern kann die Distributionspolitik einen wichtigen Beitrag zur Absatzsicherung oder Absatzsteigerung beitragen. Die Definition distributionspolitischer Ziele setzt somit den Rahmen für die Vertriebswegegestaltung.

Ein weiterer unternehmensinterner Einflussfaktor ist die *Verfügbarkeit von Ressourcen*. Hierunter sind vor allem Personalressourcen, Finanzressourcen und Sachmittelressourcen zu verstehen. Die meisten Unternehmen agieren vor dem Hintergrund knapper Ressourcen, sodass sie die vorhandenen Mittel möglichst effektiv und effizient einsetzen müssen. Ein personal- und kostenintensiver Außendienst für geringwertige Produkte erscheint nur wenig sinnvoll, da die Produkte auch ohne oder mit einem sehr geringen Erklärungsbedarf verkauft werden könnten. Da unterschiedliche Absatzkanäle unterschiedlich hohe Aufwendungen verursachen, sollte eine den Markterfordernissen jeweils angemessene und die eigenen Ressourcen schonende Vorgehensweise gewählt werden. Ein Beispiel des Liechtensteiner Investitionsgüterherstellers Hilti AG verdeutlicht dies:

8.2 Organe der Distribution

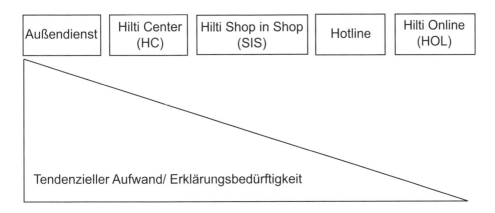

Abbildung 8.2 Die unterschiedlichen Distributionskanäle der Hilti Deutschland GmbH 2007

Das Unternehmen Hilti Deutschland GmbH beschäftigte 2007 ca. zweitausend Mitarbeiter, den Großteil davon im Außendienst. Hilti verfügte zu diesem Zeitpunkt über fünf unabhängige Vertriebskanäle, die für das Unternehmen jeweils unterschiedliche wirtschaftliche Aufwendungen verursachen.

Zunächst der Außendienst, der die erklärungsbedürftigen Produkte an unterschiedliche Kundengruppen vertreibt. Ein Außendienstmitarbeiter benötigt mehrere mehrwöchige Produktschulungen, ein Außendienstfahrzeug sowie ein Vorführset aus den gängigen Produkten. Dieser Vertriebskanal ist der kostenintensivste Kanal, insofern sollte der Außendienst nur dann tätig werden, wenn ein relativ hohes Maß an Erklärungsbedürftigkeit erforderlich ist; anders ausgedrückt, für ein kleines Set von Verbrauchsprodukten im Wert von ca. 30 Euro sollte grundsätzlich kein Außendienstmitarbeiter einen Kunden besuchen.

Als zweiten Kanal betrieb Hilti so genannte Hilti Center (HC), das sind klassische Bauhandwerkermärkte, wo Fachbetriebe ihre Produkte kaufen konnten. In diesen HC wurden ebenfalls technische Vorführungen für die Kunden durchgeführt, das Verkaufspersonal war dementsprechend fachlich ausgebildet. Diese Einrichtungen waren ebenfalls relativ aufwandsintensiv und wurden bundesweit flächendeckend betrieben, vorwiegend in den größeren städtischen Einzugsgebieten. Die HC wurden überwiegend durch Bauhandwerker frequentiert, die Hilti und deren Produkte bereits kannten und die bereits Anwendungserfahrungen mit Hilti-Produkten sammeln konnten.

Die so genannten Shop in Shop (SiS) Verkaufsstellen waren kleinere abgeteilte Verkaufslokale in einem bundesweit tätigen Unternehmen. Die Zielsetzung dieser Variante war es, eine stärkere Präsenz in der Fläche zu zeigen, ohne dass ein entsprechender Aufwand wie bei den HC entstand. Die Hilti SiS Läden waren deutlich abgespeckte Versionen der HC. Diese Verkaufsstellen hielten lediglich einen begrenzten Vorrat der gängigen Hilti-Produkte vor.

Als vierten Kanal etablierte Hilti eine telefonische Hotline, das Personal wurde ebenfall qualitativ hochwertig geschult und konnte qualifizierte Hilfestellungen bei technischen Fragen über das Telefon geben. Die Hotline wurde vorwiegend von Kunden genutzt, die über ausreichende Erfahrungen mit dem Unternehmen und seinen Produkten verfügten.

Hilti Online (HOL) war der fünfte Absatzkanal. Dieser wurde zunächst von unterschiedlichen Kundengruppen in unterschiedlicher Intensität genutzt. In der Tendenz hatten die älteren Kundengruppen stärkere Vorbehalte, die Installation wurde von Hilti Außendienstmitarbeitern vorgenommen; als Anreiz diesen Distributionsansatz zu nutzen wurden die Lieferungen in den ersten Monaten von den Frachtkosten befreit.

Hilti verfolgte durch den Mehrkanalansatz, auch Multi Channel Ansatz genannt, für die jeweilige Situation einen adäquaten Absatzkanal anzubieten. Für einen Neukunden, der weder das Unternehmen noch die Produkte ausreichend kannte, war der kostenintensive Außendienst zuständig. Gerade die größeren Maschinen erforderten einen relativ hohen Erklärungsaufwand, dieser wurde am besten durch den qualifizierten Außendienst vorgenommen. In vielen Fällen wurden auch bei den jeweiligen Kunden auf der Baustelle oder in der Werkstatt Produktvorführungen unter realistischen Bedingungen organisiert; eine Möglichkeit, die ausschließlich dem Außendienst möglich war.

Wenn ein Kunde genügend Erfahrungen und Unterstützung durch den Außendienst erfahren hatte, wurde versucht, ihn bei Nachbestellungen auf einen anderen geeigneten Kanal umzulenken, der ihm ebenfalls den Kauf der Produkte und eine ausreichende Beratung ermöglichte, der jedoch für das Unternehmen Hilti einen deutlich geringeren finanziellen Aufwand bedeutete. Beispiel: Ein Schreinerbetrieb, der mehrere Stichsägen von Hilti benutzt, und nach einiger Zeit aufgrund des üblichen Verschleißes einen Satz neue Sägeblatter benötigt, konnte dies sowohl über die Hotline als auch über die Hilti Hotline abwickeln. Diese Vorgehensweise nannte das Unternehmen zutreffend „Channel Shift" (Kanalwechsel). Der Mehrkanalansatz verbindet somit kunden- und marktseitige Anforderungen mit betriebswirtschaftlichen Erfordernissen auf der Unternehmensseite.

Technische Möglichkeiten können die Gestaltung der Distributionskanäle ebenfalls signifikant beeinflussen. Beispielsweise bietet die Digitalisierung von Produkten enorme Potenziale, diese über das Internet an einen Kunden quasi weltweit verfügbar zu machen. Ein Feld, das das enorme Potenzial technischer Innovationen für die Vertriebswegegestaltung aufzeigt, ist der Mobilfunk. Mittlerweile können vielfältige digitalisierte Dienstleistungen über das Handy bezogen werden – die aktuelle Entwicklung so genannter „Apps" (Applications, der englische Begriff für Anwendungen, das sind beispielsweise bezahlbare Leistungen von Medienkonzernen, die auf das Handy versendet werden können) weist eindeutig in diese Richtung. Technische Möglichkeiten können auch das Spektrum existierender Absatzwege erweitern; so werden in der Touristikbranche zum klassischen Vertriebsweg Reisebüro zunehmend mehr Reisen über das Internet gebucht.

Branchenspezifische Faktoren spielen neben den bereits skizzierten Aspekten häufig eine wichtige Rolle. So ist es in der Automobilbranche in Deutschland üblich, dass die Hersteller ihre Fahrzeuge sowohl über eigene Verkaufsniederlassungen als auch häufig über ein externes Händlernetz exklusiv vertreiben. Exklusiv bedeutet, dass in den jeweiligen Ausstellungsräumen in der Regel nur Fahrzeuge einer spezifischen Automarke oder die Marken eines Herstellers angeboten werden. In anderen Ländern werden Fahrzeuge teilweise in Kaufhäusern angeboten, ein Vertriebsweg der hierzulande bisher in nicht nennenswertem Umfang genutzt wird. In der Mobilfunkbranche existieren sowohl Händler, die unterschiedliche Herstellerprodukte unter einem Dach anbieten als auch solche, die lediglich einen Hersteller oder eine Marke vertreten. Im Lebensmitteleinzelhandel oder bei vielen anderen Konsumgütern bilden mehrstufige Distributionssysteme über Groß- und Einzelhandel die Norm. In einigen Branchen existiert in vielen Fällen ein bundesweit flächendeckendes Filialnetz (z.B. Versicherungen, Banken, Lebensmitteleinzelhandelsketten), andere Branchen agieren nur in größeren Ballungsräumen (z.B. renommierte Unternehmensberatungen oder größere Werbeagenturen).

Die *Anforderungen und die Erwartungen der Kunden* werden beim Design der Absatzkanäle von den Unternehmen als eine wichtige Größe berücksichtigt. Allerdings stößt die Umsetzung der Kundenerwartung an Grenzen, wenn diese für die Unternehmen unwirtschaftlich erscheinen. Ein Beispiel: Die Deutsche Post AG, die aus der Deutsche Bundespost hervorging, verfügte zu Beginn ihrer Gründung über ein sehr dichtes Filialnetz, was sich aus ihrem Auftrag als ehemaligen Staatsbetrieb ergab. Als Unternehmen, das sich betriebswirtschaftlichen Zwängen anpassen muss, war die Reorganisation und eine Ausdünnung des existierenden Filialnetzes unerlässlich, trotz vieler Proteste von Kundenorganisationen wurden diese teilweise unrentablen Strukturen optimiert. Grundsätzlich kann es zwischen Kundenerwartungen und Unternehmenserfordernissen zu Zielkonflikten kommen, wichtig ist in diesem Zusammenhang eine professionelle Kommunikation des betroffenen Unternehmens mit seinen Kunden und der Öffentlichkeit, um die Deutungshoheit der Sachzusammenhänge nicht anderen Akteuren zu überlassen.

Das *Verhalten der Hauptwettbewerber* kann die Distributionswegegestaltung teilweise stark prägen. Anknüpfend an das oben beschriebene Beispiel der Hilti Deutschland GmbH ist anzumerken, dass die Shop in Shop Absatzkanalvariante in hohem Maß durch die starke inländische Expansion des Hauptwettbewerbers Adolf Würth GmbH & Co. KG ausgelöst wurde. Würth baute seine Filialpräsenz zu diesem Zeitpunkt stark aus, um viele Kunden auch in entlegenen Gebieten zu erreichen. Die deutsche Hilti Tochter geriet dadurch in die Defensive, als Antwort auf diese Herausforderung wurde ein Ausbau des Filialnetzes in Form der kostengünstigeren Shop in Shop Filialen initiiert um sowohl eine dichtere Präsenz zu erreichen als auch die Ressourcen des Unternehmens nicht zu überfordern. Die Unternehmen, die in einem Spannungsfeld zwischen eigenen Möglichkeiten, dem Handeln des Wettbewerbs und den Kundenerwartungen agieren, können das Verhalten der Hauptwettbewerber nicht ignorieren, da sich dieses relativ zeitnah auf das eigene Unternehmen auswirkt. Ein Beispiel: Das Versandhausunternehmen Quelle GmbH hat nach Expertenmeinung den Einstieg in den Online-Versandhandel im Gegensatz zu seinen Hauptwettbewerbern, wie z.B. der Otto-Gruppe, erst relativ spät organisiert, was unter anderem wesentlich zu den wirtschaftlichen Schwierigkeiten beitrug, die das Unternehmen letztlich in die Insolvenz trieben.

Die skizzierten Einflussfaktoren auf die Gestaltung der unternehmenseigenen Distributionsorgane stellen lediglich einen Grobrahmen dar; im Einzelfall können weitere Determinanten auf das Absatzwegedesign einwirken. Die spezifische Gewichtung der unterschiedlichen Einflussgrößen kann je nach Unternehmen, Branche und anderen Faktoren variieren.

Absatzmittler und Absatzhelfer

Absatzmittler und Absatzhelfer sind rechtlich selbständig und agieren in der Regel wirtschaftlich unabhängig. Während Absatzhelfer lediglich vermittelnd zwischen Hersteller und Kunden in Erscheinung treten und somit kein Risiko übernehmen, erwerben Absatzmittler Eigentum an den Waren oder Dienstleistungen und übernehmen dementsprechend auch das Absatzrisiko. Zwischen Hersteller und Absatzmittler findet demnach eine klassische Markttransaktion (Leistungsaustausch) statt.

Absatzhelfer treten nach Kuß/Tomczak (2004, S. 236) überwiegend in drei Bereichen auf: Als

- Absatzhelfer in der Logistik
- Absatzhelfer in der Akquisition
- ergänzende Absatzhelfer z.B. als Berater

Absatzmittler werden üblicherweise in Groß- und Einzelhandel unterschieden. Der Großhandel veräußert seine Waren ohne Veränderung an weitere Absatzmittler, überwiegend an andere Handelsinstitutionen, an den Fachhandel und an den Einzelhandel. Der Einzelhandel verkauft seine Produkte in der Regel an die Endverbraucher.

In Anlehnung an Tomczak/Kuß/Reinecke (2009, S. 253) basierend auf Kleinaltenkamp (2006) erfüllt der Handel die folgenden Funktionen:

- der Handel schafft einen zeitlichen Ausgleich zwischen der Produktion und dem Kauf bzw. Konsum (Lagerhaltungsfunktion)
- der Handel gleicht durch den Transport die räumliche Distanz aus (Transportfunktion)
- durch seine Marktkenntnisse erfüllt der Handel eine preisliche Ausgleichsfunktion
- durch die nachfrageorientierte Bereitstellung der ausreichenden Mengen der jeweiligen Sortimente (Sortimentstiefe und Sortimentsbreite) übernimmt der Handel sowohl qualitative als auch quantitative Ausgleichsfunktionen.

Aufgrund der relativ heterogenen Märkte und der zunehmenden Dynamisierung agieren sowohl die Großhändler als auch die Einzelhändler in den jeweiligen Segmenten unterschiedlicher Form, die auch als Betriebsformen bezeichnet werden. Im Einzelhandel existieren demnach die folgenden Hauptbetriebsformen: Fachhandel, Kaufhäuser, Warenhäuser, traditionelle Versandhäuser, Supermärkte, Verbrauchermärkte und Discounter. Darüber hinaus gewinnen die Tankstellen und die Internetshops zunehmend an Bedeutung.

Der Einsatz mit Absatzmittlern birgt mitunter Problempotenzial, das je nach Machtkonstellation und Konflikt- bzw. Kooperationskultur der unterschiedlichen Parteien gelöst werden kann. Gerade im internationalen Kontext können durch die verschiedenen Geschäftskulturen in Anhängigkeit vom jeweiligen Erfahrungshorizont Probleme entstehen. Ein Beispiel: Ein deutscher Baumaterialhersteller, der seine Produkte über Absatzmittler (authorised dealer) in Indien vertreibt, geriet aufgrund eines plötzlichen Nachfragerückgangs mit einem Händler in einen Konflikt. Ohne ein erkennbares Motiv stellte der Händler, der für die wirtschaftlich bedeutsame Region der Metropole Mumbai (Bombay) verantwortlich zeichnete, seine Verkaufsaktivitäten ein und stoppte dementsprechend seine Bestellungen in Deutschland; auch auf Nachfrage der Unternehmensleitung aus Deutschland war er für mehrere Wochen nicht erreichbar. Nach einer Überprüfung der Situation fand das deutsche Unternehmen heraus, dass dieser Händler entgegen einer eindeutigen vertraglichen Exklusivitätsvereinbarung mehrere strategische Geschäftseinheiten betrieb, wovon Baumaterialien lediglich ein am Umsatz gemessen kleineres Geschäftsfeld für ihn darstellte. Zu jenem Zeitpunkt stieg die Nachfrage in einem anderen von ihm bearbeiteten Geschäftsfeld saisonal bedingt derart stark an, dass er sich auf dieses Segment konzentrierte und sämtliche anderen Aktivitäten einstellte.

Andererseits können professionelle Absatzmittler, die über eine gute Kenntnis ihrer Absatzmärkte und ihrer Kundengruppen verfügen, für einen Hersteller sehr wertvoll sein. Gerade Klein- und Mittelständische Unternehmen (KMU) besitzen häufig eine leistungsorientierte Kompetenz, die distributorische Erfordernisse stellen teilweise hohe Anforderungen sowohl an deren Kapazitäten als auch an deren Vermarktungswegekompetenz. Insofern bietet eine klassische Arbeitsteilung in einem solchen Kontext vor dem Hintergrund einer ausgeglichenen Machtkonstellation Vorteile für Hersteller und Absatzmittler. Ein wesentlicher Aspekt für eine erfolgreiche Zusammenarbeit zwischen Produzenten und Absatzmittlers sind eindeutige und transparent kommunizierte Erwartungen beider Parteien vor Beginn der gemeinsamen Geschäftsaktivitäten. Darüber hinaus spielt v.a. auch das gegenseitige Vertrauen eine wichtige Rolle, da in vielen Fällen nicht sämtliche relevante Aspekte im Vorfeld ausreichend vertraglich fixiert werden, sodass diese Situationen erst während des laufenden Geschäfts nachverhandelt werden müssen.

Kooperationspartner der Hersteller

Die Restriktionen vieler Hersteller, (z.B. Kapazitäts- oder Wissensrestriktionen) führen neben dem Einsatz von Absatzmittlern u.a. auch zu Kooperationenformen zwischen den unterschiedlichen Anbietern. Nach Tomczak/Kuß/Reinecke (2009, S. 253) existieren drei Grundformen von Kooperationstypen (horizontale Anbieterkooperationen):

- Anschlussabsatz
- Gemeinschaftsabsatz
- Gemeinschaftlicher Absatz durch Anbieterkoalitionen

Anschlussabsatz bezeichnet die Kooperationsvariante, bei der ein Hersteller seine Produkte einem anderen Hersteller zur Vermarktung überlässt. Hierbei existierten wiederum zwei Grundformen, entweder der vermarktende Produzent erwirbt die Waren (quasi Absatzmittlerfunktion) oder er übernimmt die Waren im Rahmen eines Kommissärs (ähnlich wie ein Absatzhelfer, der kein eigenes Risiko übernimmt).

Bei einem *Gemeinschaftsabsatz* schließen sich mehrere Hersteller zusammen und bilden eine Distributionsgemeinschaft, die die gemeinsame Produktpalette vermarktet. Diese Kooperationsform findet besonders dort statt, wo ein einzelnes Unternehmen aus Risikoerwägungen keine Absatzmittler einschalten möchte, häufig findet dieses Modell bei der Auslandsmarktbearbeitung statt.

Im komplexen und arbeitsteiligen Umfeld der Investitionsgüterbranche schließen sich die Unternehmen häufig zu *Anbieterkoalitionen* zusammen. In der Regel wirken bei technisch anspruchsvollen Produkten unterschiedliche Spezialanbieter zusammen, die ihre Einzelleistungen aufeinander bündeln, um somit ein geschlossenes und abgestimmtes Problemlösungspaket anbieten zu können. Diese Koalitionen können je nach Vertragsgestaltung in relativ loser Form oder unter einem juristisch dezidert definierten Schirm auftreten. Gerade bei komplexen Anlagen ist v.a. auch aus Haftungsgründen eine juristisch eindeutige Regelung für sämtliche Akteure inklusive des Kunden empfehlenswert.

8.3 Die Organisation der Distributionskanäle

Die Organisation der Absatzkanäle stellt die Unternehmen vor eine Entscheidungsalternativen, die ähnlich wie bei den unternehmensinternen Organen vor dem Hintergrund unterschiedlicher Anforderungen wie Kundenwünschen, Verhalten der Wettbewerber und eigenen Ressourcen definiert werden müssen. Im Folgenden sollen die Hauptgestaltungsansätze auf der Basis von institutionellen Gestaltungsvarianten (Konsumgüterbranchen/ Investitionsgüterbranchen) skizziert werden:

In der Konsumgüterindustrie verlaufen die klassischen Vertriebswege vom Hersteller über die Stufen Großhandel und Einzelhandel zum Endverbraucher, wobei in den letzten Jahren folgender Trend zu beobachten ist: Ergänzend zu den klassischen Absatzmittlern Groß- und Einzelhandel bauen einige Konsumgüterhersteller gezielt eigene Vertriebskanäle auf, wie beispielsweise die deutliche Zunahme von Factory-Outlets (Verkaufsstellen, die in der Regel in direkter räumlicher Nähe zu den Produktionsstätten angesiedelt sind) oder im Bereich höherwertiger Mode oder Kosmetika eigene Verkaufsstätten an ausgewählten Örtlichkeiten. Dennoch gilt, dass ein Großteil des Umsatzes der Hersteller nach wie vor über die traditionellen Absatzwege des Handels abgewickelt wird. Auffällig ist, dass grundsätzlich kein direkter Kontakt zwischen Kunden und Produzenten, von den beschriebenen Tendenzen abgesehen, nicht existiert.

8.3 Die Organisation der Distributionskanäle

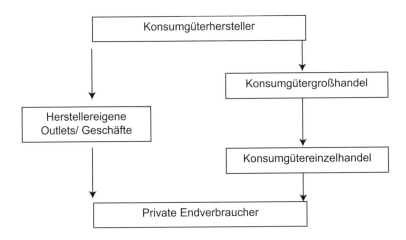

Abbildung 8.3: Klassische Absatzwegorganisation bei Konsumgüterherstellern

Im Gegensatz zur Konsumgüterindustrie besteht im Investitionsgüterbereich in der Regel ein direkter Kontakt zwischen den Kunden und den Herstellern. Die Ursachen hierfür sind vielfältiger Natur, so ist es häufig die hohe Erklärungsnotwendigkeit der Produkte, in vielen Fällen werden je nach Kundenanforderung spezielle Leistungsbündel für den Kunden zusammengestellt (wie beispielsweise im Schiffsbau oder im Kraftwerksbau), was sowohl in der Vorverkaufsphase als auch während der Implementierungsphase einen intensiven kommunikativen Austausch erfordert. Das Erfordernis der relativ hohen persönlichen Kontaktintensität spiegelt sich verständlicherweise in der Distributionskanalgestaltung dieser Anbieter wider; so besitzen die meisten der Investitionsgüterhersteller einen eigenen Außendienst, um ihre Leistungen zu vermarkten. Abb. 8.4 zeigt die üblichen Distributionswege bei Investitionsgüterherstellern auf:

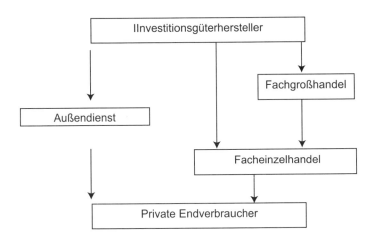

Abbildung 8.4: Klassische Absatzwegeorganisation bei Investitionsgüterherstellern

Die Ausgestaltung der Vertriebswege kann je nach Unternehmenstyp, Branche oder anderen Einflussgrößen gestaltet werden, für die Unternehmen ist es von besonderer Bedeutung, dass sie unter Berücksichtigung unterschiedlicher Faktoren aus der Kundenperspektive einen möglichst großen Nutzen generieren, um sich auch unter Wettbewerbsgesichtspunkten positiv zu positionieren. Damit wird deutlich, dass die Distributionspolitik, wenn auch möglicherweise bedingt, einen Einfluss auf die Kaufentscheidung haben kann.

Ein weiter Aspekt, der häufig keine ausreichende Beachtung erfährt und der thematisch ebenfalls der Distributionspolitik zuzuordnen ist, ist die Organisation und die Gestaltung der Ersatzteilversorgung bzw. die des Reparaturservices. Diese Leistungen gewinnen für die Anbieter von Investitionsgüterleistungen in den letzten Jahren an Bedeutung, da sie sich zunehmend über diese Teilleistungen gegenüber ihren Hauptwettbewerbern profilieren können. Für die Kunden der Investitionsgüterhersteller, die ebenfalls auf vielen Märkten von einer intensiveren Wettbewerbsdynamik betroffen sind, ist die zeitnahe Beschaffung von Ersatzteilen oder ein zeitnaher Reparaturservice von hoher wirtschaftlicher Bedeutung. Ein Beispiel: Ein Maschinenbauunternehmen, das Produktionsmaschinen (z.B. Stanzen für Türbleche) für den Automobilbau herstellt, leistet einen Beitrag innerhalb der Produktionswertschöpfungskette des Kunden und übernimmt dadurch eine Teilverantwortung für diesen Produktionsabschnitt. Sollte diese Maschine ausfallen, so hat dies unmittelbare negative Auswirkungen auf die Produktion des Kunden (Automobilherstellers), was wiederum unmittelbare wirtschaftliche Konsequenzen nach sich zieht. Um die Eintrittwahrscheinlichkeit eines potenziellen Schadens für den Kunden zu reduzieren, muss ein Zulieferer im Vorfeld Konzepte zur Vermeidung einer derartigen Situation entwickeln bzw. für den Eintrittfall Pläne zur zeitnahen Fortsetzung der Produktion erarbeiten. Ohne ein schlüssiges und mit dem Kunden abgestimmtes Konzept, neben den vertragsrechtlichen Konsequenzen, würde ein PKW-Volumenhersteller mit hoher Wahrscheinlichkeit keine Maschine von einem Zulieferer ordern. Ein weiteres Beispiel: Auf einer bedeutsamen Großbaustelle im Straßenbau eines deutschen Konzerns in der Tschechischen Republik fielen zahlreiche Baumaschinen eines amerikanischen Lieferanten aus; die Ersatzteilbeschaffung dauerte mehrere Wochen, was zu einem massiven Zeitverzug des Arbeitsfortschritts führte. Da das amerikanische Unternehmen die dringend benötigten Ersatzteile erst verzögert lieferte, und der Schaden für das deutsche Bauunternehmen relativ erheblich war, wurden seit diesem Zeitpunkt keine Maschinen dieses Herstellers mehr bestellt.

Die Organisation der Distributionspolitik kann für die Unternehmen von immenser Bedeutung sein, da diese das Erleben des Kunden prägen und in vielen Fällen entweder kauf- oder wiederkaufentscheidungsrelevant sind.

8.4 Distributionspolitik in der Bauwirtschaft

Die Distributionspolitik im Bauumfeld hat grundsätzlich vergleichbare Funktionen zu erfüllen wie die Distributionspolitik in anderen Industrie- und Dienstleistungsbereichen, allerdings prägen die branchenspezifischen Aspekte der Bauwirtschaft die Ausgestaltung der

Vertriebswegepolitik relativ stark. Dies ist im Wesentlichen auf die folgenden Faktoren zurückzuführen:

- Die Baudienstleistung hat einen immateriellen Charakter (Koordination, Planung, Beratung, Steuerung)
- Die klassische Bauproduktion findet überwiegend am Ort des Konsums statt, eine „Vorfertigungskultur" an einem spezifischen Ort (Produktionsanlagen) existiert in der Bauwirtschaft in deutlich geringerem Umfang als in stationären Industriezweigen
- Der typische Bauproduktionsprozess erlaubt somit keine Lagerhaltung
- Die unterschiedlichen Bauprodukte sind häufig technisch sehr anspruchsvoll und sehr komplex
- Das Baugeschäft ist ein Geschäftsmodell, das üblicherweise eine starke lokale bzw. regionale Verankerung erfordert.

Diese Rahmenbedingungen können zu unterschiedlichen Formen der Vertriebswegepolitik führen: Klein- und mittelständisch geprägte Bauunternehmungen agieren in ihrem direkten oder benachbarten Umfeld, d.h. sie betätigen sich tendenziell in einem relativ überschaubaren geographischen Radius. Größere mittelständische und große Bauunternehmen agieren überregional, müssen dabei jedoch auch in lokalen Strukturen verankert sein. Diese Anforderungen schlagen sich auch in ihrer Organisationsstruktur nieder (in Deutschland): Einerseits werden unterschiedliche Gebiete je nach Größe in unterschiedlichen geographischen Strukturen bzw. Einheiten zusammengefasst, andererseits werden produkts- oder segmentspezifische Faktoren bei der Organisationsgestaltung berücksichtigt.

Die typische Distributionsstruktur ist in Abb. 8.5 dargestellt: Einige Anteile der projektbedingten Wertschöpfungsaktivitäten wie das Vertragscontrolling, die kaufmännisch Administration, der Einkauf, werden durch die Organisation der Niederlassungen (HNL/NL/ZNL) geleistet. Der Hintergrund für eine derartige Organisationsstruktur lag im Selbstverständnis der Bauindustrie begründet: ausgehend von dem Ansatz, dass das Baugeschäft häufig von lokalen Akteuren und Beziehungsnetzwerken dominiert wird, wurde durch ein relativ engmaschiges Niederlassungsnetz versucht, in den jeweiligen lokalen Bauszenen Präsenz zu demonstrieren, um sich als Teil des lokalen Baumarktes nachhaltig zu positionieren. Dieser Ansatz war und ist überaus sinnvoll, da die Unternehmen durch den dauerhaften Kontakt oftmals Informationsvorsprünge gegenüber jenen Unternehmen gewinnen konnten, die nicht permanent in einer Region vertreten sind.

Sämtliche der großen deutschen Bauunternehmen betreiben seit vielen Jahrzehnten ein bundesweites Niederlassungsnetz, das so engmaschig ist, dass jedes Gebiet in Deutschland erfasst werden kann, und dass innerhalb dieser Teilräume jeder Kunde relativ zeitnah erreicht werden kann. Andererseits müssen diese Niederlassungen sowohl räumlich als auch von ihren Ressourcen in der Form dimensioniert sein, dass sie ausreichende Gewinnbeiträge erwirtschaften können. Im Rahmen der großen Krise der Bauwirtschaft zwischen 1995 und 2005 haben viele Bauunternehmen ihre Distributionsstrukturen vor dem Hintergrund einer rückläufigen Nachfrage und/oder sinkender Gewinnmargen gestrafft, wobei viele Niederlassungen verkleinert, zusammengelegt oder geschlossen wurden.

Abbildung 8.5: Mögliche Distributionsstruktur in der Bauwirtschaft

In Anlehnung an die in 8.1 bereits angesprochenen Teilbereiche der Distributionspolitik, akquisitorische und logistische Distribution, verdient ein wichtiger Aspekt der bauspezifischen Distribution Beachtung: während die akquisitorische Distribution (Metaebene) ohnehin überwiegend nach unternehmensspezifischen Gesichtspunkten zu organisieren ist, weist die operative Dimension (logistische Distribution) in der Bauwirtschaft starke Branchenprägungen auf: Ein wichtiger Aspekt ist das Vorhalten von Kompetenzen und Kapazitäten, da die Leistungserstellung am Ort des Konsums erfolgt, dies betrifft sowohl die Phase vor Baubeginn als auch die Bauphase. Da das Produkt erst über einen längeren Zeitraum am Ort des Konsums entsteht, müssen die Unternehmen ein unterschiedliches Bündel und einen unterschiedlichen Umfang an Kompetenzen, je nach Art und Umfang des Projekts, vorhalten und zur Verfügung stellen. Vielfach sind Spezialisten landesweit an einem zentralen Ort in einer Organisationseinheit zusammengefasst, und werden je nach Kundenanforderung an den Ort des Bedarfs gebracht. Ein Beispiel: Ein Bauprojekt, dass das Ziel hätte, die Münchner Unter-

8.4 Distributionspolitik in der Bauwirtschaft

grundbahn massiv auszubauen, würde eine relativ hohe Anzahl an Spezialisten erfordern, die mit hoher Wahrscheinlichkeit in nicht ausreichender Zahl in der Münchner Niederlassung verfügbar wären, insofern müssten die entsprechenden Fachkräfte entweder regional- oder bundesweit aus der Unternehmensstruktur beschafft werden. Da ein Spezialist (oder eine Gruppe von Spezialisten) aufgrund der relativ geringen geographischen Distanzen und der gut ausgebauten Infrastruktur grundsätzlich innerhalb weniger Stunden an jedem Ort in Deutschland verfügbar sein kann, ist eine „Vor-Ort-Ansiedlung" spezifischer Kompetenzen nur in Ausnahmefällen erforderlich.

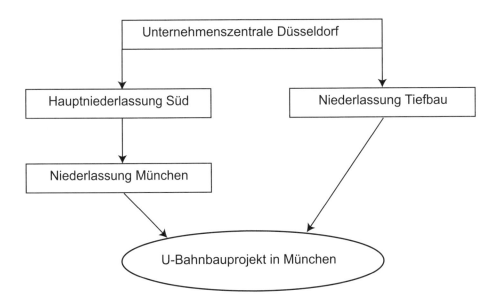

Abbildung 8.6: Unternehmensinternes Kooperationsbeispiel

In Abb. 8.6 wird eine mögliche Zusammenführung unternehmensinterner Ressourcen zur Realisierung eines Projekts dargestellt. In diesem Fall werden zwei Dimensionen zusammengeführt, die Regionalkomponente (Niederlassung München) und die Fachkomponente (Niederlassung Tiefbau). In anderen Situationen können sich beispielsweise zwei Niederlassungen mit vergleichbarem Kompetenzprofil aus Kapazitätserwägungen zusammenschließen. Unabhängig davon, welche Formen der internen Zusammenarbeit gewählt werden, wichtig ist dass diese den Projekt- bzw. den Kundenanforderungen entsprechen, ohne für das Unternehmen einen unzumutbaren Aufwand zu generieren.

Distributionsorgane der Anbieter

Ein weiterer wichtiger Aspekt der Distributionspolitik mit bauwirtschaftlichem Hintergrund sind die Organe der Distribution. Die Bauunternehmen verfügen üblicherweise über eigene Vertriebsabteilungen oder Vertriebsmannschaften, auch wenn sich diese anders nennen und teilweise anders agieren als in anderen Branchen. Grundsätzlich existieren zwei Verfahrenswege: Bei staatlichen Ausschreibungen werden so genannte Angebote erstellt, die auf der Basis der Ausschreibungsunterlagen kalkuliert werden (reaktiver Ansatz). Vereinfacht ausgedrückt: Die Kalkulationsabteilung erstellt, teilweise unter Einbindung weiterer Expertise, ein Angebot, dass je nach Submissionsergebnis (Ergebnis des Bieterverfahrens, in der Regel der Zuschlag) vom Kunden angenommen wird.

Bei Aufträgen, die nicht dem engmaschigen Vergaberegelwerk des Staates unterliegen, haben die Unternehmen mehr Gestaltungsräume bei der Auftragsakquisition (aktiver Ansatz). Beispiel: Ein Bauunternehmen, dass bereits mehrfach Produktionsstandorte für die Automobilindustrie gebaut hat, erfährt, dass ein ehemaliger Kunde beabsichtigt, den asiatischen Markt mit Hilfe eines lokalen Produktionsstandorts zu erschließen. Spätestens ab diesem Zeitpunkt könnte die Bauunternehmung den ehemaligen Kunden erneut kontaktieren und seine Hilfe bei der Realisierung des Projekts anbieten.

Die typischen Anbieterorgane der Distribution bei Bauunternehmen sind:

- Kalkulationsabteilung
- Vertriebsmitarbeiter
- Key Account Management

Die Arbeitsweise der Kalkulationsabteilung wurde bereits erläutert, die der Vertriebsmitarbeiter wurde generell unter 8.2 behandelt. Das Key Account Management oder Schlüssel- bzw. Großkundenmanagement, in vielen Branchen bereits Standard, findet auch zunehmend in der Bauwirtschaft Anwendung. Ein Großkunde wie beispielsweise die RWE AG, die bundesweit über einen großen Immobilienbestand verfügt, möchte einen zentralen Ansprechpartner bei einem Bauunternehmen vorfinden, unabhängig davon, ob der Bedarf nach Baudienstleistungen z.B. in Berlin, in Düsseldorf oder in Stuttgart entsteht. Der Key Account Manager stellt das Bindeglied zwischen dem Kunden und den teilweise komplexen eigenen Unternehmensstrukturen dar, damit die erforderliche Leistung ohne größere Effizienzverluste entsprechend organisiert werden kann. Beispielsweise können interne Kooperationen mehrerer Niederlassungen dazu führen, dass ein Kunde Schwierigkeiten hat, die entsprechenden Ansprechpartner zu kontaktieren, außerdem können bei unterschiedlich gelagerten Fragestellungen unterschiedliche Zuständigkeiten auftreten; ein Key Account Manager hilft während des gesamten Kundenlebenszyklus, diesem beratend und Orientierung gebend durch seine Kompetenz.

Im Rahmen der Vertriebspolitik in der Bauindustrie gewinnt das Thema „Wiederholkunden" zunehmend an Bedeutung; eng verknüpft ist damit der Bereich des Customer Relationship Managements (CRM). Prinzipiell ist Marketing in der Bauindustrie, besonders jedoch im Projektgeschäft, ein „Management von Diskontinuitäten", da das Unternehmen in der

Vorphase und in der Bauphase einen relativ engen Kundenkontakt unterhält, nach erfolgreicher Realisierung endet dieser Kontakt in den meisten Fällen. Dadurch geht ein Großteil des Wissens über den Kunden, die internen Strukturen, seine Abläufe etc. verloren, nach einigen Jahren existieren auf der Seite des Kunden häufig andere Ansprechpartner, und die gemeinsame Erfahrung der Vergangenheit verblasst. Der ausreichend enge Kontakt auch nach Abschluss des Projekts ist eine wesentliche Voraussetzung für die Akquisition neuer Bauvorhaben, insofern kann eine strukturierte Kundenbearbeitung (auch nach Projektabschluss) eine strategische Wettbewerbsvorteilssituation schaffen. Ein Bauunternehmen, das in dieser Hinsicht sehr innovativ ist, ist die Goldbeck GmbH, die es nach eigenen Angaben in den letzten Jahren zu einem Anteil an Wiederholkunden von ca. 50% schaffte, darüber hinaus überarbeitet und professionalisiert das Unternehmen sein existierendes CRM-System, um diesen Anteil profitabel weiter auszubauen.

Absatzmittler und Absatzhelfer

Der Beschaffungs- und Absatzprozess in der Bauwirtschaft ist in vielen Fällen sehr komplex und personalintensiv. Generell existieren spielen Absatzmittler bzw. Absatzhelfer im inländischen Baugeschäft keine signifikante Rolle, bisweilen dienen sich den Bauunternehmen manche Personen an, die angeben, über besondere Verbindungen zu verfügen. In der Bauwirtschaft existiert zumindest kein institutionalisiertes Absatzmittlersystem, wie es beispielsweise in der Versicherungsbranche oder in der Modebranche üblich ist. Im Auslandsgeschäft tritt diese Absatzkonstruktion tendenziell häufiger auf, v.a. in komplexen und unübersichtlichen Baumärkten in Schwellen- und Entwicklungsländern. Diese Personengruppen variieren in ihrer Nützlichkeit für die Akquisition von Projekten auf einer Skala von wenig nützlich bis äußerst hilfreich, für die Anbieter von Baudienstleistungen ist es häufig schwierig, die Kompetenz und die Zugangsmöglichkeiten der Absatzmittler oder Absatzhelfer im Vorfeld zu bewerten.

Je mehr sich die Bauunternehmen in die Richtung eines Dienstleistungsunternehmens entwickeln, desto stärker werden sie ihr ursprünglich relativ reaktives Distributionssystem zu innovativen Vertriebsstrukturen ausbauen müssen, um sowohl den Kundenanforderungen als auch den Herausforderungen des Wettbewerbs adäquat begegnen zu können. Insofern ist davon auszugehen, dass die Distribution in der Bauindustrie sich weiter professionalisieren wird.

Glossar

Baumarketing

Baumarketing verfolgt das Ziel, die marketingrelevanten theoretischen und konzeptionellen Ansätze an die Besonderheiten der Bauindustrie anzupassen. Die Notwendigkeit eines branchenspezifischen Marketings ergibt sich nicht nur aus der Erweiterung des Leistungsangebots vieler Bauunternehmen z. B. Facility Management oder Finanzierung; auch die Kernbereiche des Bauens erfordern heutzutage eine deutlich systematischere Vorgehensweise als dies noch vor 20 Jahren der Fall war. Baumarketing soll die Unternehmen der Branche, die sich zunehmend mehr zu Baudienstleistungsunternehmen entwickeln, sowohl durch Ansätze des strategischen als auch des operativen Marketings unterstützen. Beispielsweise sind die Kunden-Lieferantenbeziehungen im klassischen projektorientierten Baugeschäft von Diskontinuitäten gekennzeichnet, nach Beendigung des Bauprojekts ist dieses Verhältnis in der Regel unterbrochen – hier kann ein geschicktes Beziehungsmanagement wertvolle Impulse für diese Zwischenphasen liefern.

Bauleistung

Die Unternehmen der Baubranche weisen ihre Leistung in der jeweiligen Periode nicht als Umsatz, sondern als Bauleistung aus. Die Jahresbauleistung ist nach einer Definition des Hauptverbands der Deutschen Bauindustrie e.V. die Summe aller Bauleistungen, unabhängig, ob diese Leistungen als Generalunternehmer oder als Nachunternehmer erbracht wurden. Hinzugerechnet werden auch die beauftragten Fremd- und Nachunternehmerleistungen. Dabei spielt es keine Rolle, ob die Bauten fertiggestellt und abgerechnet (Schluss gerechnet) sind oder ob sie sich noch im Stadium der Erstellung (nicht abgerechnet) befinden.

Baunahe Dienstleistungen

Mit baunahen Dienstleistungen werden häufig jene Dienstleistungen umschrieben, die relativ nah an der Wertschöpfungskette „Bau" angesiedelt sind. Dies können unter prozessualen Betrachtungen Aktivitäten sein, die dem klassischen Bauen vorgelagert sind wie Planung und Finanzierung. Auch der Kernaktivität des Bauens nachgelagerte Wertschöpfungsaktivitäten wie Betrieb werden unter diesem Begriff zusammengefasst. Weitere Beispiele für baunahe Dienstleistungen sind Facility Management und Energie Management.

Bauwirtschaft

Die Bauwirtschaft, obwohl ein wichtiger Bestandteil der meisten entwickelten Volkswirtschaften, ist als Begriff nicht eindeutig definiert. In der Regel werden hierunter die Bereiche unserer Wirtschaft verstanden, die sich entweder mit Bautätigkeit oder Bauproduktion beschäftigen, unabhängig ob es sich um Neubaumaßnahmen oder um das so genannte „Bauen im Bestand" handelt. Hierunter fallen Betriebe des Bauhauptgewerbes und des Baunebengewerbes (beides Begrifflichkeiten, die zwar nicht mehr in der amtlichen Statistik geführt werden, die jedoch umgangssprachlich nach wie vor dominieren). Ebenso werden die Zuliefererunternehmen in manchen Publikationen zur Bauwirtschaft hinzugerechnet.

Branchenanalyse

Die Branchenanalyse liefert auf der Basis des Modells von Michael Porter einen Rahmen, innerhalb dessen die Attraktivität einer Branche untersucht werden kann. Anhand von fünf Faktoren (Verhandlungsstärke der Lieferanten, Verhandlungsstärke der Abnehmer, Bedrohung durch Ersatzprodukte, Bedrohung durch neue Wettbewerber, Rivalität innerhalb der Branche) kann die Wettbewerbsintensität herausgearbeitet werden. Eine hohe Wettbewerbsintensität führt tendenziell zu geringen Gewinnmargen, eine geringe Wettbewerbsintensität dementsprechend tendenziell eher zu hohen Gewinnmargen. Der grundsätzliche Nutzen dieses Modells erwächst aus seiner Einfachheit und eignet sich gut für eine Kurzanalyse. Allerdings hat dieses Modell einen statischen Charakter, zukünftige Entwicklungen, beispielsweise der Nachfragestruktur, können durch dieses Modell nicht abgebildet werden.

Erfahrungskurve

Das Erfahrungskurvenkonzept wurde von der Boston Consulting Group entwickelt und besagt im Wesentlichen, dass sich mit zunehmender Erfahrung in der Produktion und Vermarktung von Gütern und Dienstleistungen Einsparpotenziale ergeben können. Diese sind u.a. darauf zurückzuführen, dass sich Prozessabläufe mit zunehmendem Erfahrungslernen optimieren lassen oder dass durch den Einsatz neuer Produktionstechnologien Effizienzsteigerungen verbunden sind. Ebenso können Vereinfachungen bei den Produktkomponenten Kostensparpotenziale erschließen. Die aufgezeigten Einsparpotenziale ergeben sich nicht zwangsläufig, sie sind häufig das Ergebnis eines strukturierten Managementprozesses. Generell führen die generierten Kosteneinsparungen zu Stückkostensenkungen, die, geschickt genutzt, Wettbewerbsvorteile für das jeweilige Unternehmen halten und/oder erschließen können.

Käuferverhalten

Das Käuferverhalten, vor allem die Transparenz der einzelnen Prozessschritte, die den Konsumenten veranlassen, sich für ein bestimmtes Produkt zu entscheiden, ist für die Unternehmen von herausragender Bedeutung. Dabei können u.a. situative Umfeldfaktoren, aber auch Sozialisierungsaspekte oder die Bedeutung des Produkts für den Käufer eine wichtige Rolle spielen. Die adäquate Berücksichtigung des Käuferverhaltens bei der Entwicklung und Gestaltung des Leistungsangebots kann zu höheren Absätzen führen, auch daher finden diesbezüglich umfangreiche Studien statt.

Produktlebenszyklus

Der Produktlebenszyklus stellt als Modell eine Analogie zur Biologie her. Lebenszyklus impliziert dabei, dass eine Existenz unterschiedliche Phasen mit der Geburt beginnend und mit dem Tod endend durchläuft. Dieser Ansatz wurde auf die Betriebswirtschaftslehre, explizit auf die Existenz von Produkten, übertragen. Demnach existieren Einführungs-, Wachstums-, Reife- und eine Rückgangphase. Während der Einführungsphase ist die Produktexistenz am gefährdetsten, da es trotz intensiver Marktuntersuchungen möglicherweise nicht von den Zielgruppen akzeptiert werden könnte. Eine Floprate von ca. 70% belegt dieses Risiko. In der nächsten Phase (Wachstum) sinken die Risiken, der Umsatz steigt, die Ausgaben für Werbung können tendenziell stabil bleiben oder sinken. In der Reifephase hat das Produkt seine höchstmögliche Ausdehnung erreicht - in diesem „Lebensabschnitt" erwirtschaftet es seine höchsten Wertbeiträge. In der anschließenden Rückgangphase sinken die Umsätze für dieses Produkt, es wird zunehmend von neueren Produkten mit verbesserten Leistungseigenschaften verdrängt, sodass die Unternehmen genötigt werden, dieses Produkt vom Markt zu nehmen. Das Modell des Produktlebenszyklus ist eingängig und bildet in einer anschaulichen Weise den üblichen Verlauf von Produkten ab. Allerdings werden externe Faktoren, wie technische Innovationen, die einen signifikanten Einfluss auf den Produktlebenszyklus entfalten können, nicht in diesem Modell berücksichtigt.

Strategisches Marketing

Strategisches Marketing befasst sich im Gegensatz zum operativen Marketing mit Konzepten und Untersuchungsgegenständen, die auf einem relativ hohen Abstraktionsniveau angesiedelt sind. In der Regel werden im Rahmen des strategischen Marketings Grundsatzfragen erörtert, wie beispielsweise in welche Märkte ein Unternehmen investieren soll oder wie es sich mittel- bis langfristig aufstellen soll.

Strategische Geschäftsfeldplanung

Im Rahmen der strategischen Geschäftsfeldplanung werden die Teilmärkte definiert, die für ein Unternehmen lukrativ sein können. Als Definitionskriterien werden häufig die des mehrdimensionalen Ansatzes von Abell herangezogen: Funktion, Technologie und Marktsegment. Während die Funktion die Leistungseigenschaften charakterisiert, zielt der Faktor Technologie auf den zur Anwendung kommenden technischen Ansatz; beispielsweise könnten im Bereich Bücher sowohl klassische Buchformate als auch Hörbücher entwickelt und vermarktet werden. Die Dimension Marktsegmente bezieht sich auf die Bildung von Kundengruppen, die hinsichtlich ihrer Präferenzen aus der Unternehmenssicht sinnvoll zusammengefasst werden können. Am Ende des Prozesses werden Marktsegmente herausgearbeitet, die intern relativ homogene Charakteristika ausweisen und die organisatorisch oftmals von strategischen Geschäftseinheiten betreut werden.

Umweltanalyse

Eine Umweltanalyse dient dazu, grundsätzliche Einflussgrößen zu identifizieren und hinsichtlich ihrer Auswirkungen auf das zu betrachtende Unternehmen spezifisch zu analysieren. Grundsätzliche Einflussgrößen ergeben sich aus den technologischen, politisch-rechtlichen, gesamtwirtschaftlichen sowie aus soziodemographischen Rahmenbedingungen. Diese Strukturvariablen können einen unterschiedlich großen Einfluss auf zukünftige Entwicklungen ausüben, daher ist eine frühzeitige Auseinandersetzung mit den Entwicklungsperspektiven in den unterschiedlichen Bereichen absolut notwendig.

Wettbewerbsanalyse

Die Wettbewerbsanalyse kann den Unternehmen eine Hilfestellung anbieten, sich strukturiert mit der Wettbewerbssituation auseinanderzusetzen. Relevante Informationen sind beispielsweise Marktanteile der Wettbewerber in den unterschiedlichen Märkten, Produktmerkmale, Forschungs- und Entwicklungsaufwand, Reputation im Markt, Finanzkraft, oder die Kostensituation. Dabei ist zu berücksichtigen, dass einige dieser Informationen nur sehr begrenzt zur Verfügung stehen, sodass Wettbewerbsanalysen je nach Aspekt mit einem gewissen Unsicherheitsgrad behaftet sein können. Zur Veranschaulichung der Informationen werden diese häufig in der Form einer Stärken- bzw. Schwächenanalyse gegenübergestellt; das sich untersuchende Unternehmen misst sich dabei in Relation zu den Hauptwettbewerbern. Ein mit dieser Methode verbundenes Problem ist die Schwierigkeit, eigene Stärken und Schwächen relativ realitätsnah zu bewerten.

Marketing Mix

Der Marketing Mix bezeichnet die operative Dimension des Marketings und schließt sich chronologisch an das strategische Marketing an. Die Instrumente des Marketing Mix beinhalten vier Bereiche, die so genannten 4Ps (engl. Price, Promotion, Product, Place), die auf Deutsch mit Preispolitik, Kommunikationspolitik, Produktpolitik und Distributionspolitik umschrieben werden.

Die **Preispolitik** umfasst sämtliche Bereiche, die einen Bezug zur Preisgestaltung herstellen; im Vordergrund ist dabei die preispolitische Positionierung im Markt zu sehen. Darüber hinaus fallen auch die konditionenpolitischen Maßnahmen wie Rabatte oder Skonti in dieses Ressort.

Kommunikationspolitik verknüpft die relevanten Ansätze zur Vermarktung der Produkte oder Dienstleistungen miteinander. Im Vordergrund stehen dabei Werbung, Öffentlichkeitsarbeit, Verkaufsförderung, aber auch weitere Elemente wie Sponsoring und Internettauftritt kommen in diesem Rahmen zum Einsatz.

Die **Produktpolitik** bezeichnet sämtliche Maßnahmen, die in einem direkten Sinnzusammenhang mit produktrelevanten Entscheidungen stehen; Produktentwicklung, Produktgestaltung und Verpackung werden in diesem Kontext häufig genannt.

Distributionspolitik erstreckt sich auf die absatzkanalrelevanten Entscheidungsfelder, die auch die Logistik einschließen.

Nützliche Links für baubetriebliche Informationen

Zeitschriften

Baumarkt+Bauwirtschaft
www.baumarkt-online.info/

Bauverlag
www.bauverlag.de

Bundesanzeiger Verlag
www.bundesanzeiger-verlag.de

Construction Week
www.itp.com/magazines/mediapacks/construction.php

Der Ingenieur als Manager
www.div-netz.de

Engineering News Record
www.enr.construction.com

ibr Info Baurationalisierung
www.rkw.de/

Immobilien- und Baurecht (IBR)
www.ibr-online.de

Le Moniteur
www.lemoniteur.fr

Submissions-Anzeiger
www.submission.de

Messen mit bauwirtschaftlichem Bezug

ACS (Frankfurt)
www.acs-show.de

Bau (München)
www.bau-muenchen.de

Bau-Expo (Giessen)
www.messe-giessen.de/bauexpo

Baufach Leipzig

http://www.baufach.de

Bauma (München)
www.bauma.de

Bautec (Berlin)
www.bautec.com

Build-IT (Berlin)
www.build-it.de

Build-IT Virtueller Marktplatz
www.virtualmarket.build-it-berlin.de

CAT Engineering (Stuttgart)
www.messe-stuttgart.de/cat

DEUBAU (Essen)
deubau.messe-essen.de

GalaBau (Nürnberg)
www.galabau.info-web.de

Nordbau (Neumünster)
www.nordbau.de

Systems (München)
www.systems.de

Politische Institutionen

Außenwirtschaftsportal der Bundesregierung
www.ixpos.de

Bundesministerium für Verkehr, Bau und Wohnungswesen
www.bmvbw.de

Nützliche Links für baubetriebliche Informationen

Bundesministerium für Wirtschaft und Technologie
www.bmwa.bund.de

EU Kommission
europa.eu.int

EU Kommission Deutschland
www.eu-kommission.de

Europa im Internet
www.bdi-online.de/fachbereiche/europa/

Finanzkontrolle Schwarzarbeit
www.zoll.de

Verbände und Organisationen der Bauwirtschaft

Akkreditierungsverbund für Studiengänge des Bauwesens
www.asbau.org

Betriebswirtschaftliches Institut der Bauwirtschaft
www.bwi-bau.de

Bundesarchitektenkammer
www.bundesarchitektenkammer.de

Bundesingenieurkammer
www.bingk.de

Bundesverband Baustoffe Steine Erden
www.baustoffindustrie.de

Bundesverband Deutscher Baustoff Fachhandel
www.baunetz.de/bauwirt/_fachhandel

Bundesverband Transportbeton
www.transportbeton.org

Bundesvereinigung der Bausoftwarehäuser
www.bvbs.de

Confederation of International Contractors' Associations
www.cica.net

Deutsche Gesellschaft für Qualifizierung und Bewertung
www.dqb.info

Deutscher Beton- und Bautechnik Verein
www.betonverein.de

Deutsches Verkehrsforum
www.verkehrsforum.de

European International Contractors
www.eicontractors.de

Gütegemeinschaft Leitungsbau
www.kabelleitungstiefbau.de

Gemeinsamer Ausschuß Elektronik im Bauwesen
www.gaeb.de

Hauptverband Farbe Gestaltung und Bautenschutz
www.farbe.de

Industriegewerkschaft Bauen-Agrar-Umwelt
www.ig-bau.de

RKW Rationalisierungs- und Innovationszentrum der deutschen Wirtschaft e.V.
www.rkw.de

Sozialkassen der Bauwirtschaft
www.zvk.de

TransMIT-Zentrum für integrales Bauen
www.transmit.de/ib

Umweltgremien Hauptverband Bauindustrie und Deutscher Beton- und Bautechnik-Verein
www.bauen-und-umwelt.org

Verband der Deutschen Maschinen- und Anlagebauer
www.vdma.de

Verband der europäischen Bauwirtschaft FIEC
www.fiec.org

Zentralverband Deutsches Baugewerbe
www.zdb.de

Abbildungsverzeichnis

Abbildung 2.1: Leistungstypologie nach Engelhardt/Kleinaltenkamp/ Reckenfelderbäumer 1993 16

Abbildung 2.2: Lebenzyklusprozess eines Bauwerks mit Phasen und Hauptaufgaben 18

Abbildung 2.3: Strategisches Dreieck 19

Abbildung 3.1: Einflussfaktoren auf die Kaufentscheidung 24

Abbildung 3.2: Stufen der Kaufentscheidung 26

Abbildung 3.3: Ausmaß gedanklicher Steuerung bei unterschiedlichen Typen von Kaufentscheidungen 26

Abbildung 3.4.: Dimensionen des Kaufprozesses 29

Abbildung 3.5: Rollen im Buying Center 32

Abbildung 3.6: Zugänglichkeit der Rollen im Buying Center 35

Abbildung 3.7 Wertschöpfungskette in der Bauindustrie in Anlehnung an Bruhn/Zimmermann 2001, S. 557 41

Abbildung 3.8: Beispiel einer ARGE Konstruktion 42

Abbildung 4.1. Modell des Produktlebenszyklus nach Kuß 2001, S.112 46

Abbildung 4.2: Erfahrungskurve nach Kuß 2001, S.115 49

Abbildung 4.3: Unterschiedlich spezifische Rahmenbedingungen 51

Abbildung 4.4: 5 Kräftemodell nach Porter 1999, S.26 53

Abbildung 4.5: Beispiel einer Stärken- /Schwächenanalyse 56

Abbildung 4.6: Produktlebenszyklus für bauspezifische Produkte/ Dienstleistungen 58

Abbildung 4.7: Beispiel des 5 Kräftemodells nach Porter für die deutsche Bauindustrie 61

Abbildung 4.8: Mögliche Stärken-/Schwächenanalyse eines Bauunternehmens 63

Abbildung 4.9: Beispiel zur Definition von Absatzmärkten für die Bauindustrie 65

Abbildung 4.10: Komponenten des Marketing Mix 70

Abbildung 5.1: Nutzendimensionen 71

Abbildung 5.2: Komponenten von Produkten 72

Abbildung 5.3: Programmpolitische Entscheidungsalternativen 73

Abbildung 5.4: Prozessschritte des Produktmanagements 76

Abbildung 5.5: Einflussfaktoren auf die Produktentwicklungspolitik 80

Abbildung 5.6 Typische Schritte der Produktentwicklungspolitik 81

Abbildung 5.7: Typische Prüfschritte bei einer Wirtschaftlichkeitsprüfung für einzelne Produktentwicklungsmaßnahmen 83

Abbildung 5.8.: Kategorien von Adoptern 86

Abbildung 5.9 Einflussfaktoren auf die Diffusionsgeschwindigkeit in Anlehnung an Kuß 2001, S. 196 87

Abbildung 5.10 Traditionelles und neues Spektrum von Baudienstleistungen 89

Abbildung 5.11 Beispiele für wertschöpfungsorientierte Baudienstleistungen 90

Abbildung 5.12: Enflussfaktoren auf die Angebotspolitik von Bauunternehmen 91

Abbildung 5.13 Ausgewählte Beispiele baunaher Dienstleistungen 92

Abbildung 6.1: Einflussfaktoren auf preispolitische Entscheidungen 96

Abbildung 6.2 Formeln für die Zusammensetzung von Umsatzerlösen und Gewinn 97

Abbildung 6.3 Dreieck Kosten Nachfrage Wettbewerb 101

Abbildung 6.4 Lineare/elastische/unelastische Preis-Absatzfunktionen nach Kuß 2001, S.217 103

Abbildung 6.5: Idealtypische Preispositionen 105

Abbildung 6.6 Positive Aspekte der Abschöpfungs- und Penetrationspreisstrategie ... 109

Abbildung 6.7 Einflussfaktoren auf die Preisbildung bei klassischen Bauunternehmen 110

Abbildung 6.8 Hauptrisiken bei der Kalkulation und Festsetzung von Angebotspreisen 112

Abbildung 6.9 Mögliche Zusammensetzung der Preiskalkulation zur Erstellung eines Angebotspreises 112

Abbildung 6.10: Übliche Organisationsform deutscher Bauunternehmen in den 1990er Jahren 113

Abbildung 7.1 Klassisches Sender/Empfänger-Kommunikationsmodell in Anlehnung an Schweiger/Schrattenecker 2005, S.12 122

Abbildung 7.2: Modifiziertes Kommunikationsmodell 124

Abbildungsverzeichnis

Abbildung 7.3 Typische Prozessabfolge bei kommunikationspolitischen Maßnahmen.......124

Abbildung 7.4 Typische Instrumente der Kommunikationspolitik.........................126

Abbildung 7.5: Medien, die in der Werbewirtschaft häufig benutzt werden 129

Abbildung 7.6 Übliche Kommunikationsinstrumente in der Buawirtschaft.................135

Abbildung 7.7 Beispiele der Kampagne „Wir übernehmen das für Sie." 137

Abbildung 7.8 Beispiel von Printmedienwerbung der Goldbeck GmbH 138

Abbildung 7.9 Printwerbung von Leonhard Weiss 139

Abbildung 7.10 Beispiel einer Pressemitteilung 140

Abbildung 7.11 Beispiel einer Bautafel..141

Abbildung 7.12 Beispiele für Logowerbung an Kränen 142

Abbildung 7.13 Beispiel für Logowerbung an Kränen und Baustellenschildern 143

Abbildung 7.14 Beispiel eines Messestandes 144

Abbildung 7.15 Beispiel einer Publikation zum Kultursponsoring 144

Abbildung 7.16 Usability-Modell nach Baier 2002....................................146

Abbildung 7.17: Übliche Anspruchsgruppen in der Bauwirtschaft......................146

Abbildung 8.1 Einflussfaktoren auf die Gestaltung und Anzahl der Vertriebskanäle...........152

Abbildung 8.2 Die unterschiedlichen Distributionskanäle der Hilti Deutschland
  GmbH 2007...153

Abbildung 8.3: Klassische Absatzwegorganisation bei Konsumgüterherstellern.................159

Abbildung 8.4: Klassische Absatzwegeorganisation bei Investitionsgüterherstellern..........159

Abbildung 8.5: Mögliche Distributionsstruktur in der Bauwirtschaft................162

Abbildung 8.6: Unternehmensinternes Kooperationsbeispiel 163

Literaturverzeichnis

Abell, D. (1980): Defining the Business-The Starting Point of Strategic Planning, Englewood Cliffs, New York

Baier, M./von Gizycki, V. (Hrsg.) (2002): Usability – nutzerfreundliches Web-Design, Berlin, Springer Verlag

Backhaus, K./Günter, B./Kleinaltenkamp, M./Plinke, W. (1997): Marktleistungen und Wettbewerb, Wiesbaden, Gabler Verlag

Backhaus, K./Voeth, M. (2007) Investitionsgütermarketing, München, Verlag Franz Vahlen

Balthaus, H. (2009): Mehr Bedeutung für Technik und Innovation durch frühzeitige Projektpartnerschaft, Vortrag auf dem Bautechniktag in Dresden 2009, in: DBV Heft Nr. 15

Bodenmüller: E. (2006): Transparente Unternehmensführung im Innen- und Außenverhältnis, in: Baumarkt & Bauwirtschaft Nr. 1, S. 27-29

Bodenmüller, E. (2004): Global Management-Praxiswissen für Führungskräfte der Bau- und Immobilienwirtschaft, in: Baumarkt & Bauwirtschaft Nr.6, S. 36-37

Bodner, H. (2008): Public Private Partnership: Die Position der Bauindustrie zur Entwicklung, Rede zur Eröffnung des 8. Betriebswirtschaftlichen Symposiums Bau in Weimar, Publikation des Hauptverbands der Deutschen Bauindustrie

Bollinger, R. (2008): Bauindustrie International, Sonderdruck des Hauptverbands der Deutschen Bauindustrie, Berlin

Broda, S. (2005): Marketing-Praxis, Wiesbaden, Gabler Verlag

Bruhn, M. /Zimmermann, A. (2001): Marketing in der Bauindustrie, in: Branchenspezifisches Marketing. Grundlagen – Besonderheiten – Gemeinsamkeiten, Hrsg.: Teuschlin, D.K./Helmig, B. Wiesbaden, S. 547-567.

Bruhn, M. (2007) Marketing, Wiesbaden, Gabler Verlag

Burchard, M. (2001): Grundlagen der Wettbewerbsvorteile globaler Baumärkte und Entwicklung eines Marketing Decision Support Systems (MDSS) zur Unternehmensplanung, Dissertation, Universität zu Karlsruhe

Diederichs, C.J. (Hrsg.) (1996): Handbuch der strategischen und taktischen Bauunternehmensführung, Wiesbaden und Berlin, Bauverlag

Engel, J./Blackwell, R./Miniard, P. (1995): Consumer Behaviour, Fort Worth, The Dryden Press

Engelhardt, W.H./Plinke W. (1979): Marketing. Lehrmaterial der Fernuniversität Hagen, Hagen

Engelhardt, W.H./Kleinaltenkamp, M./Reckenfelderbäumer, M. (1993): Leistungsbündel als Absatzobjekte, in Zeitschrift für betriebswirtschaftliche Forschung, S. 395-426.

Esch, H.R. (Hrsg.) (2005): Moderne Markenführung, Wiesbaden, Gabler Verlag

Eschenbruch/K./Racky P. (Hrsg.) (2008): Partnering in der Bau- und Immobilienwirtschaft, Stuttgart, Kohlhammer

Fishbein, M./Ajzen, I. (1975): Belief, Attitude, Intention and Behaviour, Reading Mass.

Fuchs, W. (2003): Management der Business-to-Business-Kommunikation, Wiesbaden, Gabler Verlag

Girmscheid, G. (2007): Projektabwicklung in der Bauwirtschaft, Berlin, Springer Verlag

Gluch, E./Hornuf, L. (2007): Auswirkungen der Globalisierung auf die Bauwirtschaft, ifo Schnelldienst 60, S. 41-49.

Gluch, E. (2008): Bestandsmaßnahmen prägen die mittel- und langfristige Baunachfrage in Deutschland, ifo Schnelldienst 61, S. 20-22.

Gluch, E./Dorffmeister, L. (2009): Die europäische Bauwirtschaft bis 2011, ifo Schnelldienst 62, S. 21-27.

Godefroid, P. /Pförtsch, W.A. (2008): Business-to Business-Marketing, Ludwigshafen, Friedrich Kiel Verlag

Holstius, K. (1987): Project Export, Research Report of the University of Lapland Nr. 1

Holstius, K. (1989): Project Business as a Strategic Choice, Research Paper of the University of Lapland Nr. 12

Holstius, K. (1999): Access to the Chinese project market, in Perspectives on Internationalization, edited by Uolevi Lehtinen and Hannu Seristö, Helsinki School of Economics and Business Administration, S. 225-238.

Holstius, K./Malaska, P. (2007): From strategic thinking to vision for Europe In: The Future of Europe. Sustainable Development and Economic Growth? Proceedings of the International Symposium, Vienna, Sept.2007, Polish Academy of Sciences, edited by A.J. Nadolny and T. Schauer, S.117-131

Holstius, K./Malaska, P. (2008): Modern futures approach and human security ethos. In: (Ed.: A. Kuklinski and K. Pawlowski) Futurology - The Challenges of the XXI Century, S.125-137. Multimedialne, National Louis University, Nowy Sacz, Poland

Homburg, C./Krohmer, H. (2006): Grundlagen des Marketingmanagements, Wiesbaden, Gabler Verlag

Keitel, H.P. (2005): Argumentationslinie des Präsidenten des Hauptverbands der Deutschen Bauindustrie e.V. anlässlich des Tages der Deutschen Bauindustrie 2006, Publikation des Hauptverbands der Deutschen Bauindustrie

Keitel, H.P. (2006): Bauen, Lust auf Zukunft - Chancen der deutschen Bauwirtschaft, Meine Meinung Nr. 4, Publikation des Hauptverbands der deutschen Bauwirtschaft e.V.

Kleinaltenkamp, M./Ehret, M. (Hrsg.) (1998): Prozessmanagement im Technischen Vertrieb, Berlin

Kleinaltenkamp, M./Plinke, W./Jakob, F./Söllner, A. (Hrsg.) (2006): Markt und Produktmanagement, Wiesbaden, Gabler Verlag

Kochendörfer, B./Liebchen, J./Viering, M. (2010): Bauprojektmanagement, Wiesbaden, Vierweg & Teubner

Köster, D. (2007): Marketing und Prozessgestaltung am Baumarkt, Wiesbaden, Deutscher Universitätsverlag

Krudewig, N. (2005): Baustellen-Controlling, in: Handbuch Bau-Betriebswirtschaft, Hrsg. Mayrzedt, H./Fissenwert, H., S. 233-257, Neuwied, Werner Verlag

Kuß, A. (2001): Marketing-Einführung, Wiesbaden, Gabler Verlag

Kuß, A./Tomczak, T. (2004): Marketingplanung, Wiesbaden, Gabler Verlag

Kuß, A. (2009): Marketingtheorie, Wiesbaden, Gabler Verlag

Meffert, H. ((2006): Marketing, Wiesbaden, Gabler Verlag

Motzko, C. (1997): Tendenzen in der Entwicklung der Bauindustrie in Europa unter besonderer Berücksichtigung des polnischen Marktes für Bauleistungen, 43. Internationale Wissenschaftskonferenz, Krynica, Polen

Motzko, C. (2002): Der Hochbau und seine baubetrieblichen Besonderheiten, 2. Architektur Symposium da-vin-ci, Darmstadt

Motzko, C. (2003): Ausgewählte Defizite in der baubetrieblichen Praxis und daraus resultierende Forschungsansätze, in: Festschrift Univ.-Prof. Dr.-Ing. Eberhard Schubert, Düsseldorf, VDI Verlag

Oepen, R.P. (2005): Wertschöpfungsstrategien am Bau – Schnittstellenoptimierung, in: Optimierung der Wertschöpfungskette Bau, (Hrsg.): Betriebswirtschaftliches Institut der Bauindustrie

Oepen, R.P. (2007): Unternehmensplanung im Bauunternehmen, in: Baumarkt & Bauwirtschaft Nr. 12, S. 55-60.

Pauser, S.H. (2007): M&A in der Bauindustrie, Dissertation an der European Business School Oestrich-Winkel, Wiesbaden, Deutscher Universitätsverlag

Pförtsch, W./Schmid, M. (2005): B2B-Markenmanagement, München, Franz Vahlen Verlag

Porter, M. (1999): Wettbewerbsstrategie, Frankfurt,

Quack, H. (1995): Internationales Marketing, München, Franz Vahlen Verlag

Robinson, P./Faris, C./Wind, Y. (1967): Industrial Buying and Creative Marketing, Boston

Rogers, E. (1962): Diffusion of Innovations, New York, Free Press

Rudolphi, M. (1981): Außendienststeuerung im Investitionsgütermarketing, Frankfurt am Main, Lang Verlag

Rußig, V./Deutsch, S./Spillner (1996): Branchebild Bauwirtschaft, Berlin/München, Schriftenreihe des ifo Instituts für Wirtschaftsforschung Nr. 141, Duncker & Humblot

Schweiger, G./Schrattenecker, G. (2005): Werbung, Stuttgart, Lucius & Lucius

Simon, H./Fassnacht, M. (2009): Preismanagement, Wiesbaden, Gabler Verlag

Tomczak, T./Kuß, A./Reinecke, S. (2009): Marketingplanung, Wiesbaden, Gabler Verlag

Weis, H.-C. (2009): Marketing, Ludwigshafen, Friedrich Kiel Verlag

Wöhe, G. (2008): Einführung in die Allgemeine Betriebswirtschaftslehre, München, Franz Vahlen Verlag

Zentes, J./Swoboda, B./Schramm-Klein, H. (2006): Internationales Marketing, München, Franz Vahlen Verlag

Ziouziou, S. (2001): Market Operations of German Construction Firms in the People's Republic of China, Dissertation an der Turku School of Economics, Finnland

Ziouziou, S./Pattloch, A. (2007): Ansatzpunkte des strategischen Marketings in Bauunternehmen, in: BWI-Bau-Informationen Heft 2, Düsseldorf

Ziouziou, S. (2009): Kunden- und marktorientierte Unternehmensführung, in: Baumarkt & Bauwirtschaft 6, S. 58-59.

Ziouziou; S. (2009): Marktchancen für deutsche Bauunternehmen durch Contracting, in: Baumarkt & Bauwirtschaft 7-8, S. 61-63.

Ziouziou, S. (2009): Construction Industry, in: Brills Encyclopedia of China, Leese (Edistor), Leiden/Boston, S. 176-177.

Stichwortverzeichnis

Absatzfinanzierung 99
Absatzhelfer 156
Absatzkanal 153
Absatzmärkte 11
Absatzmittler 156
Abschöpfungspreisstrategie 108
Außendienst-Promotions 131

Bauleistungsangebot 89
Baumarketing 2
Bauwirtschaftliche Märkte 17
Bauzaunwerbung 141
Beschränkte Ausschreibung 110
Branchenanalyse 53, 59
Buying Center 31

Cost plust Fee Vertrag 119

Detail-Pauschalvertrag 118
Dienstleistungsmärkte 14
Direkte Vergabe 110
Distributionspolitik 149
Distributionspolitik in der Bauwirtschaft 160
Diversifikation 74

Einfacher Global-Pauschalvertrag 118
Einheitspreisvertrag 118
Erfahrungskurve 45, 57

Fünf-Kräfte-Modell 53
Fünf-Kräfte-Modells 60

GMP-Vertrag 119

Händler-Promotions 131

Internet 133, 145
Investitionsgütermärkte 12

Kaufentscheidung 24
Käuferverhalten 24
Kaufklassen 27
Kaufobjekt 23
Kaufphasen 29
Kaufprozess 24
Kommunikationspolitik 121
Kommunikationspolitik in der Bauwirtschaft 134
Kommunikationsziele 123
Konsumgütermärkte 12
Kundentypologien 36

Markenpolitik 77
Marketing Definition 4
Marketing Mix 69
Marktanteil 20
Markteigenschaften 18
Marktpotential 19
Messen und Ausstellungen 132, 143
Mittelpreisposition 105
Multi Channel Ansatz 154

Niedrigpreisposition 105

Öffentliche Ausschreibung 110

Partnering 117
Penetrationspreisstrategie 108
Preishöhe 99
Preiskalkulation 111
Preisnachlässe 99
Preispolitik 95

Preispolitik in der Bauwirtschaft 109
Preispolitische Strategien 105
Preissetzungsverfahren 100
Premiumpreisposition 105
Presse- und Öffentlichkeitsarbeit 129, 140
Pressekonferenz 130
Pressemitteilung 130
Product Placement 133
Produktentwicklung 78
Produktidee 81
Produktlebenszyklus 45, 57
Produktmanagement 76
Produktpolitik 69
Produktpolitik in der Bauwirtschaft 87
Produktqualität 77
Public Private Partnership Projekte 117

Relevante Märkte 64

Sachgütermärkte 14
Selling Center 34
Servicepolitik 77
Sortimentspolitik 77
Sponsoring 132, 144
Stärken-Schwächen-Analyse 56, 63
Strategische Geschäftsfeldplanung 63
Strategisches Marketing 45, 57

Umweltanalyse 51, 59

Verbraucher-Promotions 131
Verkaufsförderung 131

Werbung 126, 135
Wertschöpfung 88
Wettbewerbsanalyse 55, 62

Zugaben 99

Marketing komplett auf 1.600 Seiten

Werner Pepels
Handbuch des Marketing
5., völlig überarbeitete und erweiterte Auflage 2009
1.634 Seiten | gebunden | € 89,80
ISBN 978-3-486-58924-5

Auf über 1.600 Seiten stellt dieses Buch sämtliche Aspekte der Absatzwirtschaft dar. Das Handbuch ist klar gegliedert und mit vielen praktischen Beispielen versehen. Wichtige Stichwörter werden hervorgehoben, so dass Textpassagen auch gut quergelesen werden können. Damit ist das Handbuch des Marketing eines der aussagefähigsten Marketingbücher am Markt.

Inhalt:
A) Marketing als Denkhaltung
B) Informationen im Marketing
C) Instrumente im Marketing
D) Sektorenbezogenes Marketing
E) Anspruchsgruppenbezogenes Marketing
F) Spezielles Marketing
G) Strategisches Marketing

Dieses umfassende Werk richtet sich an Studierende, die sich ein Begleitwerk über das gesamte Studium wünschen, sowie an Praktiker, die ein aktuelles Nachschlagewerk zu sämtlichen Themenfeldern des Marketing suchen.

Über den Autor:
Prof. Werner Pepels lehrt Betriebswirtschaft mit Schwerpunkt Marketing an der Fachhochschule Gelsenkirchen.

Bestellen Sie in Ihrer Fachbuchhandlung oder direkt bei uns: Tel: 089/45051-248, Fax: 089/45051-333
verkauf@oldenbourg.de

Oldenbourg

Umfassend für Theorie und Praxis

Peter Winkelmann
Marketing und Vertrieb
Fundamente für die Marktorientierte Unternehmensführung
6., überarb. und erw. Aufl. 2008. XVI, 576 S., gb.
€ 34,80
ISBN 978-3-486-58656-5

Dieses Standardlehrbuch stellt die Werkzeuge des Markt- und Kundenerfolgs mit einer Fülle von Abbildungen und Checklisten kompakt und praxisnah dar. Ausgangspunkt ist die strategische Marketingsicht (Marketing = marktorientierte Unternehmensführung) mit den vier großen Instrumentalbereichen der Leistungsprogramm-, Konditionen-, Vertriebs- und Kommunikationspolitik. Das Buch zeigt auf, wie Unternehmen Interessenten und Stammkunden mit nutzentragenden Produkten und Dienstleistungen, mit wettbewerbsgerechten Preisen, mit einer integrierten Vertriebspolitik und mit Hilfe von emotionaler Werbung und Dialogmarketing überzeugen, betreuen und binden können. Aus einem operativen Blickwinkel werden die typischen Kompetenzbereiche der Marketing- und der Vertriebsabteilung beschrieben. Das Buch geht dabei auch auf moderne Strömungen, wie Web 2.0, CRM, Business im Internet, Corporate Branding oder Corporate Publishing ein.
Im Internet werden Leserservice, Wissenstest und Aktualisierungen geboten.

Wegen der besonderen Berücksichtigung von Vertrieb, CRM und eBusiness ist das Buch sowohl für die Hochschulbildung als auch für die Praxis interessant.

Prof. Dr. Peter Winkelmann leitet seit 1995 den Studienschwerpunkt Marketing und Vertrieb, insbes. Vertriebssteuerung, an der Hochschule für angewandte Wissenschaften, FH Landshut.

Oldenbourg